Testament, Erbschaft

BENNO STUDER

Testament, Erbschaft

Wie Sie klare und faire Verhältnisse schaffen

Ein Ratgeber aus der Beobachter-Praxis
in Zusammenarbeit mit Pro Senectute

Dank des Autors

Ich danke dem Team der STUDER Anwälte und Notare AG herzlich für die Unterstützung.

Download-Angebot zu diesem Buch

Die Formulierungsmuster sowie die Vorlagen im Anhang stehen online zum Herunterladen bereit unter: www.beobachter.ch/download (Code 8622). Diese Texte sind mit dem Download-Signet gekennzeichnet.

Stand Gesetze und Rechtsprechung: Dezember 2016
Beobachter-Edition
© 1985 Ringier Axel Springer Schweiz AG
17., aktualisierte Auflage, 2017
Alle Rechte vorbehalten
www.beobachter.ch

Herausgeber: Der Schweizerische Beobachter, Zürich, zusammen mit Pro Senectute, Zürich
Lektorat: Käthi Zeugin, Zürich; Martina Plüss, Zug
Umschlaggestaltung und Reihenkonzept: buchundgrafik.ch
Umschlagfoto: Agentur fotolia
Satz: Jacqueline Roth, Zürich
Druck: Grafisches Centrum Cuno GmbH & Co. KG, Calbe

ISBN 978-3-03875-037-6

Mit dem Beobachter online in Kontakt:
 www.facebook.com/beobachtermagazin
 www.twitter.com/BeobachterRat

Inhalt

Vorwort 11

1 Wer erbt? 13

Die Regeln des Erbrechts 14
Die Stammesordnung 14
Verwandte als Erben: vier Grundregeln 16
Ehegatte und eingetragene Partnerin 19
Adoptivkinder, Stiefkinder und ausserehliche Kinder 20

Pflichtteile und verfügbare Quote 24
Wie hoch ist der Pflichtteil? 24
Was gehört in die Berechnung? 28
Wenn Pflichtteile verletzt werden 29

Enterben: nur in klar bestimmten Fällen 31
Die Strafenterbung 32
Die Präventiventerbung 33

2 Was gehört zum Nachlass? 37

Das Nachlassvermögen 38
Die Aktiven: Vermögenswerte im Nachlass 38
Die Passiven: Schulden des Nachlasses 40
Versicherungsansprüche: wichtig für Konkubinatspaare 41

Ehepaare: der Einfluss des Güterrechts 44
Eigene Regelung nur im Ehevertrag 45
Der ordentliche Güterstand: Errungenschaftsbeteiligung 46
Die abgeänderte Errungenschaftsbeteiligung 51
Die Gütergemeinschaft 52
Die Gütertrennung 55

Eingetragene Partnerinnen und Partner 58
Der Vermögensvertrag 58

3 Der letzte Wille 61

Das Testament 62
Wer alles braucht ein Testament? 62
Das eigenhändige Testament 63
Das öffentliche Testament 65
Wo wird das Testament am besten aufbewahrt? 67

Was kann man im Testament anordnen? 69
Erben einsetzen 69
Die Erbenstellung entziehen 72
Vermächtnisse ausrichten 73
Teilungsvorschriften formulieren 74
Einen Willensvollstrecker einsetzen 75
Bedingungen und Auflagen: zum Beispiel fürs Haustier 76
Testamente ändern und aufheben 77

Der Erbvertrag 79
Erbzuwendung 80
Erbverzicht und Erbauskauf 82
Die Grenzen des Erbvertrags 83
Erbverträge ändern und aufheben 84

4 Vermögen zu Lebzeiten verteilen 87

Erbvorbezug, Schenkung, Darlehen 88
Der Erbvorbezug 88
Ausgleichungspflicht: die Abrechnung beim Erben 91
Was gilt bei Schenkungen? 92
Option Darlehen 94
Steuerliche Folgen 95

Und die eigene Zukunft? 96
Erbvorbezug und Ergänzungsleistungen 96
Erbvorbezug und Sozialhilfe 99

5 Den Nachlass optimal ordnen 103

Am Anfang steht die Planung 104
Die Ausgangslage 104
Die Planungsinstrumente 107
Die Umsetzung 107

Nachlassplanung für Alleinstehende 108
Wen wollen Sie berücksichtigen? 109
Wenn Sie Ihr Vermögen verbrauchen 110

Die Ehefrau, den Ehemann begünstigen 112
Gesetzliche Begünstigung: die eheliche Wohnung 112
Güter- und Erbrecht spielen zusammen 113
Möglichkeiten für kinderlose Ehepaare 115
Wenn ein Ehepaar gemeinsame Kinder hat 117
Ehepaare mit nicht gemeinsamen Kindern 123

Begünstigung im Konkubinat 128
Möglichkeiten in Testament und Erbvertrag 129
Kinder haben ein gesetzliches Erbrecht 131
Begünstigung mit Versicherungen 132
Gesellschaftsvertrag: geeignet beim Kauf von Wohneigentum 136
Begünstigung durch Schenkung 137

Eingetragene Partnerinnen und Partner 138
Erster Schritt: Vermögensvertrag 139
Begünstigung übers Erbrecht 139
Vorsorge für eingetragene Partner 141

Die Nachkommen begünstigen 142
Behinderte Kinder 142
Ein Nachkomme als Unternehmensnachfolger 145

Liegenschaften vererben 149
Übertragung zu Lebzeiten: nicht ohne Tücken 149
Was Sie im letzten Willen anordnen können 150

6 Nach dem Tod: was Erben tun müssen ... 153

Die Erbengemeinschaft ... 154
Der Kreis der Erben ... 154
Die Erbeserben ... 157
Alles gehört allen ... 158
Die Rechte und Pflichten der Erben ... 161

Vom Tod zur Testamentseröffnung ... 163
Das Steuerinventar ... 163
Wenn Sicherungsmassnahmen nötig werden ... 165
Testamente einreichen ... 167
Das Testament wird eröffnet ... 168
Die Erbbescheinigung ... 169
Probleme mit laufenden Rechnungen ... 170
Die Aufgaben des Willensvollstreckers ... 172

Annehmen oder ausschlagen? ... 175
Der Normalfall: die Annahme der Erbschaft ... 175
Lieber keine Schulden erben: die Ausschlagung ... 177
Wer tritt an die Stelle der Ausschlagenden? ... 178
Bei unklaren Verhältnissen: das öffentliche Inventar ... 179

7 Das Testament ist nicht korrekt ... 185

Von selbst passiert nichts ... 186
Fristen für die Anfechtung ... 186

Pflichtteile verletzt: die Herabsetzung ... 187
Pflichtteile können auf verschiedene Arten verletzt werden ... 188
Um wie viel Geld geht es? ... 190
Die Herabsetzungsklage ... 192

Ungültige Testamente ... 193
Formfehler, Urteilsunfähigkeit und andere Mängel ... 193
Die Ungültigkeitsklage ... 196

8 Die Erbteilung ... 199

Die Ausgleichung ... 200
Wer muss ausgleichen? ... 200
Ungleiche Behandlung mit Erbvorbezügen ... 201
Schenkungen ... 202
Spezialfall: gemischte Schenkung bei Liegenschaften ... 203
Werden Pflegeleistungen ausgeglichen? ... 205

Wie läuft die Teilung ab? ... 207
Der Teilungsaufschub ... 207
Das sagt das Gesetz zur Teilung ... 210
Praktische Tipps für die Erbteilung ... 214
Wenn Erben streiten: die Erbteilungsklage ... 217

Der Erbteilungsvertrag ... 219
Was gehört in einen Erbteilungsvertrag? ... 219
Abtretung eines Erbteils ... 220
Ärger nach der Teilung ... 221

9 Erbschaft und Steuern ... 225

Erbschaftssteuer: kantonal unterschiedlich ... 226
Wer wird wo besteuert? ... 226
Enorme Unterschiede ... 227
Steuerschulden des Erblassers ... 228
Steuerguthaben des Erblassers ... 229
Wenn Schwarzgeld zum Vorschein kommt ... 230
Steuern und Lebensversicherungen ... 231

Steuerfragen bei Liegenschaften ... 232
Steuerersparnis mit Nutzniessung und Wohnrecht ... 233
Achtung Grundstückgewinnsteuer ... 235
Kapitalgewinnsteuer ... 237

Steuern sparen ... 238

Anhang ... 241

Glossar ... 242
Vorlagen ... 247
Zuständige Behörden im Erbrecht ... 254
Die Klagen im Erbrecht ... 256
Kapitalisierung einer Nutzniessung ... 257
Erbschaftssteuern in den Kantonen ... 258
Links und Adressen ... 260
Literatur ... 262
Stichwortverzeichnis ... 263

SO FINDEN SIE SICH IM RATGEBER ZURECHT

Die ersten fünf Kapitel behandeln das Erbrecht aus dem Blickwinkel des Erblassers. Sie erklären die Regeln der Erbfolge, die Möglichkeiten in Testament und Erbvertrag und zeigen, wie Sie Ihren Nachlass – je nach Ihrer familiären Situation – optimal regeln können. Ab Kapitel 6 finden Sie Antworten auf Fragen, die sich Ihnen stellen, wenn Sie eine Erbschaft antreten: Wie funktioniert eine Erbengemeinschaft? Was tun, damit Sie keine Schulden erben? Wie lässt sich Streit vermeiden?

Verschiedene Bereiche des Erbrechts – zum Beispiel das Pflichtteilsrecht, Fragen zu Erbvorbezug und Ausgleichung – sind in beiden Situationen relevant. Ausführliche Seitenverweise stellen sicher, dass Sie alle Informationen finden, unabhängig davon, in welchem Teil des Ratgebers Sie ins Thema einsteigen.

Im Anhang finden Sie ein Glossar, einige Vorlagen, Zusammenstellungen zu den Erbschaftssteuern und zu wichtigen Behörden sowie ein Stichwortverzeichnis, das Sie direkt zu den Antworten auf Ihre Fragen führt. Alle Mustertexte stehen auch zum Download bereit unter www.beobachter.ch/download (Code 8622). ■

Vorwort

Das Thema Erben ist seit dem Erscheinen der 16. Auflage vor rund zwei Jahren so aktuell wie eh und je. In dieser 17. Auflage wurde vor allem die neuere Rechtsprechung des Bundesgerichts berücksichtigt und zu jedem Themenbereich auf den neusten Stand gebracht. Zudem wurden die Zahlen zu den Erbschaftssteuern aktualisiert, um Ihnen einen optimalen Überblick darüber zu verschaffen, was Sie steuerrechtlich bei einer Erbschaft erwartet.

Auch in Zukunft verspricht das Erbrecht, spannend zu bleiben. Der Gesetzgeber plant, diesen Rechtsbereich zu modernisieren und an die heutigen Bedürfnisse der Erblasser anzupassen. Ein entsprechender Entwurf befindet sich derzeit in der Vernehmlassung: Dieser sieht beispielsweise die Herabsetzung der Pflichtteile und die Berücksichtigung technischer Neuerungen (z.B. Nottestament per Videoaufnahme) vor.

Nichts geändert hat sich an der Zielsetzung des Ratgebers. Er will Ihnen das Erbrecht auf verständliche, präzise Art näherbringen, Ihnen Anregungen für die eigene Nachlassgestaltung vermitteln und Ihre Fragen zur Erbteilung beantworten. Zahlreiche Beispiele aus der Praxis verdeutlichen die Ausführungen und zeigen eines klar: Gerade im Erbrecht hat das Sprichwort «Ein magerer Vergleich ist besser als ein fetter Prozess» uneingeschränkt Gültigkeit.

Der Ratgeber gibt Ihnen – basierend auf meiner über dreissigjährigen Erfahrung als Anwalt im Erbrecht – viele nützliche Hinweise für Ihre individuelle Regelung. Er kann aber die kompetente Beratung nicht ersetzen. Dies gilt, wenn Sie als Erbe mit einem erbrechtlichen Problem zu tun haben, aber auch, wenn Sie Ihren Nachlass klar und fair regeln wollen.

Benno Studer
März 2017

1

Wer erbt?

Erbteil, Pflichtteil, verfügbare Quote – ganz frei sind Sie nicht, wem Sie Ihren Nachlass zuwenden. Im Erbrecht ist festgelegt, wer Ihre gesetzlichen Erben sind und wie viel diese mindestens erhalten. Über den Rest Ihres Vermögens können Sie nach Gutdünken verfügen.

Die Regeln des Erbrechts

Viele Leute sterben, ohne ein Testament oder einen Erbvertrag zu hinterlassen. Dann kommen die gesetzlichen Erben zum Zug. Wer diese sind und wer von ihnen welchen Anteil erhält, erfahren Sie auf den folgenden Seiten.

Gesetzliche Erben sind in erster Linie die Blutsverwandten, dazu der Ehemann, die Ehefrau oder der eingetragene Partner, die eingetragene Partnerin. Erben kann aber auch jede Drittperson. Nämlich dann, wenn sie vom Erblasser im Testament oder im Erbvertrag ausdrücklich als Erbin eingesetzt wurde. Das Erbrecht ist im Schweizerischen Zivilgesetzbuch (ZGB) in den Artikeln 457 bis 640 geregelt. Trotz einiger Revisionen ist es in den Grundzügen seit seiner Einführung am 1. Januar 1912 unverändert geblieben.

Die Stammesordnung

Das schweizerische Erbrecht geht aus von der Stammesordnung, auch Parentelenordnung genannt. Die Verwandtschaft eines Verstorbenen wird in drei Stämme eingeteilt; zu einem Stamm gehören jeweils alle Personen, die in gleicher Weise mit ihm verwandt sind, sowie ihre Nachkommen (siehe Grafik):

- **1. Stamm = Stamm des Erblassers**
  die Nachkommen des Erblassers und alle Personen, die von diesen abstammen
- **2. Stamm = elterlicher Stamm**
  die Eltern des Erblassers und alle Personen, die von diesen abstammen
- **3. Stamm = grosselterlicher Stamm**
  die Grosseltern des Erblassers und alle Personen, die von diesen abstammen

Mit dem Stamm der Grosseltern hört die Erbberechtigung der Verwandten auf.

1 ■■■ WER ERBT?

INFO *Die hinterbliebene Ehefrau, der eingetragene Partner stehen ausserhalb der Stammesordnung. Ihre Stellung wird im Gesetz separat geregelt (siehe Seite 19).*

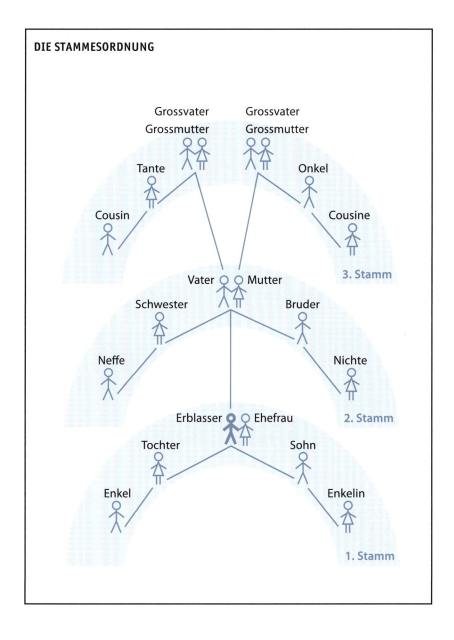

DIE STAMMESORDNUNG

15

Verwandte als Erben: vier Grundregeln

Mit vier Grundregeln lassen sich auch scheinbar verzwickte Erbenverhältnisse mühelos entwirren. Am besten schreiben Sie dazu Ihre Verwandtschaft in Form eines Stammbaums auf – wie in den Darstellungen auf den nächsten Seiten. Die dabei verwendeten Zeichen haben folgende Bedeutung:

⊠ Erblasser
○ noch lebende Personen
⦰ vorverstorbene Personen

Grundregel 1
Der nähere Stamm schliesst sämtliche entfernteren Stämme vom Erbrecht aus.

 MAYA T. IST NICHT VERHEIRATET. Sie hinterlässt ihren zehnjährigen Sohn Thomas und ihre Eltern. Thomas, der zum 1. Stamm gehört, erbt den ganzen Nachlass seiner Mutter. Die Eltern von Maya T. gehen als Angehörige des 2. Stammes leer aus.

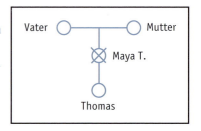

ARMAND V. IST TÖDLICH VERUNFALLT. Er hinterlässt seine Mutter Franca; sein Vater ist schon vor drei Jahren gestorben. Der Grossvater väterlicherseits lebt aber noch. Die Mutter erbt alles, weil sie dem 2. Stamm angehört. Der Grossvater als Angehöriger des 3. Stammes erbt nichts.

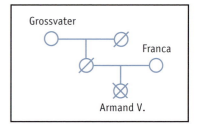

Grundregel 2
Innerhalb eines Stammes kommt jeweils nur die oberste Generation zum Zug.

ALS REGINA G. STIRBT, hinterlässt sie ihren Sohn Fred und dessen zwei Kinder. Ihr Mann ist schon vor längerer Zeit gestorben. Vom Nachlass von Regina G. erben die beiden Enkelkinder nichts, weil Fred noch lebt.

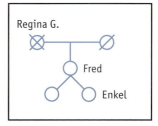

Grundregel 3
Ist ein Nachkomme vorverstorben, treten dessen Nachkommen an seine Stelle.

 HANNA K. HINTERLÄSST ZWEI SÖHNE, Erich und Gérard. Die Tochter Anna, selber Mutter von drei Kindern, ist schon vor zwei Jahren gestorben. Bei der Teilung des Nachlasses erhalten Erich, Gérard und der Stamm von Anna – das heisst ihre Kinder – je einen Drittel. Der Drittel von Anna wird unter ihren Kindern aufgeteilt.

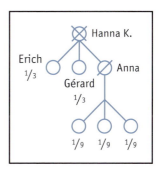

Grundregel 4
Hinterlässt ein Erblasser keine Nachkommen, fällt die Erbschaft an die Vater- und die Mutterseite, und zwar je zur Hälfte.

 DER LEDIGE ERNESTO F. IST GESTORBEN. Seine Mutter starb bereits vor vier Jahren. Er hinterlässt seinen Vater und zwei Schwestern Carla und Sarah. Der Vater erbt die Hälfte und die Schwestern – anstelle der Mutter – die andere Hälfte, das heisst je einen Viertel.

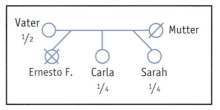

Wenn noch beide Eltern von Ernesto F. lebten, würde sein Nachlass unter ihnen aufgeteilt und die Schwestern würden leer ausgehen.

TIPP *Zeichnen Sie ein Schema Ihrer Familie und setzen Sie sich selbst als Erblasser oder Erblasserin ein. Wer sind Ihre gesetzlichen Erben und welche Bruchteile würden sie erhalten?*

Meist sind die vom Gesetz vorgesehenen Erben bekannt. Gesetzlicher Erbe kann jemand aber auch werden, ohne es zu wollen und ohne den Verstorbenen überhaupt gekannt zu haben. Dies ist der Fall bei weit entfernten Verwandten, die ohne Testament verstorben sind.

LOUIS C. IST EIN EINZELKIND. Seine Eltern sind bereits gestorben. Herr C. ist der Auffassung, seine beiden Cousinen mütterlicherseits seien seine einzigen gesetzlichen Erbinnen und würden alles erben. Doch er täuscht sich. Zwar lebt Nora, die Halbschwester seines Vaters, die vor 50 Jahren nach Amerika ausgewandert ist, nicht mehr. Aber sie hatte einen Sohn, Daniel. Und obwohl Louis C. diesen nie gesehen hat, ist er sein gesetzlicher Erbe.

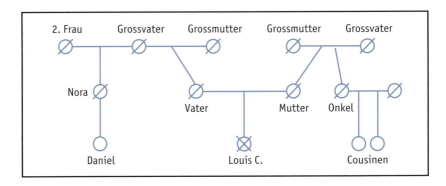

WANN ERBT DER STAAT?
Je entfernter die Verwandten, desto mühseliger wird die Suche nach ihnen. Die Erbfolge endet daher mit dem Stamm der Grosseltern, also mit dem dritten Stamm. Wenn auch keine solchen Verwandten vorhanden sind, erbt der Staat. Der Nachlass wird – je nach kantonaler Regelung – meist zwischen Gemeinde und Kanton aufgeteilt.

Ehegatte und eingetragene Partnerin

Neben den Blutsverwandten gibt es weitere gesetzliche Erben. Die wichtigsten unter ihnen sind der Ehegatte und der eingetragene Partner. Hinterbliebene Ehepartner zählen immer zu den Erben, wobei Mann und Frau einander völlig gleichgestellt sind. Wie viel sie erben, hängt davon ab, mit welchen anderen gesetzlichen Erben sie die Erbschaft teilen müssen. Eingetragene Partnerinnen und Partner sind den Ehegatten gleichgestellt; für sie gelten also dieselben Regeln.

INFO *Bei der Berechnung der gesetzlichen Erbteile spricht man auch von Erbquoten. Diese Quote entspricht dem Bruchteil am Nachlass, auf den ein Erbe oder eine Erbin Anspruch hat. Eine Übersicht über die gesetzlichen Erbteile in verschiedenen Familienkonstellationen finden Sie auf Seite 30.*

Anteil neben Nachkommen
Sind Nachkommen da, beträgt die gesetzliche Erbquote der Ehefrau oder des eingetragenen Partners die Hälfte.

HERMANN W. STIRBT nach langer Krankheit. Er hinterlässt seine Ehefrau Monika sowie die beiden Söhne Samuel und Jonas. Sein Vermögen beträgt 100 000 Franken. Monika W. erhält die Hälfte, also 50 000 Franken; Samuel und Jonas erhalten je 25 000 Franken.

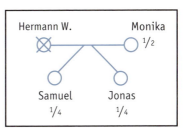

Die hinterbliebene Ehefrau hat zudem das Recht, auf Anrechnung an ihre Erbschaft die eheliche Wohnung oder das Haus zu Eigentum zu beanspruchen. Diese Bestimmung ist eine reine Teilungsvorschrift, das heisst: Die Ehefrau muss die Liegenschaft aus dem Nachlass herauskaufen und die anderen Mitglieder der Erbengemeinschaft finanziell abfinden (mehr dazu auf Seite 112).

Anteil neben Erben des elterlichen Stammes

Hat eine verheiratete Erblasserin keine Kinder, erhält der Ehemann drei Viertel ihres Nachlasses, während ein Viertel an die Erben des elterlichen Stammes fällt, also an die Eltern der Verstorbenen und allenfalls an ihre Geschwister.

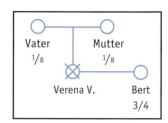

VERENA V. HINTERLÄSST ihren 56-jährigen Ehemann Bert, ihre Mutter und ihren Vater. Nachkommen hat das Ehepaar V. nicht. Bert V. erbt drei Viertel des Nachlasses, die Eltern zusammen einen Viertel, jeder Elternteil also einen Achtel.

Viele kinderlose Ehepaare glauben, beim Tod der einen Seite erbe die andere automatisch alles. Das ist ein Irrtum. Eltern, Geschwister, Geschwisterkinder sind gesetzliche Erben und erhalten insgesamt einen Viertel des Nachlasses. Es besteht aber die Möglichkeit, in einem Ehevertrag, Erbvertrag oder Testament diese gesetzliche Quote aufzuheben und dem überlebenden Ehegatten zuzuwenden.

TIPP *Wenn Sie verheiratet sind, keine Kinder haben und Ihre Frau, Ihren Mann allein begünstigen möchten, braucht es unbedingt eine Regelung (siehe Seite 115).*

Leben nur noch Erben des grosselterlichen Stammes, erhalten Ehegatten – oder eingetragene Partner – den gesamten Nachlass.

Adoptivkinder, Stiefkinder und ausserehliche Kinder

Seit 1973 sind Adoptivkinder den eigenen Nachkommen ihrer Adoptiveltern erbrechtlich absolut gleichgestellt. Ihr Erbanspruch gegenüber der leiblichen Verwandtschaft erlischt. Das kann natürlich auch nachteilig sein, vor allem wenn die leiblichen Verwandten mehr zu vererben hätten als die neuen Adoptiveltern.

BEI IHREM TOD HINTERLÄSST AGNES R. ihren Ehemann Michel sowie den Sohn Cédric. Nach einiger Zeit heiratet Michel R. die Witwe Lena G., die zwei Kinder in die Ehe mitbringt. Die beiden Eheleute adoptieren gegenseitig die Kinder des Partners, der Partnerin.

Dann stirbt der Vater von Agnes R., also der Grossvater von Cédric. Dieser hatte – neben seiner bereits verstorbenen Tochter – zwei Söhne, Renato und Marcel. Wer erbt? Renato und Marcel erben alles. Cédric, der nach Grundregel 2 eigentlich an die Stelle seiner Mutter treten würde, erbt nichts, denn die Adoption hat die erbrechtlichen Bande zur mütterlichen Verwandtschaft durchtrennt.

Wäre Cédric von seiner Stiefmutter Lena nicht adoptiert worden, würde er an die Stelle seiner leiblichen Mutter Agnes treten und einen Drittel des grossväterlichen Erbes erhalten.

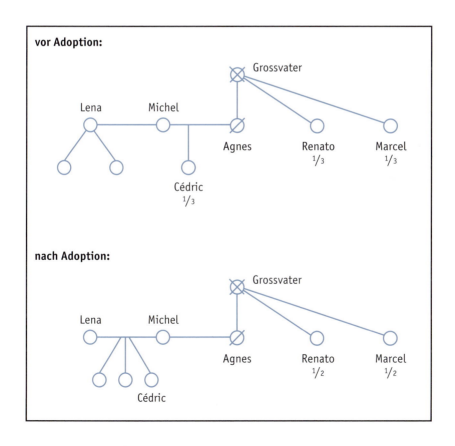

URTEIL *Das Bundesgericht befand, ein Enkel, der adoptiert worden war und deshalb rechtlich nicht mehr Grosskind seiner leiblichen Grossmutter war, stehe in keinem Verwandtschaftsverhältnis mehr zu ihr. Er musste daher 40 Prozent Erbschaftssteuern bezahlen statt nur zwei Prozent (Urteil 2P.139/2004 vom 30. November 2004).*

ADOPTIONEN VOR DEM 1. APRIL 1973
Adoptionen, die vor dem ersten April 1973 ausgesprochen wurden, konnten bis zum 31. März 1978 dem neuen Recht unterstellt werden. Wurde dies nicht getan, ist der damalige Adoptionsvertrag auch heute massgebend. Darin konnte das Erbrecht individuell geregelt werden (auch ein Ausschluss war möglich). Wurde im Adoptionsvertrag keine erbrechtliche Regelung getroffen, gilt für solche altrechtlichen Adoptionen:
- Das adoptierte Kind behält sein Erbrecht gegenüber seiner angestammten Familie. Gegenüber den Adoptiveltern ist es ebenfalls erbberechtigt, nicht aber gegenüber deren weiteren Blutsverwandten.
- Die Adoptiveltern sind gegenüber dem adoptierten Kind nicht erbberechtigt.

Ausserehelige Kinder

Ein uneingeschränktes und gegenseitiges Erbrecht bestand schon immer zwischen dem Kind und seiner Mutter sowie der mütterlichen Verwandtschaft. Seit dem 1. Januar 1978 besteht das volle und gegenseitige Erbrecht auch gegenüber dem ausserehelichen Vater und der väterlichen Verwandtschaft. Voraussetzung ist, dass der Vater sein Kind anerkannt hat oder dass die Vaterschaft in einem Gerichtsurteil festgestellt wurde.

INFO *Eine Zahlvaterschaft, bei der sich der ausseruneheliche Vater all seiner Pflichten – auch des Erbrechts – mit einer Geldzahlung entledigte, ist heute nicht mehr möglich. Das frühere Recht, das solche Zahlvaterschaften erlaubte, war bis Ende 1977 gültig. Relevant kann es aber heute noch sein für Menschen, die vor dem 31. Dezember 1967 geboren wurden, und auch für später Geborene, deren Zahlvaterschaft nicht dem neuen Recht unterstellt wurde (möglich bis Ende 1979).*

Stiefkinder

Dass der Partner und/oder die Partnerin Kinder aus einer früheren Beziehung in die Ehe mitbringt, ist heute keine Seltenheit mehr. Doch Stiefkinder und Stiefeltern haben zueinander kein gesetzliches Erbrecht. Das kann erbrechtlich zu Resultaten führen, die alle Familienmitglieder als ungerecht und mit dem gesunden Menschenverstand nicht vereinbar empfinden. Der Grund dafür: Stirbt in einer solchen Patchworkfamilie zum Beispiel die Frau, erbt ihr Mann die Hälfte ihres Nachlasses. Doch bei seinem Tod sind nur noch seine leiblichen Nachkommen erbberechtigt; die Stiefkinder gehen leer aus.

FRANK T. IST WITWER. Aus seiner ersten Ehe hat er zwei Kinder, Martina und Urs. Nach einiger Zeit heiratet Herr T. zum zweiten Mal und hat mit seiner Frau Carmen drei Söhne: Silvan, Kurt und Armin. Als Frank T. stirbt, erbt seine Ehefrau die Hälfte; alle seine Nachkommen erhalten die andere Hälfte, also je einen Zehntel.

Wenn später auch Carmen T. stirbt, geht ihr ganzes Vermögen – auch die Hälfte, die sie von ihrem Mann geerbt hat – nur noch an ihre eigenen Söhne Silvan, Kurt und Armin. Die beiden Stiefkinder Martina und Urs sind an ihrem Nachlass nicht erbberechtigt. So erhalten sie vom Nachlass des eigenen Vaters – in dem auch das Erbe ihrer verstorbenen leiblichen Mutter enthalten ist – weniger als ihre Halbgeschwister.

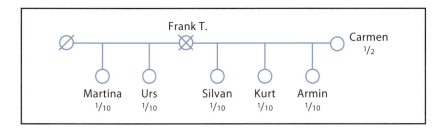

TIPP *Leben Sie in einer Patchworksituation, überprüfen Sie, was es erbrechtlich bedeutet, wenn zuerst die Ehefrau oder zuerst der Ehemann stirbt. Mit Testament und Erbvertrag lassen sich Ungerechtigkeiten beseitigen (mehr dazu auf Seite 123).*

Pflichtteile und verfügbare Quote

Volle Freiheit haben Erblasser nicht, wenn sie ihren Nachlass regeln. Das schweizerische Erbrecht geht einen Mittelweg, indem es erlaubt, über einen Teil des Vermögens frei zu verfügen, während der andere Teil bestimmten gesetzlichen Erben zukommen muss.

Der Anteil am Vermögen, der den gesetzlichen Erben nicht entzogen werden darf, wird Pflichtteil genannt. Den Anteil am Vermögen, über den Erblasserinnen und Erblasser nach Belieben bestimmen dürfen, bezeichnet man als verfügbare oder disponible Quote.

Setzt eine Erblasserin einen Erben auf den Pflichtteil, muss sie diesen Schritt nicht begründen. Ganz anders bei einer Enterbung: Da müssen die Enterbungsgründe genau angegeben werden, sonst ist die letztwillige Verfügung anfechtbar (mehr dazu auf Seite 31).

 TIPP Stellen Sie sich einen Kuchen vor, der in verschieden grosse Stücke aufgeteilt ist. Der Kuchen ist der Nachlass. Der Pflichtteil gibt die minimale Grösse des Kuchenstücks an, auf das ein bestimmter Erbe Anspruch hat. Der mehr oder weniger grosse Rest des Kuchens ist die verfügbare Quote, über die Sie frei bestimmen können.

Wie hoch ist der Pflichtteil?

Nicht allen gesetzlichen Erben steht auch ein Pflichtteil zu. Es gibt nur vier Kategorien pflichtteilsgeschützter Erben:
- Nachkommen aller Grade (Kinder, Enkel, Urenkel)
- Vater und Mutter
- Ehegatte oder Ehegattin
- eingetragener Partner oder eingetragene Partnerin

Für die Berechnung des Pflichtteils gehen Sie vom gesetzlichen Erbanspruch aus: Der Pflichtteil besteht jeweils aus einem Bruchteil davon und ist je nach Verwandtschaftsnähe unterschiedlich gross. Wenn das Gesetz beispielsweise sagt, der Pflichtteil der Eltern betrage die Hälfte des gesetzlichen Anspruchs, müssen Sie zuerst feststellen, wie hoch dieser in der konkreten Situation ist.

ALBERT D. LEBT MIT SEINER FREUNDIN CARLA zusammen. Seine Mutter lebt noch, Geschwister hat er keine. Das Nachlassvermögen von Herrn D. beträgt 100 000 Franken. Hätte er kein Testament gemacht, würde der ganze Betrag der Mutter zufallen, denn diese ist die einzige gesetzliche Erbin. Doch Albert D. hat seine Mutter im Testament auf den Pflichtteil gesetzt und die verfügbare Quote seiner Freundin vermacht. Der Pflichtteil der Mutter berechnet sich nach folgender Formel:

$$\text{Gesetzlicher Anspruch} \times 1/2 = \frac{100\,000 \times 1}{2}$$

Die Mutter erhält also 50 000 Franken, der Freundin von Herrn D. bleiben ebenfalls 50 000 Franken.

Nachkommen als alleinige Erben

Sind keine anderen Erben vorhanden, umfasst der gesetzliche Erbanspruch der Nachkommen den ganzen Nachlass. Ihr Pflichtteil beträgt drei Viertel davon. Ob ein Erblasser ein, zwei oder fünf Kinder hat, spielt keine Rolle. Die verfügbare Quote beträgt immer einen Viertel.

BEAT M. HINTERLÄSST ZWEI SÖHNE, Giulio und Marco. Seine Frau Gerda ist bereits gestorben. Das Nachlassvermögen beläuft sich auf 100 000 Franken. Der gesetzliche Anspruch pro Sohn beträgt die Hälfte, also je 50 000 Franken. Der Pflichtteil ist drei Viertel davon oder je 37 500 Franken. Beat M. kann seine Söhne auf den Pflichtteil setzen und jedem 12 500 Franken entziehen. Das pflichtteilsgeschützte Vermögen beträgt also insgesamt 75 000 Franken, die verfügbare Quote 25 000 Franken oder einen Viertel. Diesen kann Beat M. beispielsweise seinem Fussballklub zuwenden.

Ehegatten als alleinige Erben

Hat eine Erblasserin keine weiteren gesetzlichen Erben, umfasst der Erbanspruch ihres Ehemanns – oder ihrer eingetragenen Partnerin – den ganzen Nachlass. Der Pflichtteil beträgt die Hälfte davon.

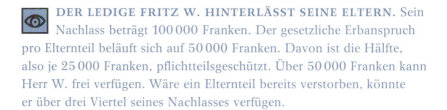 **DAGMAR L. LEBT MIT HANNELORE G.** in eingetragener Partnerschaft. Ihre Eltern sind gestorben, Kinder hat Frau L. keine. Sie hat ihre Partnerin auf den Pflichtteil gesetzt und die verfügbare Quote der Stiftung SOS Beobachter vermacht. Vom Nachlass von 100 000 Franken erhält Hannelore G. also 50 000 Franken, die Stiftung ebenfalls 50 000 Franken.

Eltern als alleinige Erben
Eltern erhalten – wenn weder eine Ehegattin oder ein eingetragener Partner noch Nachkommen vorhanden sind – je die Hälfte des Nachlasses (gesetzlicher Erbanspruch). Ihr Pflichtteil beträgt die Hälfte davon.

 DER LEDIGE FRITZ W. HINTERLÄSST SEINE ELTERN. Sein Nachlass beträgt 100 000 Franken. Der gesetzliche Erbanspruch pro Elternteil beläuft sich auf 50 000 Franken. Davon ist die Hälfte, also je 25 000 Franken, pflichtteilsgeschützt. Über 50 000 Franken kann Herr W. frei verfügen. Wäre ein Elternteil bereits verstorben, könnte er über drei Viertel seines Nachlasses verfügen.

 INFO *Das Pflichtteilsrecht hört bei den Eltern auf. Geschwister geniessen keinen Pflichtteilsschutz.*

Nachkommen und Ehegatte
Hinterlässt eine Erblasserin neben Kindern auch einen Ehemann – oder eine eingetragene Partnerin –, beträgt der gesetzliche Erbanspruch je die Hälfte. Der Pflichtteil der Nachkommen beträgt drei Viertel, derjenige des Ehemanns oder der Partnerin die Hälfte.

LEBT BEIM TOD VON BEAT M. (siehe Seite 25) seine Frau Gerda noch, berechnet sich die verfügbare Quote anders: Der gesetzliche Erbanspruch von Gerda M. beträgt 50 000 Franken, derjenige von Giulio und Marco je 25 000 Franken. Die Pflichtteile betragen:

Gerda M.	½ gesetzlicher Anspruch = 50 000 x ½	Fr. 25 000.–
Giulio M.	¾ gesetzlicher Anspruch = 25 000 x ¾	Fr. 18 750.–
Marco M.	¾ gesetzlicher Anspruch = 25 000 x ¾	Fr. 18 750.–
Total Pflichtteile		Fr. 62 500.–

Bei dieser Familienkonstellation beläuft sich die verfügbare Quote von Herrn M. also auf 37 500 Franken.

Eltern und Ehegattin

Auch hier ist vom gesetzlichen Erbanspruch auszugehen. Die überlebende Ehegattin erhält von Gesetzes wegen drei Viertel des Nachlasses, die Eltern zusammen einen Viertel (siehe Seite 20). Die Hälfte des Anspruchs der Ehefrau ist pflichtteilsgeschützt (drei Achtel), ebenso die Hälfte des elterlichen Anspruchs (insgesamt ein Achtel). Ist ein Elternteil vorverstorben, reduziert sich der elterliche Pflichtteil auf einen Sechzehntel.

KATHARINA T. HINTERLÄSST ALS ERBEN ihren Ehemann Lars sowie die Eltern. Ihr Vermögen beträgt 100 000 Franken. Lars hat es mit der ehelichen Treue nicht so genau genommen. Frau T. setzt ihren Mann auf den Pflichtteil und wendet die verfügbare Quote den Eltern zu. Der gesetzliche Anspruch der Eltern beträgt einen Viertel des Nachlasses, also 25 000 Franken. Der gesetzliche Anspruch des Ehemanns beläuft sich auf 75 000 Franken, sein Pflichtteil beträgt die Hälfte, also 37 500 Franken. Die Eltern erhalten so ihren gesetzlichen Anspruch von 25 000 Franken sowie die frei werdenden 37 500 Franken, insgesamt also 62 500 Franken.

TIPP *Häufiger ist allerdings die Situation, dass kinderlose Ehepaare das Pflichtteilsrecht der Eltern zugunsten des Partners, der Partnerin ausschliessen möchten. Dies ist möglich mit einem Erbverzicht der Eltern oder – ohne Mitwirkung der Eltern – mit einem Ehevertrag auf Gütergemeinschaft, in dem das Gesamtgut dem überlebenden Ehegatten zugewiesen wird (siehe Seiten 52 und 82). Lassen Sie sich von einer Fachperson beraten, um die für Ihre Situation günstigste Lösung zu finden (Adressen im Anhang).*

Was gehört in die Berechnung?

Bevor ein Pflichtteil berechnet werden kann, muss bekannt sein, wie viel der gesetzliche Erbanspruch beträgt. Und dazu muss man zuerst den Umfang des Nachlasses bestimmen. Das ist nicht immer ganz einfach, denn zum Nachlass gehört nicht nur das, was am Todestag an Vermögen vorhanden ist. Es müssen weitere Vermögenswerte hinzugerechnet werden. Zur Nachlassmasse und damit in die Pflichtteilsberechnung gehören folgende Posten:

- sämtliche Vermögenswerte, die die verstorbene Person bei ihrem Tod besass: Kapitalien, Liegenschaften (zum Verkehrswert geschätzt), Guthaben, Forderungen, Wertgegenstände. Von diesen Vermögenswerten werden die Schulden abgezogen.
- Erbvorbezüge, die zu Lebzeiten auf Anrechnung an den Erbteil ausgerichtet wurden
- Rückkaufswerte von Lebensversicherungen sowie von Vorsorgeversicherungen der Säule 3a (zur Säule 3a siehe auch Seite 41).
- Ansprüche aus der Säule 3a bei einer Bank
- unter Umständen: Schenkungen, gemischte Schenkungen, Abtretung von Vermögen zu Lebzeiten, um den Pflichtteilsanspruch der übrigen Miterben zu umgehen oder zu schmälern

Zuwendungen zu Lebzeiten, seien es Erbvorbezüge oder Schenkungen, können die Nachlassmasse erheblich beeinflussen.

MORITZ S. HAT SEINEM SOHN MAX für die Eröffnung eines Malergeschäfts einen Erbvorbezug von 100 000 Franken gegeben. Die Tochter Annette hat noch nichts erhalten. Herr S. verbringt die letzten Jahre im Pflegeheim, sodass von seinem einst stattlichen Vermögen gerade noch 60 000 Franken übrig bleiben. Im Testament hat der Vater geschrieben, dass Max die 100 000 Franken nicht ausgleichen müsse, der Betrag sei geschenkt. Max überweist seiner Schwester die Hälfte des Nachlassvermögens, also 30 000 Franken, und glaubt, damit sei die Sache für ihn erledigt. Doch er irrt sich.

Die Schwester hat Anrecht auf ihren Pflichtteil, der folgendermassen berechnet wird:

Nachlassmasse	Fr. 60 000.–
Vorbezug Max	Fr. 100 000.–
Total Nachlass	Fr. 160 000.–
Gesetzlicher Anspruch: 1/2	Fr. 80 000.–
Pflichtteil = 3/4 des gesetzlichen Anspruchs	Fr. 60 000.–

Das vorhandene Nachlassvermögen reicht also gerade aus, um den Pflichtteil der Schwester zu decken.

URTEIL *Vor allem die Hinzurechnung von Schenkungen bereitet viel Kopfzerbrechen, füllt ganze Bibliotheken und führt zum Teil zu grotesken Ergebnissen. So wird nach der Gerichtspraxis der Wert des Bootes, das der Vater seinem Sohn schenkte, zum Nachlass gerechnet, wenn der Sohn Fischer ist und das Boot für seinen Beruf braucht. Dasselbe Boot, als Sportgerät geschenkt, würde nicht hinzugerechnet (BGE 76 II 188). Mehr zur Ausgleichung finden Sie auf den Seiten 91 und 200.*

DIESE VERMÖGENSTEILE GEHÖREN NICHT ZUM NACHLASS

Nicht zur Nachlassmasse – und damit zur Pflichtteilsberechnung – werden gezählt:
- die Hinterlassenenansprüche aus der AHV und der IV
- die Hinterlassenenansprüche aus der obligatorischen Unfallversicherung und der Militärversicherung
- die Hinterlassenenansprüche aus der obligatorischen 2. Säule
- Leistungen aus der überobligatorischen beruflichen Vorsorge (2. Säule) sowie Leistungen aus einer patronalen Vorsorgestiftung (Stiftung, die nur vom Arbeitgeber finanziert wird)
- Leistungen aus einer Freizügigkeitspolice oder einem Freizügigkeitskonto

Wenn Pflichtteile verletzt werden

Dass ein Erbe die ihm durch das Gesetz garantierte Mindestquote nicht oder nicht vollständig erhält, kommt immer wieder vor. Zum Beispiel wenn sich Eltern gegenseitig als Universalerben einsetzen. «Die Kinder

ERBTEIL, PFLICHTTEIL, VERFÜGBARE QUOTE IM ÜBERBLICK

Erblasser/in	Hinterlassene	Gesetzlicher Erbteil (Bruchteil des Nachlasses)	Pflichtteil (Bruchteil des Nachlasses)	Verfügbare Quote
Ledig, geschieden oder verwitwet; keine Kinder	Beide Eltern	je $1/2$	je $1/4$	$1/2$
	Ein Elternteil Geschwister	$1/2$ zusammen $1/2$ (Nichten/Neffen erben Quote verstorbener Geschwister)	$1/4$ –	$3/4$
	Ein Elternteil Verwandte des verstorbenen Elternteils (nicht 1./2. Stamm)	$1/1$ –	$1/2$ –	$1/2$
	Geschwister	zusammen $1/1$ (Nichten/Neffen erben Quote verstorbener Geschwister)	–	$1/1$
	Onkel/Tante der Mutterseite Onkel/Tante der Vaterseite	$1/2$ $1/2$ (Cousins/Cousinen erben Quote der vorverstorbenen Onkel und Tanten)	– –	$1/1$
Ledig, geschieden oder verwitwet; mit Kindern	Kinder	zusammen $1/1$	zusammen $3/4$	$1/4$
Verheiratet, in eingetragener Partnerschaft oder getrennt; mit Kindern	Ehegatte/Partnerin Kinder	$1/2$ zusammen $1/2$ (Enkel erben Quote verstorbener Kinder)	$1/4$ zusammen $3/8$	$3/8$
Verheiratet, in eingetragener Partnerschaft oder getrennt; keine Kinder	Ehegatte/Partnerin	$1/1$	$1/2$	$1/2$
	Ehegatte/Partnerin Beide Eltern	$3/4$ je $1/8$	$3/8$ je $1/16$	$1/2$
	Ehegatte/Partnerin Ein Elternteil Geschwister	$3/4$ $1/8$ zusammen $1/8$ (Nichten/Neffen erben Quote verstorbener Geschwister)	$3/8$ $1/16$ –	$9/16$
	Ehegatte/Partnerin Ein Elternteil Verwandte des verstorbenen Elternteils	$3/4$ $1/4$ –	$3/8$ $1/8$ –	$1/2$
	Ehegatte/Partnerin Geschwister	$3/4$ zusammen $1/4$ (Nichten/Neffen erben Quote verstorbener Geschwister)	$3/8$ –	$5/8$
	Ehegatte/Partnerin Onkel, Tanten, Cousins, Cousinen	$1/1$ –	$1/2$ –	$1/2$

sollen warten, bis auch der zweite Elternteil verstorben ist», lautet oft die Devise. Viele Kinder sind mit dieser Haltung einverstanden. Doch wenn sie die Pflichtteilsverletzung nicht hinnehmen wollen, können sie sich auch wehren.

Herabsetzungsklage

Verfassen Sie ein Testament, das Pflichtteile verletzt, müssen Sie damit rechnen, dass einer der benachteiligten Erben eine Herabsetzungsklage anstrengt. Tut er dies innert eines Jahres seit der Eröffnung des Testaments, kann er so die Wiederherstellung seines Pflichtteils verlangen (mehr dazu auf Seite 186).

> **TIPP** *Als Erblasser oder Erblasserin sollten Sie wenn immer möglich Pflichtteilsverletzungen vermeiden, weil sonst Streitereien geradezu programmiert sind. Wenn Sie einen Erben massiv begünstigen wollen, lassen Sie sich über die Möglichkeiten juristisch beraten.*

Enterben: nur in klar bestimmten Fällen

Waren Sie schon mal über eines Ihrer Kinder dermassen verärgert oder enttäuscht, dass Sie sich dachten, der oder die soll – wenn das so weitergeht – einmal nichts erben? Nun, von einer momentanen Verärgerung bis zur Enterbung ist ein weiter Weg. Und noch lange nicht jedes missliebige Verhalten rechtfertigt eine Enterbung.

Unterschiedliche Auffassungen bezüglich Religion und Politik oder eine ganz andere Weltanschauung zum Beispiel sind keine Enterbungsgründe. Und auch eine missliebige Heirat der Tochter oder die Tatsache, dass der Sohn statt eines «anständigen» Berufs eine Künstlerlaufbahn gewählt hat, reichen nicht aus, um den Kindern im Testament das Erbe zu entziehen.

Das Gesetz stellt hohe Anforderungen an die Gründe für eine Enterbung. Denn damit entzieht der Erblasser einem Pflichtteilserben das Erbrecht. Der Enterbte ist nicht mehr Erbe und wird damit auch nicht Mitglied der Erbengemeinschaft.

Das Gesetz sieht zwei Arten der Enterbung vor: Die Strafenterbung und die Präventiventerbung. Will ein Erblasser einem Pflichtteilserben sein Erbrecht entziehen, hat er in seiner letztwilligen Verfügung, mit welcher er die Enterbung anordnet, den Grund dafür anzugeben.

ALFRED O., LEDIG, vererbt sein ganzes Vermögen dem Patenkind und vermacht seinen Geschwistern nichts. Das ist keine Enterbung, denn Geschwister sind nicht pflichtteilsgeschützt.

Die Strafenterbung

Mit der Strafenterbung bestraft der Erblasser – wie der Name sagt – das Verhalten eines Pflichtteilserben. Im Gesetz sind dafür zwei Gründe vorgesehen:
- Der Erbe hat gegen den Erblasser oder gegen eine diesem nahe stehende Person (Ehefrau, Eltern, Kinder, Verwandte) eine schwere Straftat begangen (zum Beispiel schwere Körperverletzung, Mordversuch). Der Erbe muss schuldhaft und im Zustand der Urteilsfähigkeit gehandelt haben.
- Der Erbe hat seine familienrechtlichen Pflichten gegenüber dem Erblasser oder einem von dessen Angehörigen schwer verletzt.

Enterbte können die Enterbung gerichtlich anfechten. Dies müssen sie innert eines Jahres ab dem Zeitpunkt tun, da sie Kenntnis von der letztwilligen Verfügung haben. Erhalten sie Recht, bekommen sie wenigstens den Pflichtteil.

URTEIL *Einer der wenigen Fälle, in denen sich eine Enterbung als durchsetzbar erwiesen hat, ist Urteil 5A_370/2011 des Bundesgerichts vom 5. September 2011: Der Erblasser hatte seine Ehefrau enterbt wegen schwerer Drohung, mehrfachem Unterlassen von Nothilfe und massiver Vernachlässigung der ehelichen Unterstützungspflicht, was mit einer lebensbedrohlichen Situation einhergegangen*

war. Nicht geschützt wurde die Enterbung eines Sohnes, der seine Mutter durch betrügerische Darlehensaufnahmen in immer grössere Schulden und Schwierigkeiten getrieben hatte (BGE 106 II 304).

Wer erbt stattdessen?
Ist die Enterbung erfolgreich, fragt sich, wer den Anteil des Enterbten bekommt. Dieser Anteil fällt laut Gesetz an die gesetzlichen Erben, wie wenn der Enterbte den Erbfall nicht erlebt hätte. Hat der Enterbte Nachkommen, wirkt die Enterbung nur für ihn, nicht aber für seine Nachkommen. Diese behalten ihr Pflichtteilsrecht.

Statt die gesetzliche Erbfolge eintreten zu lassen, kann eine Erblasserin für den Anteil, der dem Enterbten zugefallen wäre, auch einen anderen Erben einsetzen, zum Beispiel eine Institution.

DAS EHEPAAR L. HAT ZWEI SÖHNE, Edgar und Adrian. Edgar hat ein liederliches Leben geführt und sich nie um die Eltern gekümmert. Deshalb wird er von ihnen enterbt. Er ficht die Enterbung nicht an. Als Herr L. stirbt, wird die Erbteilung nach dem gesetzlichen Erbrecht vorgenommen: Frau L. und Sohn Adrian erhalten je die Hälfte des Nachlasses. Hätte der enterbte Sohn Edgar eine Tochter, würde diese an seine Stelle treten und mit Adrian die Hälfte des Nachlasses teilen.

INFO *Der Enterbung gleichgesetzt ist die Erbunwürdigkeit. Diese liegt vor, wenn der Erblasser die Enterbung gar nicht mehr aussprechen konnte – beispielsweise wenn der Sohn den Vater umbringt oder eine Frau ihren Mann vergiftet (mehr dazu auf Seite 155).*

Die Präventiventerbung

Von ganz anderer Natur als die Strafenterbung ist die Präventiventerbung. Sie soll das Familienvermögen vor dem Zugriff von Gläubigern eines Erben schützen. Wenn gegen einen Nachkommen Verlustscheine bestehen, kann ihm die Erblasserin die Hälfte des Pflichtteils entziehen und direkt den Enkeln zuweisen. Dabei muss sie alle Enkel gleich behandeln.

MELANIE V. SCHREIBT IN IHREM TESTAMENT: «Da gegen meine Tochter Olivia Verlustscheine bestehen, entziehe ich ihr die Hälfte ihres Pflichtteils und wende diesen zu gleichen Teilen ihren beiden Söhnen Lukas und Georg zu.» Das Nachlassvermögen von Melanie V. beträgt 100 000 Franken, der Pflichtteil von Olivia drei Viertel davon, also 75 000 Franken. Die Hälfte dieses Pflichtteils kann Frau V. ihren Enkeln zuwenden. Auf 37 500 Franken können die Gläubiger von Olivia zugreifen.

Eine Präventiventerbung können die betroffenen Erben in zwei Fällen anfechten:
- Es bestehen keine Verlustscheine (mehr).
- Die Verlustscheine übersteigen einen Viertel des Erbteils nicht.

INFO *Die durch den Verlustschein verurkundete Forderung verjährt 20 Jahre nach der Ausstellung des Verlustscheins; gegenüber den Erben des Schuldners jedoch verjährt sie spätestens ein Jahr nach Eröffnung des Erbgangs. Häufig werden solche Verlustscheine nach einiger Zeit mit grossem Einschlag, das heisst Rabatt, zurückgekauft.*

1 ■ ■ ■ WER ERBT?

Was gehört zum Nachlass?

Was Sie dereinst alles vererben werden, hängt von verschiedenen Faktoren ab. In diesem Kapitel erfahren Sie, wie sich die Nachlassmasse zusammensetzt. Dabei kommt vor allem dem ehelichen Güterrecht eine grosse Bedeutung zu, ebenso den Vereinbarungen zum Vermögen eingetragener Partnerinnen oder Partner.

Das Nachlassvermögen

Während bei Ehepaaren – und allenfalls auch bei eingetragenen Partnern – zuerst das gemeinsame Vermögen auseinanderdividiert werden muss, erscheint die Rechnung bei Alleinstehenden einfach: Vermögen minus Schulden gleich Nachlass.

Ganz so einfach ist die Ermittlung des Nachlasses aber doch nicht. Das beim Tod vorhandene Vermögen abzüglich der Schulden entspricht nicht unbedingt dem Nachlass. Denn wenn einzelne Erben zu Lebzeiten Vermögenswerte erhalten haben, die der Ausgleichung unterliegen, müssen diese hinzugerechnet werden (mehr dazu auf den Seiten 28, 88 und 200).

DER VERWITWETE RETO B. hat seinem Sohn einen Erbvorbezug von 30 000 Franken ausgerichtet, während er der Tochter ein zinsloses Darlehen von 20 000 Franken zur Verfügung stellte. Obwohl in der Steuererklärung des Erblassers nur noch das Darlehen als Guthaben aufgeführt ist, zählt auch der Erbvorbezug zu den Aktiven. Er muss zum Vermögen, das beim Todestag vorhanden ist, hinzugezählt werden.

Die Aktiven: Vermögenswerte im Nachlass

Zu den Aktiven zählen sämtliche vererbbaren Vermögenswerte: Wertschriften, Spargutenhaben, Liegenschaften, Mobiliar, Schmuck, aber auch Forderungen, Zinsen und Ähnliches. Dabei gelten folgende Regeln:
- Massgebend ist der Verkehrswert, also der objektive Wert, den ein Dritter zu bezahlen bereit wäre. Der Verkehrswert muss allenfalls durch eine Schätzung ermittelt werden; das ist vor allem bei Liegenschaften wichtig, wenn diese nicht an Dritte verkauft werden. Für den Wert massgebend ist der Zeitpunkt der Teilung.
- Bei Unternehmen kommt dem Ertragswert grössere Bedeutung zu als dem Substanzwert. In der Praxis wird oft folgendermassen gewichtet: 2 x Ertragswert / 1 x Substanzwert.
- Bei Renditeliegenschaften gilt ein Mix zwischen Realwert und Ertragswert.

- Bei landwirtschaftlichen Grundstücken gilt nur der Ertragswert, der aufgrund einer separaten Schätzungsanleitung des Bundesrats ermittelt wird.
- Der Hausrat ist meist wertlos; oft deckt ein Verkauf nicht einmal die Entsorgungskosten. Bei der Teilung darf er deshalb in der Regel mit null eingesetzt werden.
- Bei Motorfahrzeugen wird in der Praxis auf die Eurotaxtabellen abgestellt.
- Zinsen auf Obligationen, Sparguthaben etc. werden bis zum Todestag aufgerechnet und zu den Aktiven gezählt (sogenannte Marchzinsen).
- Dividenden auf Aktien werden nur zum Nachlass hinzugezählt, wenn der Erblasser die Fälligkeit erlebt hat.
- Verrechnungssteuerguthaben sind – je nach Kanton – bis zum Todestag oder bis zum Stichtag der letzten Steuererklärung, die der Erblasser noch eingereicht hat, mit seinem persönlichen Rückerstattungsantrag zurückzufordern und gehören ebenfalls zum Nachlassvermögen. Verrechnungssteuern, die nach dem Todestag fällig werden, müssen in der Regel von der Erbengemeinschaft mit einem besonderen Rückerstattungsantrag in Erbfällen zurückgefordert werden. Wurde ein Universalerbe bestimmt, muss dieser die Verrechnungssteuern ab dem Todestag des Erblassers mit seiner persönlichen Steuererklärung zurückverlangen (siehe auch Seite 229).

DEFINITIONEN
- Der **Verkehrswert** ist der Marktwert eines Grundstücks, das heisst der Preis, der bei einem Verkauf an einen unabhängigen Dritten erzielt würde.
- Der **Ertragswert** resultiert aus dem kapitalisierten jährlichen Ertrag (zum Beispiel Mietzinseinnahmen oder Eigenmietwert). In der Regel wird bei der Ertragswertbestimmung auf den aktuellen Hypothekarzins abgestellt.
- Der **Realwert** setzt sich zusammen aus dem Wert des Bodens, wobei auf den Landpreis in der entsprechenden Gegend abgestellt wird, und dem aktuellen Gebäudewert.
- Der **Verkehrswert von Liegenschaften** setzt sich aus den beiden Komponenten Realwert und Ertragswert zusammen, wobei dem Ertragswert zunehmend grössere Bedeutung zukommt.
- Der **Substanzwert** ist ein betriebswirtschaftlicher Begriff. Er umfasst den inneren Wert eines Unternehmens, unter Berücksichtigung der stillen Reserven.

> **INFO** *Nutzt einer der Erben eine Wohnung oder ein Haus, das sich im Nachlass befindet exklusiv, schuldet er dem Nachlass dafür Mietzinse. Diese Mietzinse zählen auch zum Nachlass. Aber Achtung: Das Bundesgericht hat entschieden, dass solche Forderungen schon während dem Bestehen der Erbengemeinschaft verjähren können. Wollen die Miterben das verhindern, müssen sie die Mietzinse, sofern sie nicht sofort bezahlt werden, vor Ablauf der Verjährungsfrist gerichtlich geltend machen (Urteil 5A_629/2014 vom 29. September 2015).*

Die Passiven: Schulden des Nachlasses

Passiven sind sämtliche Schulden des Erblassers, also Hypothekarschulden und laufende Schulden. Man spricht von **Erbschaftsschulden.**

Etwas anderes sind die **Erbgangsschulden,** die unmittelbar mit dem Tod des Erblassers zusammenhängen. Dazu zählen:

- Begräbniskosten: zum Beispiel Todesanzeigen, Danksagungen, Sarg oder Urne, Blumen, Grabkreuz, Leidmahl
- Kosten für Grabstein und Grabunterhalt (ca. 6000 bis 8000 Franken)
- Mietzinse für die Wohnung des Erblassers bis zur ordentlichen oder vorzeitigen Auflösung des Mietverhältnisses
- Räumungs- und Reinigungskosten für die Wohnung des Erblassers inklusive Entsorgungsgebühren
- Kosten für die Teilung und für den Willensvollstrecker

Ebenfalls zu den Passiven gehören die güterrechtlichen Ansprüche des hinterbliebenen Ehegatten oder die vermögensrechtlichen Ansprüche der eingetragenen Partnerin (siehe Seiten 44 und 58). Sie werden vom Vermögen des Erblassers abgezogen.

> **INFO** *Da unter Konkubinatspartnern kein gesetzliches Erbrecht und auch keine güterrechtlichen Ansprüche bestehen, errechnet sich der Umfang ihres Nachlasses wie bei Alleinstehenden. Forderungen der Partnerin gegenüber ihrem verstorbenen Partner – zum Beispiel ein Darlehen oder der Anteil am gemeinsam gekauften Eigenheim – sind selbstverständlich unter den Erbschaftsschulden aufzuführen.*

Versicherungsansprüche: wichtig für Konkubinatspaare

Angesichts der immer höheren Lebenserwartung wird ein grosser Teil des Vermögens in die Vorsorgeplanung eingebunden – in die Pensionskasse, die Säule 3a oder private Lebensversicherungen. Gerade für Konkubinatspaare sind Lebensversicherungen ein wichtiger Bestandteil der gegenseitigen Absicherung. Damit können sie zumindest einen Teil ihres Vermögens aus der Nachlassmasse «heraushalten» und über eine Begünstigtenerklärung direkt dem Partner, der Lebensgefährtin zukommen lassen, ohne Pflichtteile berücksichtigen zu müssen. Je nach Versicherung gehört jedoch ein Teil der Leistung trotzdem in den Nachlass.

AHV und obligatorische Unfallversicherung

Die Ansprüche der Hinterlassenen – also die Witwen- und Waisenrenten – gehören nicht in den Nachlass.

Pensionskasse

Weder die Hinterlassenenrenten der Pensionskasse noch Todesfallkapitalien, die allenfalls im überobligatorischen Bereich ausgezahlt werden, gehören in den Nachlass. Solche Leistungen aus der beruflichen Vorsorge fallen direkt der begünstigten Person zu und können für die Pflichtteilsberechnung nicht hinzugezogen werden. Dasselbe gilt für Gelder, die von einem früheren Stellenwechsel auf einem Freizügigkeitskonto oder einer Freizügigkeitspolice liegen. Je nach Reglement der Pensionskasse kann im Rahmen der 2. Säule auch die Konkubinatspartnerin oder der Lebensgefährte begünstigt werden (mehr dazu auf Seite 132).

Säule 3a

Bei der Säule 3a ist gesetzlich geregelt, wer nach Ihrem Tod begünstigt ist. In erster Linie sind das der hinterbliebene Ehegatte und die Kinder. Nur wenn Sie unverheiratet sind und keine Kinder haben, können Sie den Kreis der Begünstigten ändern und zum Beispiel Ihre Konkubinatspartnerin einschliessen. Doch Guthaben der Säule 3a werden grundsätzlich in die Pflichtteilsberechnung miteinbezogen: Geld auf 3a-Bankkonten fällt vollumfänglich in die Berechnungsmasse, bei 3a-Versicherungen wird der Rückkaufswert hinzugerechnet (siehe Kasten auf der nächsten Seite).

Risikoversicherungen
Bei reinen Todesfallrisikoversicherungen wird das Kapital nur ausgezahlt, wenn die versicherte Person vor Ablauf der Vertragsdauer stirbt. Dieses Geld fällt nicht in den Nachlass; es kommt direkt den Begünstigten zu.

> **DER 40-JÄHRIGE UNTERNEHMER PETER W.** schliesst eine Todesfallrisikoversicherung von 300 000 Franken ab, Laufzeit zehn Jahre. Als Begünstigte gibt er seine Ehefrau an. Mit 47 Jahren stirbt Herr W. an einem Herzinfarkt. Das Geschäft wird konkursamtlich liquidiert. Frau W. erhält die Versicherungssumme von 300 000 Franken. Diese muss sie nicht mit den anderen Erben teilen, obwohl der Nachlass von Peter W. bei null liegt. Anders sieht es aus, wenn Herr W. – was häufig passiert – die Police der Bank zur Abdeckung geschäftlicher Risiken verpfändet hat. Dann fällt die Versicherungssumme teilweise oder ganz an die Bank.

Versicherungen mit Rückkaufswert
Die Palette dieser Versicherungsprodukte ist gross. Sie lassen sich in drei Gruppen einteilen:
- Todesfallversicherungen mit lebenslänglicher Vertragsdauer
- Gemischte Lebensversicherungen: Dabei wird nach Ablauf der Vertragsdauer ein sogenanntes Erlebensfallkapital ausgezahlt. Stirbt der Versicherungsnehmer früher, wird ein vorher vereinbartes Todesfallkapital fällig.
- Versicherungspolicen der Säule 3a: Auch diese enthalten einen Sparteil und einen Versicherungsteil.

All diesen Versicherungen ist gemeinsam, dass sie einen Rückkaufswert aufweisen. Dieser wird bei der Berechnung der Erbmasse zu den Aktiven gezählt. Die Differenz zwischen dem Rückkaufswert und der ausgezahlten Versicherungssumme fällt den in der Begünstigtenerklärung genannten Personen zu.

> **BRIGITTA R. SCHLIESST MIT 35 JAHREN** eine Lebensversicherung über 100 000 Franken ab, Laufzeit des Vertrags 20 Jahre. Als Begünstigten setzt sie ihren Lebenspartner ein. Mit 38 stirbt Frau R.; sie hinterlässt keinen roten Rappen. Die Versicherungsgesellschaft

zahlt den Betrag von 100 000 Franken ordnungsgemäss dem Partner aus. Nach drei Jahren beträgt der Rückkaufswert der Police erst 8000 Franken. Diese fallen in den Nachlass, und die Eltern von Frau R. haben Anspruch auf 4000 Franken (Pflichtteil je $1/4$, siehe Seite 30).

> **DEFINITION RÜCKKAUFSWERT**
> Der Rückkaufswert ist die Summe, die dem Versicherungsnehmer zurückerstattet wird, wenn er den Versicherungsvertrag vorzeitig auflöst. Je kürzer die Zeit zwischen Auflösung und Vertragsabschluss, desto tiefer der Rückkaufswert; in den ersten zwei, drei Jahren liegt er in der Regel bei null.

Leibrentenversicherungen

Gegen eine Einmalprämie erhält die versicherte Person eine Rente auf Lebzeiten. Solche Versicherungen können auch auf zwei Leben abgeschlossen werden; das heisst, dass nach dem Tod des Versicherungsnehmers seine Ehefrau die Rente weiter erhält. Die rechtliche Situation bei den Rentenversicherungen ist völlig unübersichtlich. Als Faustregel kann gelten, dass ihr Gegenwert immer dann zum Nachlass hinzugerechnet wird, wenn mit dem Versicherungskonstrukt absichtlich Pflichtteile verletzt werden.

> **INFO** *Bei Leibrentenversicherungen mit Rückgewähr fällt der Rest der Einmalprämie, der nicht für die Rentenzahlungen gebraucht wurde, an die Erben – das heisst in die Nachlassmasse.*

Ehepaare: der Einfluss des Güterrechts

Alle ab Seite 38 aufgezählten Vermögenswerte gehören auch bei verheirateten Personen grundsätzlich zum Nachlass. Doch oft handelt es sich dabei um gemeinsam erarbeitetes Vermögen. Deshalb spielt das eheliche Güterrecht eine wichtige Rolle; die güterrechtliche Auseinandersetzung beeinflusst direkt die Höhe des Nachlasses.

Die Ehe ist nicht nur eine Liebes- und Lebensgemeinschaft, sondern auch eine Vermögensgemeinschaft. Durch die Heirat kommen verschiedene Vermögenswerte zusammen, während der Ehe wird gespart, ein Haus gebaut, geerbt und so weiter.

An sich könnte das Gesetz davon ausgehen, dass diese Vermögenswerte den Staat nichts angehen, dass Eheleute ihre finanziellen Verhältnisse selber regeln und frei Vereinbarungen treffen können. Das schweizerische Recht wählt einen Mittelweg. Es unterstellt alle Verheirateten, die keine eigene Regelung treffen, einem Grundmodell: dem Güterstand der Errungenschaftsbeteiligung. Daneben gibt es weitere Güterstände, unter denen Ehepaare frei wählen können. Dazu müssen sie einen Ehevertrag abschliessen.

Die Wahl des Güterstands hat einen entscheidenden Einfluss auf die finanzielle Situation der hinterbliebenen Ehefrau oder des Ehemanns. Je nachdem fällt ein grösserer oder kleinerer Teil des gemeinsamen Vermögens gar nicht in den Nachlass, sondern direkt an die Witwe bzw. den Witwer. Welche Möglichkeiten bestehen und wie dabei gerechnet wird, sehen Sie auf den folgenden Seiten.

> **TIPP** *Ehepaare, die ihren Nachlass ordnen wollen, sollten nicht nur die erbrechtlichen Regeln berücksichtigen, sondern auch prüfen, welche Bestimmungen das Güterrecht enthält. Das Güterrecht beinhaltet sogar grössere Begünstigungsmöglichkeiten als das Erbrecht.*

Eigene Regelung nur im Ehevertrag

Unternehmen Sie vor der Heirat nichts, untersteht Ihre Ehe automatisch dem «ordentlichen» Güterstand der Errungenschaftsbeteiligung. Immer wenn Sie von dieser gesetzlichen Regelung abweichen wollen, ist ein Ehevertrag zwingend notwendig. Dieser muss vor einem Notar oder einer Urkundsperson unterzeichnet werden. Oft wird ein solcher Ehevertrag schon vor der Heirat abgeschlossen. Wollen Sie dies später tun, können Sie bestimmen, ob die neuen Regelungen ab Vertragsschluss oder rückwirkend für die ganze Dauer der Ehe gelten sollen.

DIE GÜTERSTÄNDE DES SCHWEIZER EHERECHTS

- **Errungenschaftsbeteiligung:** Das Grundmodell für alle, die keine eigene Regelung treffen. Durch einen Ehevertrag kann die Errungenschaftsbeteiligung in einzelnen Aspekten abgeändert werden.
- **Gütergemeinschaft:** Dieser Güterstand kann nur mit einem gemeinsamen Ehevertrag gewählt werden. Es gibt mehrere Varianten davon.
- **Gütertrennung:** Auch dieser Güterstand muss in einem Ehevertrag vereinbart werden.

Für Ehen, die vor 1988 geschlossen wurden, gelten besondere Bestimmungen.

ZWEI VERTRÄGE, DIE INEINANDERGREIFEN

Ehevertrag
- Vertrag zwischen Eheleuten
- erlaubt, einen anderen als den ordentlichen Güterstand der Errungenschaftsbeteiligung zu wählen, und eröffnet Möglichkeiten, den hinterbliebenen Ehegatten güterrechtlich zu begünstigen
- gültig mit notarieller Beurkundung

Erbvertrag
- nicht auf Ehegatten beschränkt, kann auch mit weiteren Erben abgeschlossen werden
- eröffnet Möglichkeiten, den hinterbliebenen Ehegatten erbrechtlich zu begünstigen
- gültig mit notarieller Beurkundung in Anwesenheit von zwei Zeugen

TIPP *Die maximale Begünstigung des überlebenden Ehepartners wird oft mit einer Kombination von Ehevertrag und Erbvertrag erreicht.*

Der ordentliche Güterstand: Errungenschaftsbeteiligung

Die meisten Ehepaare leben unter dem Güterstand der Errungenschaftsbeteiligung. Bei diesem Güterstand wird das eheliche Vermögen in vier Teile aufgeteilt:
- das Eigengut der Frau
- das Eigengut des Mannes
- die Errungenschaft der Frau
- die Errungenschaft des Mannes

Während der Ehe ist jede Seite Eigentümerin ihres Eigenguts und ihrer Errungenschaft. Mann und Frau verwalten und nutzen ihre Vermögen je selbständig.

Jeder Vermögenswert eines Ehepaars gehört zur einen oder anderen Vermögensmasse. Im Streitfall gelten folgende Regeln:
- Lässt sich nicht beweisen, ob ein Vermögenswert der Frau oder dem Mann gehört, wird angenommen, er gehöre jedem zur Hälfte (Miteigentum).

WAS GEHÖRT ZUM EIGENGUT, WAS ZUR ERRUNGENSCHAFT?

Eigengut	Errungenschaft
Gegenstände, die dem Mann oder der Frau ausschliesslich zum persönlichen Gebrauch dienen	Arbeitserwerb
Vermögenswerte, die dem Mann oder der Frau bereits zu Beginn der Ehe gehören oder später (durch Erbgang oder Schenkung) unentgeltlich zufallen	Leistungen von Vorsorgeeinrichtungen und Sozialversicherungen
	Leistungen der Arbeitslosenversicherung
	Erträge des Eigenguts (zum Beispiel Zinsen, die auf der Erbschaft anfallen)
Genugtuungsansprüche (zum Beispiel wegen Körperverletzung)	Ersatzanschaffungen für die Errungenschaft
Ersatzanschaffungen für das Eigengut	

- Ist strittig, ob ein Vermögenswert in die Errungenschaft oder ins Eigengut gehört, wird gesetzlich Errungenschaft vermutet.

 MARTHA E. HAT VON IHREN ELTERN 100 000 Franken geerbt. Sie legt dieses Geld in einer Obligation an, die mit 2 Prozent verzinst wird. Der Betrag von 100 000 Franken ist ihr Eigengut, während der Zins in ihre Errungenschaft fällt. Bei der güterrechtlichen Auseinandersetzung steht ihrem Mann der hälftige Ertrag zu, also 1000 Franken pro Jahr.

Die güterrechtliche Auseinandersetzung
Wird die Ehe durch Tod (oder Scheidung) aufgelöst, müssen die Vermögensmassen auseinandergenommen werden. Jedem Ehegatten steht zunächst sein Eigengut zu, sodann die Hälfte seiner eigenen Errungenschaft und die Hälfte der Errungenschaft der anderen Seite. Nicht nur die Ehefrau ist also zur Hälfte am Verdienst ihres Mannes beteiligt, sondern umgekehrt auch der Ehemann am Verdienst seiner Frau.

 INFO *Die beiden Errungenschaften zusammen werden auch als Vorschlag bezeichnet.*

 DIE EHELEUTE HELGA UND FRANZ M. sind seit 30 Jahren verheiratet. Herr M. hat von seinen Eltern 50 000 Franken geerbt (= Eigengut) und bis heute 120 000 Franken gespart (= Errungenschaft). Frau M. hatte bei der Heirat ein Vermögen von 30 000 Franken (= Eigengut). Zu Beginn der Ehe war sie mit den beiden Kindern und dem Haushalt voll beschäftigt. Als die Kinder selbständig waren, übernahm Frau M. eine Teilzeitstelle; ihre Ersparnisse betragen 20 000 Franken (= Errungenschaft). Das eheliche Vermögen beträgt also insgesamt 220 000 Franken. Beim Tod ihres Mannes stehen Frau M. folgende güterrechtlichen Ansprüche zu:

Ihr Eigengut	Fr. 30 000.–
1/2 der gemeinsamen Errungenschaft (Fr. 60 000.– + Fr. 10 000.–)	Fr. 70 000.–
Total güterrechtliche Ansprüche	Fr. 100 000.–

SO WIRD DAS VERMÖGEN AUFGETEILT

Mann	Frau
– Eigengut	– Eigengut
– Errungenschaft	– Errungenschaft
½ ———————→	½
½ ←———————	½

Die Berechnung des Vorschlags

Das Gesetz gibt klare Anweisungen, wie der Vorschlag – das heisst die gemeinsame Errungenschaft – bzw. sein Wert zu berechnen ist:

- Errungenschaft und Eigengut werden nach ihrer Höhe im **Zeitpunkt der Auflösung** des Güterstands ausgeschieden. Massgebend ist also der Todestag.
- Wenn Schulden der Errungenschaft aus Mitteln des Eigenguts bezahlt wurden – oder umgekehrt –, besteht eine **Ersatzforderung** der einen Vermögensmasse gegenüber der anderen.
- Zur Errungenschaft **hinzugerechnet** werden unentgeltliche Zuwendungen, die ein Ehegatte während der letzten fünf Jahre vor Auflösung der Ehe ohne Zustimmung des anderen gemacht hat.
- Ebenfalls zur Errungenschaft **hinzugerechnet** werden Vermögensentäusserungen, die eine Seite vorgenommen hat, um den Beteiligungsanspruch der anderen zu schmälern. Diese Hinzurechnung ist an keine Frist gebunden.

DAS EHEPAAR HERBERT UND CINZIA Z. kauft eine neue Wohnwand. Die Ersparnisse aus Arbeitserwerb (Errungenschaft) reichen nicht ganz, deshalb steuert Frau Z. 3000 Franken aus ihrem väterlichen Erbe bei (Eigengut). Cinzia Z. besitzt bei der güterrechtlichen Auseinandersetzung eine Ersatzforderung von 3000 Franken gegenüber der Errungenschaft.

NORMAN P. IST VERHEIRATET, hat aber eine Freundin, der er teuren Schmuck kauft. Bei der güterrechtlichen Auseinandersetzung fehlt das dafür ausgegebene Geld. Der Betrag wird zu seiner Errungenschaft hinzugerechnet und seine Ehefrau ist zur Hälfte daran beteiligt.

Die Mehrwertbeteiligung

Immer wieder kommt es vor, dass die Ehefrau ihren Mann bei einem grösseren Kauf mit eigenen Mitteln unterstützt oder umgekehrt, zum Beispiel beim Kauf einer Liegenschaft. Nimmt nun diese Liegenschaft im Lauf der Zeit an Wert zu, wäre es ungerecht, wenn die Ehefrau nur den ursprünglich investierten Betrag zurückerhielte. Sie wird am Mehrwert beteiligt.

STEFAN H. ERBT EIN HAUS. Der Verkehrswert beträgt 400 000 Franken, sein Erbteil beläuft sich aber nur auf 300 000 Franken. Deshalb stellt ihm seine Frau Denise aus ihren eigenen Mitteln 100 000 Franken zur Verfügung, damit er die anderen Erben auszahlen kann. Zehn Jahre später, im Zeitpunkt der güterrechtlichen Auseinandersetzung, weist die Liegenschaft einen Wert von 600 000 Franken auf; das sind 200 000 Franken mehr. Dieser Mehrwert wird im Verhältnis zu den Beteiligungen aufgeteilt. Stefan H. werden also drei Viertel davon oder 150 000 Franken gutgeschrieben, während Denise H. zusätzlich zu ihren ursprünglich gezahlten 100 000 Franken einen Mehrwertanteil von 50 000 Franken erhält.

ZUSAMMENSPIEL VON GÜTERRECHT UND ERBRECHT

Güterrecht		Erbrecht
Eigengut Mann	Eigengut Frau	Eigengut Mann
Errungenschaft Mann	Errungenschaft Frau	
½	½	½ Errungenschaft Frau
½	½	½ Errungenschaft Mann
		Nachlassmasse
		½ an die Ehefrau
		½ an die Nachkommen

Das Ehepaar kann die Mehrwertbeteiligung auch ausschliessen. Verzichtet Frau H. im Beispiel auf die Mehrwertbeteiligung an ihrem Darlehen von 100 000 Franken (konkreter Verzicht), genügt eine schriftliche Erklärung. Soll die Mehrwertbeteiligung hingegen generell ausgeschlossen werden, braucht es dazu einen Ehevertrag mit öffentlicher Beurkundung.

Erbrechtliche Aufteilung
Ist die güterrechtliche Auseinandersetzung abgeschlossen, folgt die erbrechtliche Aufteilung. Der Teil des ehelichen Vermögens, der güterrechtlich dem verstorbenen Ehegatten gehört, fällt in seinen Nachlass. Und davon erhält die hinterbliebene Ehefrau gemäss der gesetzlichen Erbfolge die Hälfte.

 IN DEN NACHLASS VON FRANZ M. aus dem Beispiel auf Seite 47 fallen folgende Vermögenswerte:

Sein Eigengut	Fr. 50 000.–
1/2 der gemeinsamen Errungenschaft	Fr. 70 000.–
Nachlassvermögen	Fr. 120 000.–
Frau M. erhält:	
Güterrechtlicher Anspruch	Fr. 100 000.–
Erbanspruch: 1/2 des Nachlassvermögens	Fr. 60 000.–
Total des Anspruchs	Fr. 160 000.–

Das Beispiel zeigt deutlich, dass der Erbteil der überlebenden Seite nicht einfach die Hälfte des ehelichen Vermögens beträgt. Es kommt darauf an, wie viel vom vorhandenen Vermögen Eigengut von Mann und Frau bzw. Errungenschaft ist.

TIPP *Wenn Sie selber eine Berechnung anstellen wollen, tragen Sie Ihre Zahlen ins Schema auf der vorangehenden Seite ein und gehen Sie wie im Beispiel vor. Als Grundsatz gilt: Die güterrechtliche Auseinandersetzung wird immer vor der erbrechtlichen Aufteilung vorgenommen.*

Die abgeänderte Errungenschaftsbeteiligung

Das Grundmodell der Errungenschaftsbeteiligung lässt sich in verschiedenen Aspekten abändern und so besser auf die eigenen Bedürfnisse zuschneiden. Dazu müssen Sie einen Ehevertrag abschliessen (siehe Seite 44).

Zuweisung des ganzen Vorschlags
Nach der gesetzlichen Regelung stehen dem Mann und der Frau die Hälfte der eigenen Errungenschaft und die Hälfte der Errungenschaft der andern Seite zu. In einem Ehevertrag kann eine andere Beteiligung am Vorschlag vereinbart werden.

Gegenüber gemeinsamen Nachkommen sind die Eheleute in dieser Beziehung völlig frei. Sie können also auch die ganze Errungenschaft der überlebenden Seite zuweisen.

> **HELGA UND FRANZ M.** (siehe Beispiel Seite 47) haben in ihrem Ehevertrag die gesamte Errungenschaft der überlebenden Seite zugewiesen. Beim Tod von Herrn M. erhält seine Frau also die gesamte Errungenschaft von 140 000 Franken (plus natürlich ihr Eigengut von 30 000 Franken). In den Nachlass fällt nur noch Herrn M.s Eigengut von 50 000 Franken. Davon erbt Frau M. die Hälfte, kommt also insgesamt auf 195 000 Franken. Die beiden Kinder müssen sich mit je 12 500 Franken begnügen.

Da die Nachkommen auf diese Weise stark zurückgesetzt werden, gilt eine solche Regelung nur gegenüber gemeinsamen Kindern. Nicht gemeinsame Söhne und Töchter können in jedem Fall mindestens ihren Pflichtteil verlangen (siehe Seite 30).

> **MUSTER: ZUWEISUNG DER ERRUNGENSCHAFT**
> Die Formulierung im Ehevertrag lautet: Für den Fall der Auflösung unserer Ehe durch den Tod eines Ehegatten vereinbaren wir, dass die Gesamtsumme beider Vorschläge ganz dem überlebenden Ehegatten zusteht.

Zuweisung von Geschäftsvermögen

Mittels Ehevertrag können die Ehegatten vereinbaren, dass Vermögenswerte, welche für die Ausübung eines Berufes oder den Betrieb eines Gewerbes bestimmt sind, dem Eigengut zugewiesen werden, auch wenn diese nach Gesetz in die Errungenschaft fallen würden.

Andere Zinsregelung

Laut Gesetz fallen die Erträge des Eigenguts – zum Beispiel Zinsen von Kapital, die Mieteinnahmen von einer geerbten Liegenschaft – in die Errungenschaft. Im Ehevertrag können die Ehegatten vereinbaren, dass diese Erträge nicht in die Errungenschaft fallen, sondern dem Eigengut zugeschlagen werden.

> **MUSTER: ZINSREGELUNG**
> Die Formulierung im Ehevertrag lautet: Wir vereinbaren nach Artikel 199 Absatz 2 ZGB, dass alle Erträge des Eigenguts der Ehefrau ihr Eigengut bleiben und nicht in ihre Errungenschaft fallen.

LISA K. HAT 50 000 FRANKEN GEERBT. Dieser Betrag ist bei ihrer Hausbank mit 1,5 Prozent Zins angelegt, was ihr einen jährlichen Ertrag von 750 Franken beschert. Herr K. ist einverstanden, dass diese Zinsen seiner Frau allein gehören und nicht in die Errungenschaft fallen. Dadurch vermehrt sich das Eigengut von Frau K. und beim Tod ihres Mannes stehen ihr nicht nur die 50 000 Franken zu, sondern auch der ganze Zins darauf.

Die Gütergemeinschaft

Alles in einen Topf! Eheleute, die auch in Vermögensfragen das Gemeinsame in ihrer Ehe betonen möchten, können in einem Ehevertrag die Gütergemeinschaft vereinbaren. Bei diesem Güterstand gibt es bloss drei Vermögensmassen:
- Eigengut des Mannes

- Eigengut der Frau
- Gesamtgut beider Eheleute

Im **Gesamtgut** sind die Einkünfte und fast das ganze Vermögen von Mann und Frau vereinigt. Es steht im Gesamteigentum der Eheleute und keine Seite kann über ihren Anteil allein verfügen. Für alles, was über die ordentliche Verwaltung hinausgeht – etwa für den Kauf eines Autos –, ist die Zustimmung der anderen Seite nötig.

Das **Eigengut** von Mann und Frau ist weniger umfassend als bei der Errungenschaftsbeteiligung. Denn auch Erbschaften und das Vermögen, das die Partner in die Ehe mitbringen, fallen ins Gesamtgut. Zum Eigengut gehören nach Gesetz nur die Gegenstände, die ausschliesslich dem persönlichen Gebrauch dienen (Kleider, Hobbyausrüstung) sowie Genugtuungsansprüche.

TIPP *Die Wahl der Gütergemeinschaft kann bei finanziell komplexen Verhältnissen von Vorteil sein, weil ein Beweis, welche Vermögenswerte zu welcher Vermögensmasse gehören, nicht mehr nötig ist. Es existiert nur noch das Gesamtgut.*

Die güterrechtliche Auseinandersetzung bei der Gütergemeinschaft ist denkbar einfach. Der Frau und dem Mann stehen je ihre Eigengüter zu; das Gesamtgut wird hälftig geteilt.

HAT DAS EHEPAAR M. aus dem Beispiel auf Seite 47 Gütergemeinschaft vereinbart, sieht die Rechnung ganz anders aus: Die Eigengüter der beiden (gebrauchte Kleider und Hobbyausrüstung) sind praktisch wertlos. Das ganze eheliche Vermögen von 220 000 Franken – auch die Erbschaft von Herrn M. und das Geld, das Frau M. in die Ehe gebracht hat – fällt ins Gesamtgut. Beim Tod von Franz M. erhält seine Frau:

Aus Güterrecht: ½ Gesamtgut	Fr. 110 000.–
Aus Erbrecht: ½ Nachlass	Fr. 55 000.–
Total Anspruch	Fr. 165 000.–

INFO *Bei einer Scheidung wird anders geteilt. Dann erhalten Mann und Frau je das, was bei der Errungenschaftsbeteili-*

gung ihr Eigengut wäre. Der Rest des ehelichen Vermögens wird hälftig geteilt. Ein Ehepaar kann dies aber in seinem Ehevertrag auch anders bestimmen.

Abänderung der Beteiligung
Auch bei der Gütergemeinschaft können die Eheleute – wie bei der Errungenschaftsbeteiligung – im Ehevertrag eine andere Teilung des ehelichen Vermögens vereinbaren. Allerdings dürfen dabei die Pflichtteile der Nachkommen nicht verletzt werden. Diese betragen ³/₈ des Nachlasses.

VEREINBAREN FRANZ UND HELGA M. in einem Ehevertrag, dass das ganze Gesamtgut bis auf die Pflichtteile der Nachkommen der überlebenden Seite zugewiesen wird, ergibt sich folgende Aufteilung:

Gesamtvermögen   Fr. 220 000.–
Pflichtteil Nachkommen ³/₁₆   Fr. 41 250.–
Anspruch von Helga M. ¹³/₁₆   Fr. 178 750.–

Zum Vergleich: Bei der abgeänderten Errungenschaftsbeteiligung beträgt der Anspruch der Ehefrau 195 000 Franken (siehe Seite 51). Diese Maximalbegünstigung kann allerdings von nicht gemeinsamen Kindern angefochten werden. Der Vorteil der Gütergemeinschaft besteht darin, dass die ehevertragliche Begünstigung von ³/₁₆ gegenüber allen Nachkommen gilt.

Für kinderlose Ehepaare
Die allgemeine Gütergemeinschaft wird auch der Güterstand der kinderlosen Ehepaare genannt. Dies völlig zu Recht. Sind keine Nachkommen da, kann das ganze Gesamtgut ohne Einschränkung dem überlebenden Ehegatten zugewiesen werden. Auf diese Weise lässt sich das Pflichtteilsrecht der Eltern (siehe Seite 27) durch Ehevertrag ausschalten.

TIPP *Zusätzlich zum Ehevertrag sollten Sie unbedingt einen Erbvertrag mit Universalerbeneinsetzung abschliessen. Besteht nur ein Ehevertrag mit Zuweisung des Gesamtguts, müssen die Eltern oder Geschwister des Verstorbenen bei der Erbteilung mitwirken, obwohl sie nichts erhalten. Auch eine Universalerbeneinsetzung im Testament wäre möglich, hat aber den Nachteil, dass Testamente jederzeit einseitig geändert werden können.*

Nebenarten der Gütergemeinschaft
Neben der allgemeinen Gütergemeinschaft sieht das Gesetz noch zwei Nebenarten vor:
- **Errungenschaftsgemeinschaft**
  Die Gütergemeinschaft wird in diesem Fall auf die Errungenschaft beschränkt. Daneben bestehen die Eigengüter von Frau und Mann im selben Umfang wie bei der Errungenschaftsbeteiligung (siehe Seite 46). Die Erträge des Eigenguts fallen ins Gesamtgut.
- **Beschränkte Gütergemeinschaft**
  Durch Ehevertrag können ganz bestimmte Vermögenswerte – zum Beispiel Grundstücke, der Arbeitserwerb, ein Gewerbebetrieb – von der Gütergemeinschaft ausgeschlossen werden. Auch die Erträge der ausgeschlossenen Vermögenswerte werden diesen zugeordnet, fallen also nicht in das Gesamtgut.

 URSULA J. IST VERHEIRATET, hat keine Kinder und hat mit ihrem Mann einen Ehevertrag auf Gütergemeinschaft abgeschlossen. Von ihren Eltern hat sie ein Ferienhaus geschenkt erhalten. Diese Liegenschaft möchte sie später ihrem Patenkind vermachen. Sie will deshalb nicht, dass das Haus ebenfalls Bestandteil des Gesamtguts wird, und schliesst es im Ehevertrag vom Gesamtgut aus.

Die Gütertrennung

Bei der Gütertrennung bleiben die Vermögen von Mann und Frau säuberlich getrennt. Ob ein Vermögenswert dem Eigengut oder der Errungenschaft angehört, spielt keine Rolle. Weder bei einer Scheidung noch im Todesfall ist eine gegenseitige Beteiligung am Vermögen vorgesehen. Also findet auch keine güterrechtliche Auseinandersetzung statt. Das ganze Vermögen eines verstorbenen Ehegatten fällt in seinen Nachlass und muss mit den anderen gesetzlichen Erben geteilt werden.

Dieser Güterstand kann sehr nachteilig sein für eine Ehefrau, die hauptsächlich den Haushalt führt, die Kinder betreut und deshalb kein oder nur wenig Einkommen hat. Mit der Gütertrennung hat sie keinen Anteil am Vermögen, das ihr Mann während der Ehe anhäufen kann.

EHELICHES GÜTERRECHT IM ÜBERBLICK

Errungenschaftsbeteiligung

- Sie gilt für alle Ehepaare kraft Gesetzes, wenn sie nicht in einem Ehevertrag Gütergemeinschaft oder Gütertrennung vereinbart haben. Mann und Frau verfügen je selber über ihr Vermögen. Dieses besteht aus dem Eigengut und der Errungenschaft.
- Stirbt ein Ehepartner, steht jeder Seite zunächst ihr Eigengut, sodann die Hälfte der eigenen Errungenschaft und die Hälfte der Errungenschaft der anderen Seite zu (Vorschlag). Dasselbe gilt bei Auflösung der Ehe durch Scheidung.
- Durch Ehevertrag sind Änderungen möglich, vor allem die Zuweisung des ganzen Vorschlags an den überlebenden Ehegatten (bei gemeinsamen Nachkommen).

Gütergemeinschaft

- Die Gütergemeinschaft muss in einem Ehevertrag vereinbart werden. Auch bei diesem Güterstand gibt es ein Eigengut von Mann und Frau, doch dieses ist viel kleiner als bei der Errungenschaftsbeteiligung. Der grösste Teil des ehelichen Vermögens wird zum Gesamtgut zusammengefasst, über das die Eheleute nur gemeinsam verfügen können.
- Stirbt ein Ehepartner, fällt an jede Seite ihr Eigengut sowie die Hälfte des Gesamtguts. Wird die Ehe durch Scheidung aufgelöst, steht jeder Seite das Eigengut zu, das sie gemäss Errungenschaftsbeteiligung hätte; der Rest des Gesamtguts wird hälftig geteilt.
- Im Ehevertrag auf Gütergemeinschaft können kinderlose Ehepaare sich gegenseitig das ganze Gesamtgut zuweisen; haben sie Nachkommen, sind es $^{13}/_{16}$ des Gesamtguts.

Gütertrennung

- Die Gütertrennung muss im Ehevertrag vereinbart werden. Dabei verfügen Mann und Frau je über ihr ganzes Vermögen. Bei Auflösung der Ehe fällt jeder Seite ihr Vermögen zu, es besteht kein Anspruch auf einen Anteil am Vermögen der anderen.
- Im Todesfall fällt das ganze Vermögen des verstorbenen Ehepartners in seine Erbmasse. Ohne Testament oder Erbvertrag erben die gesetzlichen Erben – unter ihnen auch die hinterbliebene Ehegattin – nach den gesetzlichen Quoten.

HABEN FRANZ UND HELGA M. (siehe Beispiel Seite 47) Gütertrennung vereinbart, sieht die finanzielle Situation für Frau M. beim Tod ihres Mannes folgendermassen aus:

Nachlassvermögen Franz M.:
Eigengut	Fr. 50 000.–
Errungenschaft	Fr. 120 000.–
Total	Fr. 170 000.–

Erbteil von Frau M.: ½	Fr. 85 000.–
Erbteil der beiden Kinder: ½	Fr. 85 000.–

Frau M. erhält:
Ihr Eigengut	Fr. 30 000.–
Ihre Errungenschaft	Fr. 20 000.–
Aus erbrechtlichem Anspruch	Fr. 85 000.–
Total des Anspruchs	Fr. 135 000.–

Das sind 25 000 Franken weniger als beim Güterstand der Errungenschaftsbeteiligung (siehe Seite 50).

Eingetragene Partnerinnen und Partner

Am 1. Januar 2007 ist das Partnerschaftsgesetz für gleichgeschlechtliche Paare in Kraft getreten. Das neue Gesetz regelt unter anderem auch die finanziellen Folgen beim Tod des Partners oder der Partnerin.

Für die Regelung des Vermögens von Eheleuten verwendet das Gesetz den Begriff Güterrecht, im Partnerschaftsgesetz ist vom Vermögensrecht die Rede. Wenn die Partner keine andere Vereinbarung treffen, gilt für sie Gütertrennung. Die eingetragene Partnerschaft hat damit keine Auswirkungen auf das Vermögen der Partner.

Der Vermögensvertrag

> **BUCHTIPP**
> Karin von Flüe:
> **Paare ohne Trauschein. Was Sie beim Zusammenleben regeln müssen.**
> Mit vielen Informationen zum Partnerschaftsgesetz, dem Gesetzestext im Wortlaut und Hinweisen für ein harmonisches Zusammenleben.
> www.beobachter.ch/buchshop

Wie beim ehelichen Güterrecht lässt das Gesetz den eingetragenen Partnern eine beschränkte Freiheit, eine von der gesetzlichen Ordnung abweichende Regelung zu treffen: In einem Vermögensvertrag können sie Errungenschaftsbeteiligung vereinbaren. Die Gütergemeinschaft ist im Partnerschaftsgesetz nicht vorgesehen; ob sie trotzdem möglich ist, ist unter Juristen umstritten.

Klar ist, dass im Vermögensvertrag nur Regelungen für den Fall der Auflösung der Partnerschaft getroffen werden können. Mit dem Vermögensvertrag können Paare zum Beispiel erreichen, dass der während der eingetragenen Partnerschaft erwirtschaftete Vermögenszuwachs – sozusagen die Errungenschaft – bei einer Auflösung hälftig geteilt wird. Wollen sie die gesamte «Errungenschaft» dem überlebenden Partner zuweisen, müssen die Pflichtteilsrechte von Nachkommen (aus früheren Beziehungen) gewahrt bleiben.

PARTNERSCHAFTLICHES VERMÖGENSRECHT IM ÜBERBLICK

- Treffen die Partner keine Regelung, gilt die Gütertrennung.
- Durch Vermögensvertrag können die Partner die Errungenschaftsbeteiligung vereinbaren.
- Vom Gesetz nicht vorgesehen ist die Gütergemeinschaft für eingetragene Partner; ob sie trotzdem möglich sein soll, ist umstritten.

INFO *Wie der Ehevertrag muss auch der Vermögensvertrag öffentlich beurkundet werden (siehe Seite 45).*

Was gilt beim Erbrecht?

Die eingetragene Partnerschaft ist der Ehe erbrechtlich völlig gleichgestellt. Eingetragene Partner oder Partnerinnen haben also die gleich grossen gesetzlichen Erbquoten und Pflichtteile wie Ehegatten (siehe Seite 19).

DANIELA T. UND GISELA R. leben in eingetragener Partnerschaft. Sie haben das gesamte Vermögen gemeinsam erarbeitet. In ihrem Vermögensvertrag weisen sie das Vermögen vollumfänglich der überlebenden Partnerin zu. Frau T. stirbt. Sie hinterlässt als gesetzliche Erben ihre Partnerin und ihre Eltern. Obwohl die Eltern von Daniela T. ein Pflichtteilsrecht haben, erben sie nichts, weil durch den Vermögensvertrag gar kein Nachlassvermögen entstanden ist.

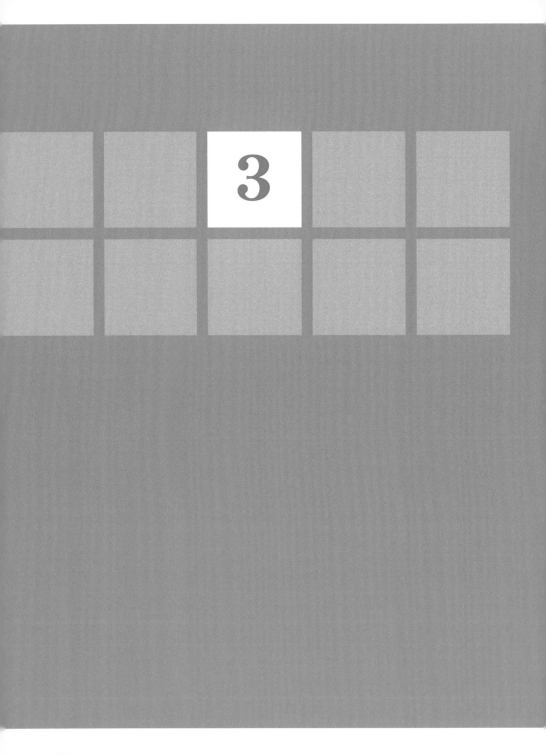

Der letzte Wille

In diesem Kapitel lesen Sie, wann ein Testament sinnvoll ist, wie Sie es errichten, welche Formvorschriften zu beachten sind, was Sie anordnen können und wo Sie es am besten aufbewahren. Sie erfahren auch, wann Sie besser einen Erbvertrag abschliessen und in welchen Situationen ein Erbverzicht sinnvoll ist.

Das Testament

Was wären viele Kriminalromane, wenn es keine Testamente gäbe. Ein gefälschtes Testament, ein letzter Wille mit der Pistole an der Schläfe geschrieben, eine Verfügung im letzten Augenblick im Geheimfach des Sekretärs gefunden – sie geben Salz in die Erbschaftssuppe und verschaffen gleichzeitig Einblick in die Abgründe menschlicher Unzulänglichkeiten.

Tatsächlich: Über Testamente – oder, wie der Fachausdruck heisst, über Verfügungen von Todes wegen – werden grosse Vermögenswerte verteilt. Und wenn es um Geld geht, hört bekanntlich bei vielen Leuten die Gemütlichkeit auf.

Wer alles braucht ein Testament?

Das Gesetz stellt Regeln auf, welcher Erbe wie viel bekommt. Soll dieses Erbrecht uneingeschränkt Anwendung finden, ist kein Testament nötig. Beispiel: Für den ledigen Bruder ist sonnenklar, dass seine beiden Schwestern, die ihm zeitlebens den Haushalt besorgten, ihn dereinst beerben sollen. Oder der verwitwete Vater findet es richtig, dass sein Nachlass zu gleichen Teilen seinen Kindern zukommt.

Sobald Sie aber von der gesetzlichen Regelung abweichen wollen, ist ein Testament (oder ein Erbvertrag, siehe Seite 79) notwendig. Ob Sie Ihren letzten Willen schriftlich festhalten, hängt also ganz von Ihrer persönlichen Situation ab.

SANDRO F. IST ALLEINSTEHEND; seine nächsten gesetzlichen Erben sind seine Geschwister und deren Kinder. Unternimmt er nichts, fällt sein Nachlass den Geschwistern zu gleichen Teilen zu; Nichten und Neffen erben die Quote ihrer vorverstorbenen Eltern. Herr F. will aber seinen Bruder, mit dem er sich verkracht hat, vom Erbe ausschliessen. Dafür soll sein Patenkind, die Tochter eines Freundes, einen grösseren Anteil erhalten. Sandro F. muss seinen Willen in einem Testament festhalten.

ACHTUNG *Besondere Vorsicht ist bei Vermögenswerten im Ausland geboten. Die Regelungen sind je nach betreffendem Land unterschiedlich. Lassen Sie sich bei einem Auslandsbezug von einem Experten beraten.*

Das eigenhändige Testament

Das eigenhändige Testament muss von Anfang bis zum Schluss von Hand geschrieben und mit Datum und Unterschrift versehen sein. Ein Testament, das diese Anforderungen nicht erfüllt – zum Beispiel ein am Computer geschriebenes –, ist anfechtbar. Klagt ein Erbe dagegen, wird es für ungültig erklärt (mehr dazu auf Seite 193).

URTEIL *Zwar sind das Gesetz und die Gerichte im Lauf der Zeit bei der Beurteilung von mangelhaften Testamenten milder geworden. Im Vordergrund steht der Wille des Erblassers. Doch hat das Bundesgericht im sogenannten «Genfer Kathedralen-Fall» ein Testament für ungültig erklärt, das teils eigenhändig von der Erblasserin und teils von einem Privatbankier mit der Schreibmaschine geschrieben worden war (BGE 131 III 601).*

Eigenhändige Testamente haben also ihre Tücken. Nicht nur müssen die Formerfordernisse erfüllt sein, auch der Inhalt sollte klar und verständlich

---

EIGENHÄNDIGES TESTAMENT

*Ich setze meine Nachkommen auf den Pflichtteil.
Die verfügbare Quote wende ich meiner Ehefrau Elena zu.
Gerlafingen 20. April 14   Jimo Trado*

sein. Die Flut von Informationen zu Erbrecht und Vorsorge in Internet, Gratiszeitungen, Wirtschaftspublikationen etc. trägt wenig zur Klarheit bei. Viele Leute sehen vor lauter Tipps das grosse Ganze der erbrechtlichen Zusammenhänge nicht mehr.

Testamentsvorlagen sollten Sie nicht einfach blindlings abschreiben. Meist passen sie nicht richtig auf den konkreten Fall, sodass Auslegungsprobleme bei der Testamentseröffnung geradezu programmiert sind. Dann ist es Aufgabe der Gerichte, aus einem missverständlichen oder unklaren Testament den mutmasslichen Willen des Erblassers, der Erblasserin herauszufinden.

HÄUFIGE FEHLER IN EIGENHÄNDIGEN TESTAMENTEN

Formfehler
- Unterschrift vergessen
- Datum vergessen
- Mit Schreibmaschine oder am Computer geschrieben
- Streichungen und Korrekturen

Inhaltliche Mängel
- Missverständliche Formulierungen
  Beispiel: Ist eine Sache geschenkt oder muss sie an den Erbteil angerechnet werden?
- Testament nicht an veränderte Lebenssituation angepasst
  Beispiel: Ein Bedachter stirbt vor dem Erblasser, sein Name bleibt aber im Testament.
- Keine Ersatzverfügung
  Beispiel: Wenn ein Geschwister vorverstorben ist, sollen dann dessen Nachkommen oder die anderen Geschwister erben?
- Wortlaut klar, aber Inhalt interpretationsbedürftig
  Beispiel: «Der ganze Inhalt der Kommode gehört meiner Nichte Hanna.» In der Kommode findet sich nach dem Tod auch der Safeschlüssel und im Safe liegen Obligationen im Wert von 250 000 Franken. Wem gehören die Wertpapiere? Hanna oder den anderen Erben?
- Pflichtteilsverletzungen. Beispiele finden Sie auf den Seiten 187 und 201.
- Unmöglicher Inhalt
  Beispiel: «Ich vermache mein Vermögen den Armen.» Der Kreis der Begünstigten ist nicht bestimmbar.
- Mehrere Testamente, die sich widersprechen

WENN EIN ERBLASSER SCHREIBT: «Hans erhält mein Haus», meint er vielleicht, dass Hans das Haus geschenkt erhält. Doch bei dieser Wortwahl handelt es sich um eine reine Teilungsvorschrift. Das bedeutet, dass Hans sich das Haus an seinen Erbteil anrechnen lassen, die anderen Erben also auszahlen muss. Der Erblasser hätte schreiben müssen: «Hans erhält das Haus als Vermächtnis», oder: «Ich vermache Hans mein Haus.»

Die häufigsten Mängel in Testamenten finden Sie im nebenstehenden Kasten zusammengestellt. Die Folgen solcher Mängel sind Erbenstreit, Herabsetzungsklagen und langwierige Prozesse, in denen die Gerichte entweder die Ungültigkeit des Testaments feststellen, den Pflichtteil einzelner Erben wiederherstellen oder den wahren Willen des Erblassers zu eruieren versuchen.

TIPPS *Es empfiehlt sich, das Testament fachlich überprüfen zu lassen. Neben Rechtsanwälten und Notaren bietet auch das Beobachter-Beratungszentrum eine (kostenpflichtige) Testamentsprüfung an (www.beobachter.ch/beratung → Spezialberatung für Mitglieder).*

Wer ein Testament verfasst, muss volljährig und urteilsfähig sein – das heisst, sich über die Auswirkungen der Verfügung im Klaren sein. Befürchten Sie, dass die Erben dereinst Ihre Verfügungsfähigkeit anzweifeln könnten, hilft ein Zeugnis Ihres Hausarztes, das Ihren guten geistigen Zustand bestätigt.

Das öffentliche Testament

Das öffentliche Testament wird vor einem Notar – oder je nach Kanton vor einer anderen Urkundsperson – unterzeichnet und anschliessend bei der zuständigen Amtsstelle hinterlegt (siehe Zusammenstellung im Anhang). Anwesend sind auch zwei Zeugen. Diese dürfen nicht mit dem Erblasser verwandt sein, und sie dürfen auch nicht selber im Testament bedacht werden.

Die beiden Zeugen erfahren nichts vom Inhalt des Testaments. Sie bestätigen bloss, dass der Testator – also die Person, die das Testament errichtet – verfügungsfähig ist. Einzige Ausnahme: Wenn der Testator nicht mehr schreiben kann oder blind ist, wird ihm das Testament in Anwesenheit der Zeugen vorgelesen und er bestätigt, dass er mit dem Inhalt einverstanden ist. Darauf unterzeichnen der Notar und die beiden Zeugen; dieses Testament ist auch ohne Unterschrift des Testators gültig.

Das öffentliche Testament ist vor allem dann sinnvoll, wenn an der

> **DIESE UNTERLAGEN BRAUCHEN SIE BEIM NOTAR**
> - Personalausweis (eventuell Familienbüchlein)
> - Personalien der Personen, die Sie begünstigen wollen
> - Genaue Adresse von Institutionen, die Sie berücksichtigen wollen
> - Personalien von Ersatzerben
> - Grundbuchauszüge
> - Letzte Steuererklärung

Verfügungsfähigkeit des Testators Zweifel aufkommen könnten, also bei verbeiständeten, sehr alten oder gebrechlichen Personen. Auch bei komplizierten oder heiklen Verhältnissen (zum Beispiel einer Enterbung) empfiehlt sich ein öffentliches Testament, denn der Notar hilft bei der korrekten, eindeutigen Formulierung Ihres Willens. Die Auslagen – meist wird nach Stundenaufwand abgerechnet – sind allemal tiefer als die Kosten eines langwierigen Erbenstreits.

> **TIPP** *Bevor Sie zum Notar gehen, sollten Sie sich im Klaren sein, was Sie überhaupt wollen. Nehmen Sie sich Zeit, schlafen Sie ein paar Mal über Ihren Entscheid. Wenn Ihr Entschluss klar ist, machen Sie sich Notizen und nehmen diese zum Notariatstermin mit.*

> **DAS NOTTESTAMENT**
> Diese Form des Testaments ist nur für Ausnahmefälle gedacht: Kann eine Person, die in akuter Lebensgefahr schwebt, ihren Text nicht mehr selber schreiben und ist auch kein Notar in der Nähe, kann sie zwei Zeugen ihren letzten Willen mündlich mitteilen. Die Zeugen müssen den Willen schriftlich festhalten und unverzüglich der Gerichtsbehörde einreichen. ∎

Wo wird das Testament am besten aufbewahrt?

Man kann seinen letzten Willen überall aufbewahren: in der Pultschublade, bei den Familienschriften oder unter der Matratze. Die Gültigkeit ist davon nicht betroffen. Trotzdem ist es sinnvoll, über den richtigen Aufbewahrungsort rechtzeitig nachzudenken.

CLAUDIA H. HINTERLÄSST ALS EINZIGE ERBIN eine Schwester. Obwohl der Kontakt sehr lose war, hat die Schwester als gesetzliche Erbin nach dem Tod von Frau H. als Erste Zutritt zur Wohnung. Zu Lebzeiten hat sich Claudia H. gegenüber der Spitex geäussert, sie habe diese Institution im Testament als Erbin eingesetzt. Doch trotz Durchsuchen der Wohnung und intensiver Nachforschungen findet sich nirgends ein Testament…

Jedermann, der beim Tod einer Person eine letztwillige Verfügung vorfindet, ist verpflichtet, diese bei der zuständigen Behörde einzureichen, damit sie eröffnet werden kann. Doch was nützen Vorschriften, wenn es Leute gibt, die sich nicht daran halten? Jeder Kanton stellt deshalb eine Amtsstelle zur Verfügung, bei der Testamente aufbewahrt werden können. Welche Stelle das ist, sehen Sie in der Zusammenstellung im Anhang. Sobald diese Stelle von einem Todesfall Kenntnis erhält, überweist sie das Testament an die zuständige Behörde zur Eröffnung. Damit ist die Gewähr gegeben, dass alle an der Erbschaft Beteiligten benachrichtigt werden.

Wenn Sie Ihr Testament hinterlegen, geschieht dies in einem verschlossenen Kuvert. Der Inhalt des Testaments ist bei der Hinterlegungsstelle also nicht bekannt.

TIPP *Haben Sie Ihr Testament bei der Amtsstelle an Ihrem Wohnort hinterlegt, müssen Sie es bei einem Umzug unbedingt mitnehmen und am neuen Ort wieder hinterlegen.*

Wer sein Testament weder zu Hause aufbewahren noch bei einer Amtsstelle hinterlegen möchte, kann es auch einer Vertrauensperson, einer Notarin, einem Rechtsanwalt, dem späteren Willensvollstrecker oder einer Bank zur Aufbewahrung geben. Die Banken geniessen gegenüber natürlichen Personen einen Vorteil: Sie sind – jedenfalls theoretisch – unsterblich.

Was kostet die Hinterlegung?
Die Gebühren für die amtliche Hinterlegung eines Testaments unterscheiden sich nicht nur von Kanton zu Kanton, sondern oft auch von Gemeinde zu Gemeinde.

IN DER STADT ST. GALLEN zahlt man zurzeit eine einmalige Gebühr von 100 Franken, die Notariate im Kanton Zürich verlangen für die Aufbewahrung 150 Franken, das Erbschaftsamt des Kantons Basel-Stadt 70 und die Bezirksgerichte im Kanton Aargau 39 Franken. Die Stadt Zug hütet den letzten Willen für 25, die Stadt Bern für 50 Franken.

Auch bei den Banken zeigen sich bezüglich Kosten Unterschiede. Eine Reihe von Banken nimmt das Testament ins offene Depot und verlangt dafür keine besonderen Spesen. Diese Aufbewahrungsform wird von anderen Banken kritisiert. Denn wer eine Vollmacht über das Depot besitzt, die über den Tod des Vollmachtgebers hinaus gilt, könnte es streng genommen auflösen und die letztwillige Verfügung an sich nehmen. Gewisse Banken behelfen sich deshalb mit internen Richtlinien, die dies verhindern sollen. Banken, die letztwillige Verfügungen gesondert aufbewahren, verlangen in der Regel eine Gebühr von 30 bis 100 Franken.

TIPP Der Schweizerische Notarenverband führt ein zentrales Testamentenregister (ZTR, www.testamentenregister.ch). Dort können Testamente, Eheverträge, Erbverträge und andere Verfügungen von Todes wegen registriert (Achtung: nicht hinterlegt) werden. Allerdings können Privatpersonen ihr Testament nicht selber zur Registrierung anmelden. Im ZTR werden nur Verfügungen aufgenommen, die bei einem Notar oder einer Amtsstelle hinterlegt sind.

Wenn mehrere Testamente bestehen
Es kommt sehr oft vor, dass beim Tod einer Person mehrere Testamente zum Vorschein kommen. Dafür kann es verschiedene Gründe geben: Vielleicht hat sich die Erblasserin die Sache anders überlegt, vielleicht wollte sie jemanden zusätzlich begünstigen oder sie hat das erste Testament verlegt und weiss nicht mehr genau, was darin steht. Das kann zu heiklen Rechtsfragen bei der Testamentsauslegung führen.

Im Zweifelsfall gilt: Eine später errichtete Verfügung hebt ein früheres Testament auf. Dies auch dann, wenn das erste Testament von einem Notar errichtet (öffentliches Testament) und das zweite «nur» handschriftlich niedergeschrieben wurde.

> **TIPP** *Um sicherzugehen, dass mit alten Testamenten keine Probleme entstehen, schreiben Sie in jedem Testament, das Sie neu errichten, als ersten Satz: «Ich widerrufe sämtliche letztwilligen Verfügungen, die ich jemals getroffen habe.»*

Was kann man im Testament anordnen?

Die langjährige Freundin als Erbin einsetzen, eine gemeinnützige Institution berücksichtigen, festlegen, wer das Haus erhalten soll – wenn Sie die Pflichtteile berücksichtigen, sind Sie frei, wem Sie den Rest Ihres Vermögens zuwenden. Aber aktiv werden müssen Sie. Unternehmen Sie nichts, fällt Ihr Nachlass an die gesetzlichen Erben.

Auf den folgenden Seiten werden die verschiedenen Optionen, die Ihnen im Testament zur Verfügung stehen, kurz beschrieben. Mehr zur optimalen Regelung des Nachlasses in unterschiedlichen Lebenssituationen finden Sie in Kapitel 5.

Erben einsetzen

Als Erben können Sie eine Person oder eine Institution einsetzen, nicht aber Ihren Papagei. Die Erbeinsetzung geht immer auf einen Bruchteil des Nachlasses. Wird das ganze vorhandene Vermögen einer Person allein zugewendet, spricht man von einer Universalerbeneinsetzung.

TANJA M. SCHREIBT: «Ich setze die Pro Infirmis, Zürich, als Erbin zu ¼ (einem Viertel) über meinen Nachlass ein.»

Die eingesetzte Erbin wird – neben den gesetzlichen und/oder anderen eingesetzten Erben – Mitglied der Erbengemeinschaft und haftet solidarisch mit ihnen für die Schulden des Erblassers (siehe Seite 159). Auch wenn Sie einer gesetzlichen Erbin – beispielsweise Ihrer Ehefrau – die verfügbare Quote zuweisen, ist dies eine Erbeinsetzung.

Handelt es sich bei der eingesetzten Erbin um eine natürliche Person – zum Beispiel die Freundin –, können Sie für den Fall ihres Vorversterbens einen Ersatzerben einsetzen.

FRIEDRICH A. SETZT SEINE BEIDEN TÖCHTER und die Ehefrau auf den Pflichtteil. Die verfügbare Quote von ⅜ wendet er testamentarisch seinem besten Freund Erich G. zu. Für den Fall des Vorversterbens von Herrn G. bestimmt Friedrich A. als Ersatzerben seinen langjährigen Hausarzt Alfred K.

ZEHN FRAGEN, DIE SICH TESTAMENTSVERFASSER STELLEN SOLLTEN
- Welche Zielvorstellung will ich verwirklichen?
- Habe ich schon frühere Testamente verfasst? Stehen diese im Widerspruch zum Testament, das ich jetzt schreiben will?
- Geht mein Wille klar und unmissverständlich aus dem Text hervor?
- Verletzt meine Verfügung Pflichtteile? Wenn ja, bin ich bereit, diese Pflichtteilsverletzung in Kauf zu nehmen?
- Könnten nach meinem Tod Streitigkeiten entstehen? Was kann ich vorkehren, um dies zu vermeiden? Wäre es sinnvoll, einen Willensvollstrecker einzusetzen?
- Will ich für den Fall, dass sich mein Ehemann, meine Ehefrau wieder verheiratet oder im Konkubinat lebt, Sicherheitsvorkehrungen zugunsten der Nachkommen treffen?
- Vor allem für kinderlose Ehepaare: Was soll nach dem Tod des zweiten Ehegatten oder bei gemeinsamem Tod mit dem Vermögen geschehen?
- Erfüllt mein Testament die formellen Gültigkeitsvoraussetzungen (eigenhändig geschrieben, Datum, Unterschrift)?
- Soll eine Fachperson das Testament überprüfen?
- Welche Anordnungen für den Todesfall muss ich ausserhalb des Testaments treffen (Beerdigung, Auflösung des Haushalts etc.)?

INFO *Auch das Gegenteil einer Erbeinsetzung – die Enterbung – muss in einem Testament (oder Erbvertrag) verfügt werden (mehr dazu auf Seite 31).*

Vorerben und Nacherben

Eine spezielle Form der Erbeinsetzung ist die Vor- und Nacherbeneinsetzung. Damit entsteht eine zweistufige Erbfolge: In einer ersten Phase tritt der Vorerbe die Erbschaft an; bei seinem Tod vererbt sich diese aber nicht an seine gesetzlichen Erben, sondern muss an die zum Voraus bestimmten Nacherben ausgeliefert werden. Diese Erbfolge wird häufig in Patchworkfamilien angewendet.

 PABLO E., EIN WITWER mit einem grossen Vermögen, heiratet wieder. Aus seiner ersten Ehe stammen drei Kinder; seine zweite Ehefrau Lucie hat ebenfalls zwei Kinder. Herr E. möchte seine Frau begünstigen, gleichzeitig aber sicherstellen, dass die Vermögenssubstanz letztlich seinen leiblichen Kindern erhalten bleibt. Würde er Lucie als Erbin einsetzen und ihr die verfügbare Quote zuwenden, erhielten nach ihrem Tod seine eigenen Nachkommen nichts mehr. Deshalb setzt Pablo E. seine Frau als Vorerbin und seine Nachkommen als Nacherben ein.

Die zweite Ehefrau wird als Vorerbin Eigentümerin des Nachlasses. An die Nachkommen des Ehemanns fällt, was bei ihrem Tod noch übrig ist. Meist wird die Vorerbin von einer Sicherstellungs- und Rechenschaftspflicht befreit; sie kann also frei über das Vermögen verfügen – obwohl grundsätzlich die Pflicht zur möglichst vollständigen Auslieferung besteht. Zu Beweiszwecken wird beim Tod des Erblassers ein Sicherungsinventar aufgenommen (siehe Seite 165).

Auch eine Person, die im Zeitpunkt des Erbfalls nicht lebt bzw. noch nicht gezeugt worden ist, kann als Nacherbe eingesetzt werden. So können zum Beispiel die potenziellen Nachkommen eines Vorerben als Nacherben eingesetzt werden. Gilt es, die Interessen des noch nicht gezeugten Nacherben zu wahren, kann für diesen wie für das noch ungeborene Kind ein Beistand bestellt werden (BGE 140 III 145).

Soll die Vermögenssubstanz nicht angetastet werden, kann der Erblasser eine Sicherstellungs- und Rechenschaftspflicht anordnen. Bei Liegenschaften und Grundstücken kann die Auslieferungspflicht an die Nacherben zudem im Grundbuch vorgemerkt werden. Da die Vorerbin mit Sicherstellungspflicht die Vermögenssubstanz nicht antasten darf, läuft dies in der praktischen Auswirkung auf eine Nutzniessung hinaus. Der Unterschied liegt einzig darin, dass die Vorerbin – im Gegensatz zur Nutzniesserin – formell Eigentümerin des Nachlasses ist.

> **INFO** *Die Natur hält sich nicht immer an den im Testament vorgegebenen Ablauf, Nacherben können auch einmal vor den Vorerben versterben. In diesem Fall bleibt das Vermögen beim Vorerben, wenn der Erblasser nichts anderes bestimmt hat.*

Die Erbenstellung entziehen

Nach Ihrem Tod bilden Ihre Erbinnen und Erben eine Erbengemeinschaft (siehe Seite 154). Für die Auflösung dieser Erbengemeinschaft – sprich: für die Erbteilung – braucht es die Zustimmung aller Erben. Dabei gilt das Einstimmigkeitsprinzip. Weigert sich nur eine Erbin, kann eine Erbteilung jahrelang blockiert sein oder es braucht ein richterliches Urteil, um sie zu vollziehen. Vor allem ein Nachkomme, der auf den Pflichtteil gesetzt wurde, hat mit der Weigerung, bei der Teilung mitzuwirken, ein Druckmittel gegen die anderen Erben in der Hand.

Befürchten Sie solche Probleme, können Sie vorbeugen, indem Sie dem «schwierigen» Erben die Erbenstellung entziehen. Damit ist dieser nicht mehr Mitglied der Erbengemeinschaft, sondern wird zum Vermächtnisnehmer degradiert. Er hat zwar einen Geldanspruch, kann aber zum Beispiel beim Verkauf einer Liegenschaft nicht mitwirken und diesen deshalb auch nicht verhindern.

> **MUSTER: ENTZUG DER ERBENSTELLUNG**
> Formulierung im Testament: Ich entziehe meinem Sohn Franz die Erbenstellung. Er erhält seinen Anteil [oder: seinen Pflichtteil] in Form eines Vermächtnisses.

Vermächtnisse ausrichten

Mit einem Vermächtnis – auch Legat genannt – erhält der oder die Bedachte einen bestimmten Vermögensteil: zum Beispiel einen Geldbetrag, Kunstgegenstände, Mobiliar, Schmuckstücke, Aktien, Grundstücke oder Liegenschaften. Der Vermächtnisnehmer ist nicht Mitglied der Erbengemeinschaft; er muss die Herausgabe des Geldbetrags oder Wertgegenstands von den gesetzlichen und/oder eingesetzten Erben fordern. Hat der Erblasser in seinem Testament eine Frist für die Bezahlung des Vermächtnisses gesetzt, beginnt mit Ablauf dieser Frist der gesetzliche Verzugszins von fünf Prozent zu laufen.

Auch beim Vermächtnis haben Erblasser die Möglichkeit, einen Ersatz- oder Nachvermächtnisnehmer einzusetzen.

BEATA V. SCHREIBT IN IHREM TESTAMENT: «Ich vermache Heinz S. die Skulptur ‹Liegender Faun›. Stirbt Heinz S. vor mir, setze ich als Ersatzvermächtnisnehmer seinen Bruder Walter S. ein.»

EINE STIFTUNG ERRICHTEN

Mit einer Stiftung wird ein Vermögen einem bestimmten Zweck gewidmet (zum Beispiel der Bergbauernhilfe). Eine eigene Stiftung sollten Sie wegen des Organisationsaufwands erst in Betracht ziehen, wenn Sie über ein Vermögen in Millionenhöhe verfügen können. Bei kleineren Vermögen begünstigen Sie besser bereits bestehende Stiftungen, die Ihren Zielen entsprechen. Geeignete Institutionen finden Sie unter www.spendenspiegel.ch.

Wendet der Erblasser einer gesetzlichen oder eingesetzten Erbin zusätzlich ein Vermächtnis zu, spricht man von einem Vorausvermächtnis. Ein solches Vermächtnis muss die Erbin bei der Erbteilung nicht ausgleichen und sie kann es auch behalten, wenn sie die Erbschaft ausschlägt (siehe Seite 177). Zu beachten ist jedoch, dass sowohl beim Vermächtnis als auch beim Vorausvermächtnis die Pflichtteile der übrigen Erben gewahrt werden müssen.

THOMAS T. HAT ZWEI KINDER, Annalisa und Fabian. In seinem Testament bestimmt Herr T., dass Annalisa 30 000 Franken als Vermächtnis erhalten soll. Diesen Betrag muss die Tochter nicht zur Ausgleichung bringen, also nicht mit ihrem Bruder teilen.

> **TIPP** *Aufgepasst beim Vermächtnis einer Liegenschaft: Soll die Hypothekarschuld ebenfalls auf den Vermächtnisnehmer übergehen, müssen Sie dies in Ihrem Testament ausdrücklich festhalten. Wenn Sie nichts regeln, verbleiben die Hypotheken bei den gesetzlichen und/oder eingesetzten Erben.*

ANERKENNUNG EINES KINDES

In der Regel anerkennen Väter ihre unehelichen Kinder bereits bei der Geburt auf dem Zivilstandsamt. Möglich ist es aber auch, die Kindesanerkennung im Testament niederzuschreiben. Damit wird nachträglich das Kindesverhältnis hergestellt – mit allen Rechten, zu denen auch das Erbrecht gehört. Das anerkannte Kind ist den anderen Nachkommen gleichgestellt.

Teilungsvorschriften formulieren

Die Erblasserin kann bestimmen, welche Nachkommen welche Liegenschaften oder Vermögensgegenstände erhalten sollen. Wertunterschiede unter den Nachkommen müssen bei der Erbteilung ausgeglichen werden.

> **LYDIA P. SCHREIBT:** «Meinem Sohn Gerold steht das Recht zu, die Liegenschaft ‹Höfli› zum Verkehrswert, wie er vom zuständigen Hauseigentümerverband geschätzt wird, in sein Alleineigentum zu übernehmen. Die Liegenschaft ‹Unterer Boden› erhält meine Tochter Regula.» Beide Nachkommen müssen sich den Verkehrswert ihrer Liegenschaft anrechnen lassen.

Ist der Wortlaut in einem Testament nicht eindeutig, wird immer eine Teilungsvorschrift angenommen. Das heisst, der Erbe erhält den Vermögensgegenstand, muss ihn sich aber bei der Erbteilung anrechnen lassen, also sozusagen bezahlen. Anders wäre es, wenn ein Vermögensgegenstand ausdrücklich als Vermächtnis übertragen würde (siehe auch Seite 64).

> **TIPP** *Leben Sie im Konkubinat, können Sie mit einer Teilungsvorschrift sicherstellen, dass Ihre Partnerin, Ihr Partner lieb gewonnene Gegenstände aus Ihrem Nachlass erhält. Die Formulierung: «Meine Partnerin Meret B. hat das Recht, die von ihr gewünschten Gegenstände und Vermögenswerte aus meinem Nachlass auf Anrechnung vorab zu beanspruchen.»*

Einen Willensvollstrecker einsetzen

Erblasser und Erblasserinnen können eine Person ihres Vertrauens als Willensvollstrecker einsetzen: zum Beispiel einen langjährigen Freund, eine Notarin, eine Rechtsanwältin, aber auch ein Treuhandbüro. Aufgabe des Willensvollstreckers ist es, die Anordnungen im Testament zu vollziehen. Dies ist vor allem dann angezeigt, wenn Gründe zur Annahme bestehen, dass die Erben sonst den letzten Willen missachten oder sich zerstreiten würden.

Eher abzuraten ist von der Einsetzung eines Willensvollstreckers, der als Miterbe direkte Interessen am Nachlass hat – zum Beispiel die Konkubinatspartnerin, einen Nachkommen. Der Willensvollstrecker sollte eine neutrale Position einnehmen, denn er hat grosse Kompetenzen. Er bezahlt die Schulden (aus Nachlassmitteln), verwaltet die Erbschaft und richtet die Vermächtnisse aus. Er kann den Erben auch einen Teilungsplan vorlegen; vollziehen aber kann er die Teilung nicht. Dazu braucht es die Zustimmung sämtlicher Erben (mehr zum Willensvollstrecker auf Seite 172).

> **TIPP** *Dass der Willensvollstrecker Teilungsvorschriften gegen den Willen der Miterben nicht durchsetzen kann, führt gelegentlich zu Problemen, zum Beispiel wenn Sie verfügt haben, dass ein bestimmter Erbe eine Liegenschaft erhalten soll. Wollen Sie solche Probleme vermeiden, können Sie den Weg über ein Vorausvermächtnis wählen. Denn Vermächtnisse auszurichten gehört zur Kompetenz des Willensvollstreckers – auch gegen den Widerstand der Miterben.*

Bedingungen und Auflagen: zum Beispiel fürs Haustier

Der Erblasser kann in seinem Testament Bedingungen und Auflagen festhalten. Den Unterschied zeigen folgende zwei Beispiele:

KARL R. HÄLT IN SEINEM TESTAMENT FEST, dass seine Nichte Judith bei ihrer Heirat einen Betrag von 5000 Franken erhält. Das ist eine Bedingung, das Geld wird erst ausgezahlt, wenn die Nichte heiratet.
MILENA K. SCHREIBT IM TESTAMENT: «Ich setze meinen Ehemann als Universalerben ein mit der Auflage, dass er meiner Mutter ab meinem Tod aus meinem Nachlassvermögen monatlich eine Rente von 500 Franken ausrichtet.» Auflagen verpflichten einen Erben oder eine Vermächtnisnehmerin zu einer bestimmten Handlung.

Sind Auflagen und Bedingungen unsittlich oder rechtswidrig, machen sie die entsprechende Verfügung ungültig. Lästige oder unsinnige Auflagen und Bedingungen werden einfach nicht beachtet.

ICH VERMACHE MEINEM GÖTTIBUBEN den grossen Traktor mit der Auflage, das Schaufenster der Bijouterie Meier einzudrücken (rechtswidrig).
MEIN NEFFE GEORG erhält 100 000 Franken unter der Auflage, dass er zeitlebens die Haare wachsen lässt (unsinnig).

Die Abgrenzung, ob eine Auflage oder eine Bedingung vorliegt, ist nicht immer einfach. Doch für die übrigen Erben ist der Unterschied gross, wie das folgende Bundesgerichtsurteil zeigt:

URTEIL *Die Bestimmung im eigenhändigen Testament lautete: «Die reformierte Kirchgemeinde S. könnte die Liegenschaft zum Preis von Fr. 150 000.– als Kindergarten beziehen. Ansonsten für meine Angehörigen.» Die Erben sahen das als Bedingung – falls die Kirchgemeinde tatsächlich einen Kindergarten einrichte, würde sie die Liegenschaft erhalten. Das Bundesgericht war anderer Meinung: Die Verpflichtung, eine Liegenschaft in bestimmter Weise zu nutzen,* weise auf eine Auflage hin. Deshalb seien die Erben zur Übertragung auf die Kirchgemeinde verpflichtet – unabhängig davon, ob die Kirchgemeinde die Auflage tatsächlich vollziehe (BGE 120 II 182).

Für Haustiere vorsorgen
Ein Tier kann nicht als Erbe eingesetzt werden. Wird nun trotzdem die Lieblingshündin im Testament als Erbin eingesetzt, ist ein solches Testament nicht ungültig. Vielmehr wird die Erbeinsetzung in eine Auflage umgedeutet, dass für die Hündin artgerecht zu sorgen ist (Art. 482 Abs. 4 ZGB).

Diese Bestimmung lässt viele Fragen offen. Wer bekommt das Geld – ein Tierheim, ein Erbe, der für das Tier sorgen muss? Was passiert mit dem Geld, wenn das Tier eines natürlichen Todes stirbt? Für Juristen und Tierschutzorganisationen eröffnet sich hier ein breites Betätigungsfeld.

Testamente ändern und aufheben

Das Leben steht nicht still, die Verhältnisse können sich ändern und dann muss auch das Testament angepasst werden. Testamente dürfen deshalb ganz oder teilweise aufgehoben werden.

Nachträge und Streichungen
Was gilt, wenn in einem Testament einzelne Passagen durchgestrichen sind, wenn ein Satz nur ausradiert worden ist oder wenn über dem Testament sogar «ungültig» steht? Das Bundesgericht hatte folgenden Fall zu entscheiden (BGE 116 II 411).

> **EMMA LOUISE M. ERRICHTETE** eine handschriftliche letztwillige Verfügung, in der sie Sylvia R. mit einem Legat von 80 000 Franken bedachte. Zu einem unbestimmten späteren Zeitpunkt strich sie die Verfügung. Die Streichung erfolgte ohne handschriftliche Orts- und Datumsangabe; sie wurde auch nicht mit der Unterschrift bestätigt. Weil Datum und Unterschrift – die Formelemente einer Testamentsaufhebung – fehlten, klagte Frau R. auf Ausrichtung der 80 000 Franken. Der gesetzliche Erbe von Frau M. widersetzte sich mit dem Argument, das Vermächtnis sei durch das Streichen an sich vernichtet worden, weshalb keine spezielle Form nötig sei.

Wer hatte recht? Dass die Frage nicht eindeutig zu beantworten ist, zeigt sich schon daran, dass das Bezirksgericht Sylvia R. die 80 000 Franken zusprach, das Obergericht und auch das Bundesgericht aber ihre Klage mit der Begründung abwiesen, die Streichung sei als Vernichtung anzusehen.

> **TIPP** *Verfassen Sie einen Nachtrag zu Ihrem bestehenden Testament, müssen Sie unbedingt genau festhalten, welche Teile der alten Fassung bestehen bleiben und welche aufgehoben werden sollen. Zudem müssen Sie auch Nachträge und Ergänzungen datieren und unterschreiben.*

Aufheben durch Widerruf
Es kann nicht oft genug darauf hingewiesen werden, wie wichtig es ist, vor dem Abfassen eines neuen Testaments das alte zu widerrufen und damit aufzuheben. Möglich ist auch, dass nur ein Teil des Testaments – zum Beispiel ein Vermächtnis – widerrufen wird. Der Widerruf muss in einer der Formen für das Testament erfolgen – also entweder handschriftlich mit Datum und Unterschrift oder als öffentliches Testament.

> **TIPP** *Auch wenn Sie ein öffentliches Testament errichtet haben, können Sie es handschriftlich widerrufen. Achten Sie aber darauf, dass alle Formerfordernisse erfüllt sind, dass Sie es also datieren und mit Ihrer Unterschrift versehen.*

Testamente vernichten
Wenn das Testament physisch nicht mehr vorhanden ist, weil es zerrissen oder verbrannt wurde, ist es selbstverständlich aufgehoben. Vernichtet die Erblasserin aber nur die Kopie, die sie zu Hause aufbewahrt, und liegt das Original nach wie vor bei der Amtsstelle oder im Safe, behält das Testament – so das Bundesgericht in einem älteren Entscheid – seine Gültigkeit.

Verfügung zu Lebzeiten
Wenn der Erblasser über einen Vermögensgegenstand, den er im Testament jemandem vermacht hat, bereits zu Lebzeiten verfügt, kann sich der oder die Bedachte nicht mehr darauf berufen.

VICTOR Z. HAT IM TESTAMENT FESTGEHALTEN, dass seine Nichte Paula das Gemälde «Waldesruh» als Vermächtnis erhalte. Doch noch zu Lebzeiten schenkt er das Bild dem Altersheim, in dem er seine letzten Jahre verbringt. Deshalb kann das Testament nicht mehr vollzogen werden.

Der Erbvertrag

Während Sie Ihr Testament für sich allein im stillen Kämmerlein verfassen können, sind beim Erbvertrag zwei (oder mehr) Parteien vorhanden. Ein Erbvertrag ist zudem nur gültig, wenn er vor einer Urkundsperson – je nach Kanton ist das eine Notarin oder ein Beamter – und im Beisein von zwei Zeugen abgeschlossen wird.

Den Erbvertrag schliessen Sie mit Ihren potenziellen Erben ab. Es handelt sich dabei um eine vorweggenommene Erbteilung, weil bereits festgelegt wird, wie nach Ihrem Tod geteilt wird und wer welche Vermögenswerte zu welchem Anrechnungswert erhält. Wenn pflichtteilsgeschützte Erben einen solchen Vertrag unterzeichnen, ist auch eine Pflichtteilsverletzung möglich.

Der wichtigste Unterschied zum Testament besteht in der vertraglichen Bindung. Ihr Testament können Sie jederzeit frei widerrufen – ohne dass Sie irgendjemanden darüber informieren. Ein Erbvertrag dagegen kann nur von allen Vertragsparteien gemeinsam abgeändert oder aufgehoben werden. Probleme können entstehen, wenn eine Vertragspartei gestorben ist und die andere den Vertrag abändern möchte.

INFO *Im Gegensatz zum Testament, das auch Personen unter umfassender Beistandschaft errichten können, verlangt das Gesetz für den Abschluss eines Erbvertrags die Handlungsfähigkeit.*

Die weitaus meisten Erbverträge werden zwischen zwei Eheleuten abgeschlossen, die sich gegenseitig begünstigen wollen. Recht häufig kommt auch vor, dass sich ein Ehepaar in einem Testament gegenseitig begünstigt, das dann beide unterzeichnen. Solche gemeinsamen Testamente sind im Gesetz nicht vorgesehen; ob sie trotzdem gültig sind, ist unter Juristen umstritten. Verfassen Sie deshalb keine gemeinschaftlichen Testamente. Wenn schon, soll jede Seite selbständig ein eigenhändiges Testament schreiben.

Erbzuwendung

In einem Erbvertrag können sich die Vertragsparteien ausserhalb von Erbquoten und Pflichtteilsrecht gegenseitig Vermögen zuwenden. Dies wird recht häufig von Geschwistern getan, die im gemeinsamen Haushalt leben.

> **DIE GESCHWISTER MARTIN, ANDREA UND RITA B.** schliessen folgenden Erbvertrag ab. «Wir vereinbaren erbvertraglich, dass beim Tod eines Geschwisters das ganze Vermögen an die beiden hinterbliebenen fällt. Zudem setzen wir beim Tod des zweitversterbenden das hinterbliebene Geschwister als Universalerben ein.»

Die Vertragsparteien können sich auch gegenseitig verpflichten, wie das Erbe nach dem Tod der zweitversterbenden verteilt werden soll.

> **HERR UND FRAU N.** setzen sich in einem Erbvertrag gegenseitig als Universalerben ein und bestimmen, dass nach dem Tod beider Eltern der ältesten Tochter Meret das Recht zusteht, das Elternhaus zu 90 Prozent des Verkehrswerts zu übernehmen. Im Übrigen sind alle Nachkommen zu gleichen Teilen erbberechtigt.
> **DIE KINDERLOSEN EHELEUTE S.** setzen sich gegenseitig erbvertraglich als Universalerben ein und bestimmen gleichzeitig, dass nach dem Tod des Zweitversterbenden das noch vorhandene Vermögen je hälftig auf die gesetzlichen Erben der Ehefrau und des Ehemanns aufzuteilen sei.

Erbverträge wie im zweiten Beispiel sind gerade bei kinderlosen Ehepaaren keine Seltenheit. Doch unter Umständen können sich daraus Probleme ergeben:

- Nachdem seine Frau gestorben ist, will Herr S. verhindern, dass die Hälfte des Vermögens an ihre Verwandten fällt. Deshalb verschenkt er noch zu Lebzeiten den grössten Teil an die eigenen Verwandten. Bei seinem Tod ist der Nachlass praktisch null und die Verwandten der Ehefrau gehen leer aus. Müssen sie sich das gefallen lassen? Nein – Schenkungen, die mit der Verpflichtung aus einem Erbvertrag nicht vereinbar sind, können angefochten werden.
- Frau S. lebt nach dem Tod ihres Mannes völlig isoliert. Weder ihre eigenen Verwandten noch diejenigen ihres früheren Ehemanns kümmern sich um sie. Hingegen wird sie von der Spitex fürsorglich betreut und möchte diese deshalb in einem Testament begünstigen. Darf sie das? Eigentlich nicht – denn sie hat sich im Vertrag gebunden und zusammen mit ihrem Mann definitiv festgelegt, was nach ihrem Tod mit dem Vermögen geschieht. Das Zuger Kantonsgericht hat allerdings in einem solchen Fall festgehalten, dass sich die Ehefrau gegenüber den eigenen Verwandten nicht habe binden wollen. Deshalb könne sie über die eigene Hälfte des Nachlassvermögens verfügen, sei aber für die Hälfte des verstorbenen Ehemanns gegenüber seiner Verwandtschaft gebunden (GVP 1993).

Es empfiehlt sich deshalb, in einem solchen Erbvertrag genau zu vereinbaren, in welchem Umfang die Parteien nach dem Tod der einen Seite gebunden sein sollen und wie weit sie weiterhin frei über das Nachlassvermögen verfügen können. In der Praxis wird dieser Frage – auch von Notaren – viel zu wenig Beachtung geschenkt. Dass sie aber durchaus aktuell ist, zeigt folgendes Urteil des Bundesgerichts.

> **URTEIL** *Ein kinderloses Ehepaar hatte sich im Ehe- und Erbvertrag gegenseitig als Alleinerben eingesetzt und zudem zwei Organisationen bestimmt, an die nach dem Tod des zweitversterbenden Ehegatten der frei verfügbare Teil der Erbschaft je zur Hälfte gehen sollte. Die Ehefrau starb. 18 Jahre nach ihrem Tod widerrief der Witwer in einem eigenhändigen Testament sämtliche letztwilligen Verfügungen und setzte Frau T. als Alleinerbin ein, ihre beiden Kinder als Ersatzerben. Nach seinem Tod klagten die beiden Organisationen auf ihr Erbe gemäss Erbvertrag. Das Bundesgericht kam zu folgendem Schluss: Zwar ist ein Erbvertrag an sich bindend und dürfte nicht einseitig*

abgeändert werden. Doch weil im konkreten Fall nicht Verwandte, sondern aussenstehende Dritte als Erben eingesetzt worden waren, befand das Gericht, es liege kein «Bindungsinteresse» der zuerst verstorbenen Ehefrau vor. Deshalb sei der hinterbliebene Ehemann nicht vertraglich gebunden gewesen und habe eine Änderung mittels Testament vornehmen dürfen. Frau T. erhielt also das ganze Vermögen (BGE 133 III 406).

TIPP *Wenn Sie schon früher einen Erbvertrag abgeschlossen haben, überprüfen Sie, ob Sie nach dem Tod Ihres Partners, Ihrer Partnerin völlig gebunden sind und ob allenfalls eine Anpassung des Vertrags sinnvoll wäre.*

Erbverzicht und Erbauskauf

Dies ist die zweite grosse Gruppe von erbvertraglichen Vereinbarungen: Im Erbverzichtsvertrag verzichtet eine potenzielle Erbin auf ihre Ansprüche am künftigen Nachlass. Ein solcher Erbverzicht kann unentgeltlich sein, meist erhält die Verzichtende aber eine bestimmte Geldsumme – dann spricht man von einem Erbauskauf (der gleiche Begriff wird verwendet, wenn ein Erbe gegen eine Entschädigung aus der Erbengemeinschaft ausscheidet, siehe Seite 206).

Der Erbverzicht gilt für das vorhandene, aber auch für das künftige Vermögen des Erblassers. Wenn er im Lotto einen Sechser hat, nimmt die verzichtende Erbin an diesem Glück nicht mehr teil. Zudem wirkt der Verzicht nicht nur für die Verzichtende, sondern auch für ihre Erben.

NORA G. UND DARIUS U. leben im Konkubinat. Sie wollen sich gegenseitig maximal begünstigen. Dem steht das Pflichtteilsrecht der Eltern von Frau G. entgegen (siehe Seite 26). Die Eltern sind bereit, zugunsten des Lebensgefährten ihrer Tochter einen Erbverzicht zu leisten.
DER SOHN IST MIT DEN ELTERN ZERSTRITTEN. Er will mit ihnen nichts mehr zu tun haben und leistet einen Erbverzicht.
DER VATER HAT NOCH EINMAL GEHEIRATET. Er möchte seine zweite Ehefrau maximal begünstigen und ihr keine Schwierigkeiten mit

den Nachkommen aus erster Ehe hinterlassen. Deshalb findet er seine Kinder finanziell ab und schliesst mit ihnen einen Erbverzichtsvertrag. **DIE TOCHTER HAT DEN ELTERLICHEN BETRIEB** zu Vorzugsbedingungen übernommen. Sie erklärt sich am Nachlass der Eltern abgefunden und leistet einen Erbverzicht.

Die Beispiele zeigen: Es gibt unterschiedlichste Situationen, in denen ein Erbverzicht eine gute Lösung darstellt. Ein Erbverzicht muss sich auch nicht auf das ganze Erbe beziehen, sondern kann nur einzelne Vermögensgegenstände betreffen, zum Beispiel das Ferienhaus, einen Landwirtschaftsbetrieb oder Gemälde.

Oft wird ein Erbverzicht zugunsten genau bestimmter anderer Erben ausgesprochen. Es kann zum Beispiel durchaus sinnvoll sein, eine Generation zu überspringen, damit auf dem gleichen Vermögen nicht zweimal Erbschaftssteuern bezahlt werden müssen (zur Erbschaftssteuer siehe Seite 226).

Die Grenzen des Erbvertrags

SILVIO UND MARIA H. haben mit einem alten Bauern einen Erbvertrag abgeschlossen. Sie sollen nach seinem Tod seinen kleinen Hof erhalten, sofern sie diesen nach biologisch-dynamischen Grundsätzen weiterführen. Jetzt will der Bauer die Hypotheken auf dem Heimwesen erhöhen. Können die H.s ihn daran hindern?

Nein! Auch nach Abschluss eines Erbvertrags kann ein Erblasser grundsätzlich über sein Vermögen frei verfügen. Niemand kann den Bauern also daran hindern, die Hypotheken aufzustocken. Auch ein Erbvertrag schützt deshalb nicht vor Überraschungen.

URTEIL *Die Ehegatten verzichteten in einem Erbvertrag gegenseitig auf ihr gesetzliches Erbrecht, wobei die Ehefrau zugunsten der nicht gemeinsamen Kinder des Ehemannes verzichtete. Die Kinder des Ehemannes wurden zu gleichen Teilen als Erben eingesetzt. Die Ehefrau würde bei Vorversterben des Ehemannes ausserdem ein Vermächtnis von 12 000 Franken für jedes volle Ehejahr erhalten. In einem weiteren Erbvertrag hielten die Ehegatten grundsätzlich am* *ersten Vertrag fest und stellten fest, dass der Ehemann der Ehefrau eine Zahlung von 30 000 Franken in Anrechnung auf das mit dem ersten Erbvertrag vereinbarte Vermächtnis entrichtet hatte. Nach Vorversterben des Ehemannes stellte sich heraus, dass dieser der Ehefrau noch weitere Schenkungen hatte zukommen lassen. Das Bundesgericht entschied, dass eine Schenkung, sofern sie nicht durch den Erbvertrag ausgeschlossen ist, nur dann anfechtbar ist, wenn eine offensichtliche Schädigungsabsicht des Erblassers gegenüber den Erben vorliegt (BGE 140 III 193).*

Was gilt bei Scheidung?
Geschiedene Eheleute haben gegenseitig kein gesetzliches Erbrecht mehr. Auch Ansprüche aus Testamenten oder Erbverträgen, die sie vor der Scheidung errichtet haben, können sie nicht mehr geltend machen. Eine Ausnahme besteht nur dann, wenn im Erbvertrag ausdrücklich festgehalten wurde, dass er auch im Scheidungsfall gültig sein soll. Oder wenn der Erbvertrag während der Rechtshängigkeit des Scheidungsverfahrens abgeschlossen wurde, also im Wissen um die bevorstehende Scheidung.

Erbverträge ändern und aufheben

Auch Erbverträge müssen manchmal an veränderte Lebenssituationen angepasst werden. Handelt es sich nur um punktuelle Änderungen, brauchen Sie nicht den ganzen Vertrag neu ausfertigen zu lassen, sondern es genügt ein Nachtrag. Auch dieser muss aber öffentlich beurkundet und vor zwei Zeugen unterzeichnet werden.

> **TIPP** *Erbverträge – und auch Testamente – sollten Sie etwa alle fünf Jahre durchlesen. Verstehen Sie noch, was Sie vereinbart haben? Entspricht der Vertrag der aktuellen Situation oder ist eine Anpassung nötig?*

Sind alle Parteien einverstanden, kann ein Erbvertrag aufgehoben werden. Das ist auch ohne Notar möglich – für die Aufhebung genügt einfache Schriftlichkeit. Stirbt jedoch eine Vertragspartei, lassen sich Bestimmungen, die eine Person begünstigen, nicht mehr durch schriftliche Vereinbarung der überlebenden Parteien aufheben. Es bedarf dann laut Bundesgericht eines formgültigen Erbverzichts des Begünstigten, um solche Bestimmungen aufzuheben (Urteil 5A_161/2010 vom 8. Juli 2010).

TINA UND WERNER V. wollen ihren Erbvertrag aufheben. Sie schreiben: «Wir heben den Erbvertrag vom 24. März 1999 auf», unterschreiben beide das Papier und legen es in ihrem Ordner mit den Familienunterlagen ab. Noch einfacher: Herr und Frau V. ziehen den Vertrag bei der Hinterlegungsstelle zurück und zerreissen ihn.

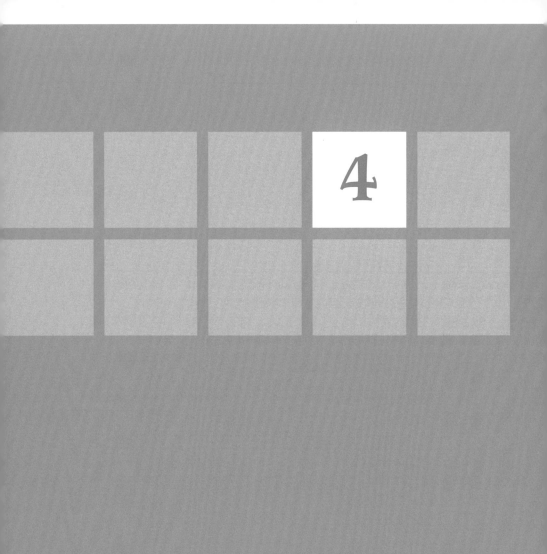

Vermögen zu Lebzeiten verteilen

«Man gibt besser mit warmen Händen», sagt der Volksmund. Wann eine lebzeitige Vermögensübertragung sinnvoll ist, welche steuerrechtlichen Konsequenzen daraus entstehen und wie solche Erbvorbezüge bei der späteren Erbteilung angerechnet werden, lesen Sie auf den folgenden Seiten. Und Sie erfahren, welche Tücken ein Vermögensverzicht unter Umständen haben kann.

Erbvorbezug, Schenkung, Darlehen

Auch dies ist eine Folge der steigenden Lebenserwartung: Oft fallen Erbschaften erst dann an, wenn man bereits im Pensionsalter steht und das Geld allenfalls gar nicht mehr braucht.

Viele Eltern überlegen sich deshalb, einen Teil des Vermögens schon zu Lebzeiten weiterzugeben – etwa wenn ein Nachkomme Wohneigentum erwerben oder ein Geschäft eröffnen will. Auf politischer Ebene wird sogar die Idee diskutiert, in der Erbfolge eine Generation zu überspringen.

Der Erbvorbezug

Der Tochter oder dem Sohn einen Erbvorbezug – auch Vorempfang genannt – zu gewähren, ist jederzeit möglich. Die Zuwendung ist jedoch nicht unentgeltlich, die Nachkommen müssen sich den Gegenwert bei der späteren Erbteilung anrechnen lassen. Und hier liegt die Krux: Erbvorbezüge sind die Quellen vieler Erbstreitigkeiten und beschäftigen die Gerichte, weil familienintern oft klare Abmachungen fehlen.

> **TIPPS** *Möchten Sie einem Ihrer Kinder einen Erbvorbezug zuwenden, sollten Sie unbedingt auf eine rechtlich einwandfreie Vereinbarung achten. Es reicht, die Abmachungen schriftlich festzuhalten, eine öffentliche Beurkundung (wie beim Erbvertrag) ist nicht nötig.*
>
> *Ideal ist es, wenn Sie auch Ihre anderen Kinder über den Erbvorbezug und die Bedingungen informieren. Das verhindert Misstrauen und späteren Streit.*

Vorbezug in Geld

Am häufigsten sind Erbvorbezüge in Form von Geld. Ob der Betrag an den Nachkommen oder direkt an eine Drittperson – zum Beispiel an einen

MUSTER: ERBVORBEZUG OHNE AUSGLEICHUNG

Für den Kauf eines Einfamilienhauses in Dottikon übergebe ich meinem Sohn Claude F. den Betrag von 100 000 Franken. Hiermit entbinde ich ihn ausdrücklich von einer Ausgleichung.

Ort, Datum   Unterschrift

Handwerker – überwiesen wird, spielt keine Rolle. Bei der Zuwendung von Geldbeträgen gilt das «Nominalwertprinzip», das heisst, der Frankenbetrag bleibt für die Erbteilung unverändert.

1986 HAT ULRICH D. SEINER ÄLTESTEN TOCHTER Jeanette zur Eröffnung ihrer Tierarztpraxis 100 000 Franken gegeben. Eine schriftliche Vereinbarung wurde nicht getroffen. Bei der Erbteilung im Jahr 2014 argumentieren die Geschwister, Jeannette müsse sich auf dem Erbvorbezug einen Zins anrechnen lassen.

In der Tat könnte man sich fragen, ob es denn gerecht ist, wenn ein Nachkomme während Jahrzehnten über einen grösseren Betrag verfügen kann und die anderen nicht. Die Rechtsprechung in dieser Frage ist jedoch eindeutig: Erben, die eine Geldsumme erhalten haben, schulden ohne anderslautende Abmachung keinen Zins – so ein Entscheid des Bundesgerichts.

Neben der Frage der Verzinsung stellt sich auch die Frage, ob allenfalls der Kaufkraftschwund auszugleichen wäre. Mit 100 000 Franken, 1986 erhalten, konnte man schliesslich einiges mehr kaufen als mit dem gleichen Betrag heute.

URTEIL *Das Berner Appellationsgericht hat bei einem Erbvorbezug von 48 000 Franken den Ausgleich der Teuerung mit 5000 Franken verfügt. Das Bundesgericht hat diesen Entscheid wieder aufgehoben und den Ausgleich auf dem Nominalbetrag von 48 000 Franken belassen (Urteil 5C.174/1995 vom 29. Oktober 1996), bestätigt in Urteil 5A_69/2008 vom 20. August 2008.*

Vorbezug bei Grundstücken

In ländlichen Gegenden kommt es relativ häufig vor, dass Eltern einem Kind ein Baugrundstück übergeben. Der Sohn oder die Tochter bezahlt nichts und oft wird nicht einmal der spätere Anrechnungswert festgelegt. Solche Übertragungen von Grundstücken und Liegenschaften zu Lebzeiten haben ihre Tücken. Als reine Erbvorbezüge ausgestaltet, sind sie gefährlich, weil Wertsteigerungen ausgeglichen werden müssen (siehe Seite 149).

FRANZISKA K. HAT VON IHREM VATER 1974 ein Grundstück von 600 Quadratmetern für den Bau eines Eigenheims erhalten. An ähnlicher Lage wurden damals pro Quadratmeter 120 Franken bezahlt. Als der Vater im Frühling 2014 stirbt, liegt der Quadratmeterpreis in der gleichen Gemeinde bei 600 Franken.

Welcher Wert gilt für die Erbteilung? Das Gesetz (Art. 630 ZGB) sagt in aller Härte, dass für den Anrechnungswert der Zeitpunkt des Erbgangs massgebend ist. Es gilt also der Wert am Todestag des Erblassers. Franziska K. muss sich das Grundstück mit insgesamt 360 000 Franken (600 x 600) anrechnen lassen. Hätte sie ihrem Vater für das Land 1974 den Verkehrswert bezahlt, hätte sie 72 000 Franken (600 x 120) auslegen müssen. Und weil sie das Grundstück zum aktuellen Verkehrswert gekauft hätte, könnten die anderen Erben im Zeitpunkt der Erbteilung keine weiteren Ansprüche stellen. Der Mehrwert bliebe ganz ihr.

ERBVORBEZUG: ACHTEN SIE AUF DIESE PUNKTE

- Halten Sie bei einer Zuwendung immer schriftlich fest, ob und in welchem Umfang diese bei der späteren Erbteilung angerechnet werden muss.
- Holen Sie bei der Übertragung von Grundstücken und Liegenschaften juristischen Rat ein.
- Analysieren Sie im Voraus die Vermögenslage nach dem Erbvorbezug – vor allem auch die güterrechtlichen Aspekte. Erbvorbezüge, die aus der Errungenschaft geleistet wurden, werden bei der Ermittlung des Vorschlags an sich nicht zum ehelichen Vermögen hinzugezählt. Fehlte aber die Zustimmung des Ehepartners, kann dieser seinen güterrechtlichen Anteil daran unter Umständen zurückfordern (Art. 208 Ziff. 1 ZGB).
- Richten Sie statt eines Erbvorbezugs eventuell ein Darlehen aus (siehe Seite 94). Dieses können Sie in einer Notlage wieder zurückfordern.

TIPP *Holen Sie bei lebzeitigen Übertragungen, die einen Begünstigungscharakter aufweisen, unbedingt juristischen Rat ein. Sonst kann sich die gut gemeinte Unterstützung ins Gegenteil kehren.*

Ausgleichungspflicht: die Abrechnung beim Erben

Das Wort «Ausgleichung» ist ein zentraler Begriff im Erbrecht. Es geht um die Frage, welche Werte in welchem Umfang sich ein Erbe bei der Erbteilung anrechnen lassen muss. Das Gesetz geht davon aus, dass Eltern ihre Nachkommen gleichermassen lieben und auch in gleichem Mass am Erbe beteiligen wollen. Hat ein Nachkomme zu Lebzeiten mehr erhalten, als sein Erbteil beträgt, muss er diesen Mehrbetrag in die Erbmasse einwerfen bzw. seine Geschwister auszahlen. So weit der Grundsatz.

Die Eltern können aber auch vom gesetzlichen Grundsatz abweichen und ausdrücklich festhalten, dass ein Nachkomme von der Ausgleichungspflicht befreit ist. Tun sie dies, können die Miterben die Begünstigung nur anfechten, wenn dadurch ihre Pflichtteile verletzt werden (siehe Seite 201). In der Praxis stellt man immer wieder fest, dass der Frage der Ausgleichungspflicht viel zu wenig Beachtung geschenkt wird.

LEO S. VERKAUFT SEINEM SOHN JONAS eine Liegenschaft, die einen Verkehrswert von 500 000 Franken aufweist. Der Kaufpreis wird auf 430 000 Franken festgelegt. Herr S. will ausdrücklich, dass dieser Wert auch bei der späteren Erbteilung gültig ist. Deshalb muss er in den Kaufvertrag folgende Bestimmung aufnehmen: «Der Übernehmer wird ausdrücklich von der Ausgleichung eines den Kaufpreis übersteigenden Mehrwerts entbunden.»

Ausgleichungspflicht ja oder nein?
Aus Gesetzestext und Gerichtspraxis wurden folgende Grundsätze entwickelt:
- **Gelegenheitsgeschenke** im üblichen Rahmen sind nicht ausgleichungspflichtig. Beispiel: Weihnachts- und Geburtstagsgeschenke, Geschenke zur Kommunion und Konfirmation.
- **Ausbildungs- und Erziehungskosten** sind auszugleichen, wenn sie das übliche Mass übersteigen. Beispiel: Die Tochter absolviert eine

kaufmännische Lehre und verdient anschliessend ihren Lebensunterhalt als Bankangestellte. Der Sohn studiert Medizin und strapaziert das väterliche Portemonnaie, bis er 27 Jahre alt ist. Es wäre ungerecht, wenn der Mediziner bei der Erbteilung gleich behandelt würde wie seine Schwester.

- Kindern, die zum Zeitpunkt des Todes ihres Vaters noch in Ausbildung stehen oder die gebrechlich sind, ist ein **Vorbezug** – ohne Ausgleichungspflicht – zu gewähren. Beispiel: Die invalide Tochter wird es nach allgemeiner Lebenserfahrung in ihrem Leben schwieriger haben als ihre gesunden Geschwister.
- Was der Erblasser seinen Nachkommen als **Heiratsgut (Aussteuer), Vermögensabtretung, Schulderlass** etc. zugewendet hat, ist auszugleichen, wenn nicht ausdrücklich das Gegenteil verfügt wurde. Beispiel: Die Mutter gibt ihrem Sohn ein Darlehen von 30 000 Franken. Sie schreibt ihm vier Jahre später: «Du musst mir das Darlehen von 30 000 Franken nicht mehr zurückzahlen.» Aufgrund dieser Formulierung muss sich der Sohn den Betrag bei der Erbteilung anrechnen lassen. Will die Mutter dies vermeiden, muss sie beifügen: «Von einer Ausgleichungspflicht bei der späteren Erbteilung bist du ausdrücklich entbunden.»

> **URTEIL** *Gemäss Bundesgericht sind lediglich Zuwendungen auszugleichen, die den Zweck der Existenzbegründung, -sicherung oder -verbesserung verfolgen. Hat der Erblasser seinem Sohn, der Fischer ist, ein Motorboot geschenkt, ist diese Zuwendung nach der Rechtsprechung ausgleichungspflichtig; die Tochter hingegen, die Rechtsanwältin ist, muss ein gleichwertiges Boot nicht ausgleichen, weil sie es nur zum Vergnügen braucht. Solch absurde Ergebnisse lassen sich nur durch ausdrückliche Vorschriften zuhanden der Erben vermeiden (BGE 76 II 188, bestätigt in BGE 116 II 667).*

Was gilt bei Schenkungen?

Eine Schenkung ist – in der Juristensprache – eine unentgeltliche Übertragung von Vermögenswerten. Damit ist aber noch nicht gesagt, dass eine Schenkung bei der Erbteilung überhaupt nicht mehr zu berücksichtigen ist. Es kommt darauf an, wer die beschenkte Person ist:

- Schenkungen an Nachkommen sind quasi Erbvorbezüge und müssen ausgeglichen werden, ausser der Erblasser hätte etwas anderes verfügt. Einzig Gelegenheitsgeschenke sind nicht ausgleichungspflichtig.
- Schenkungen an nicht pflichtteilsgeschützte Verwandte oder eine Drittperson sind grundsätzlich nicht ausgleichungspflichtig.
- Gesetzliche Erben wie Eltern und Ehegatten unterliegen der Ausgleichung, wenn der Erblasser dies angeordnet hat.

Eine zweite Frage stellt sich, wenn eine Schenkung Pflichtteile verletzt. Dann können die pflichtteilsgeschützten Erben unter Umständen eine Herabsetzung verlangen. Hier gilt: Erbvorbezüge werden immer herabgesetzt. Schenkungen an Drittpersonen unterliegen ebenfalls der Herabsetzung, Schenkungen an Nachkommen nur, wenn sie Ausstattungscharakter haben, also für die Ausbildung oder die Berufsausübung gewährt wurden.

INFO *Der Schenker kann den Rückfall der geschenkten Sache an sich selbst vorbehalten für den Fall, dass der Beschenkte vor ihm sterben sollte. In der Praxis kommt dies vor allem bei Grundstücken vor. Der Rückfall kann sogar durch eine Vormerkung im Grundbuch gesichert werden.*

Spezialfall gemischte Schenkung
Ein Zwitterding stellt die gemischte Schenkung dar, die vor allem bei Wohnliegenschaften häufig gemacht wird: Der Vater verkauft der einen Tochter eine Liegenschaft statt zum Verkehrswert von 600 000 Franken für 400 000 Franken. Bei seinem Tod ist die Liegenschaft 800 000 Franken wert. Wie viel muss die Tochter ausgleichen? Spielt es eine Rolle, dass sie auf eigene Kosten die Heizung saniert hat?

Hier hat das Bundesgericht eine komplizierte Rechtsprechung entwickelt (siehe Seite 203). Die Fragen rund um Erbvorbezug und Schenkung, Ausgleichung und Herabsetzung gehören zu den komplexesten im Erbrecht, die Sie ohne Beizug eines Spezialisten kaum lösen können.

TIPP *Bei gemischten Schenkungen ist besondere Vorsicht geboten, weil dabei auch die künftige Wertentwicklung berücksichtigt wird. Es empfiehlt sich deshalb, gemischte Schenkungen zu vermeiden. Wenn Sie einem Ihrer Nachkommen eine Liegenschaft zum*

Vorzugspreis übergeben, holen Sie besser zuerst ein Verkehrswertgutachten ein, nehmen dieses als Grundlage und deklarieren den geschenkten Teil als Erbvorbezug.

Option Darlehen

Auch mit einem Darlehen kann man einem zukünftigen Erben Geld zur Verfügung stellen. Wird vereinbart, dass das Darlehen unkündbar und erst auf den Tod fällig sei, hat es praktisch die Wirkung eines Erbvorbezugs. In der Regel aber besteht ein gewichtiger Unterschied:

- Schenkungen und Erbvorbezüge gehen zu Lebzeiten ins Eigentum des Bedachten über und sind nicht rückforderbar.
- Darlehen verbleiben im Vermögen des Darlehensgebers, in der Regel kann er sie zurückfordern.

 KURT W. GIBT SEINER TOCHTER LINDA ein Darlehen von 30 000 Franken zur Finanzierung eines Nachdiplomstudiums. Die beiden schliessen einen Darlehensvertrag ab. Als Herr W. arbeitslos wird, verlangt er das Geld von seiner Tochter wieder zurück.

Der Darlehensvertrag
Für einen Darlehensvertrag braucht es keine notarielle Urkunde; eine schriftliche Vereinbarung genügt (siehe Kasten). Auch eine mündliche Abmachung ist gültig; der Beweis, dass ein Darlehen besteht, liesse sich notfalls durch die Steuererklärung erbringen: Denn der Darlehensgeber muss das Darlehen als Guthaben, der Darlehensnehmer als Schuld aufführen.

DAS GEHÖRT IN EINEN DARLEHENSVERTRAG
- Vertragsparteien
- Darlehenssumme
- Vereinbarung, ob ein Zins geschuldet ist oder nicht
- Rückzahlungsraten
- Kündigungsmodalitäten
- Sicherheiten (zum Beispiel Schuldbrief oder Versicherungspolice)
- Datum und Unterschriften

> **TIPP** *Ein schriftlicher Darlehensvertrag, in dem die Laufzeit und die Kündigungsfristen festgehalten sind, empfiehlt sich auf jeden Fall (ein Muster finden Sie im Anhang). Denn wenn nichts anderes vereinbart wurde, gilt automatisch das Obligationenrecht (Art. 312 ff. OR). Dann kann der Darlehensgeber das Darlehen jederzeit zurückfordern, und zwar mit einer Zahlungsfrist von nur sechs Wochen. Ein Darlehen unter Privaten muss nur verzinst werden, wenn dies so vereinbart wurde.*

Steuerliche Folgen

In den meisten Kantonen wurden die Erbschaftssteuern für Nachkommen abgeschafft (siehe Seite 226 und Zusammenstellung im Anhang). Dies gilt auch für Erbvorbezüge und Schenkungen. Doch der Staat fordert ja nicht nur Erbschaftssteuern ein. Was gilt bei der Vermögenssteuer?

Erbvorbezüge und Schenkungen

Bei Erbvorbezügen und Schenkungen findet eine Eigentumsübertragung statt. Deshalb hat der Empfänger diese Werte in Zukunft als Vermögen zu versteuern. Für die Eltern reduziert sich die Vermögenssteuer, weil sie ja über weniger Vermögen verfügen.

> **INFO** *Wird eine Liegenschaft an die Nachkommen übertragen und behalten sich die Eltern das Nutzungsrecht vor, müssen sie die Liegenschaft nach wie vor selber versteuern. Wird ihnen ein Wohnrecht eingeräumt, müssen die Eltern nur den Eigenmietwert versteuern und können davon ihre Auslagen für den gewöhnlichen Unterhalt abziehen. Die Vermögenssteuer wird von den Nachkommen eingefordert.*

Darlehen

Bei einem Darlehen an die Tochter oder den Sohn müssen die Eltern den Darlehensbetrag als Vermögen und die Zinsen als Ertrag versteuern. Die Nachkommen andererseits können die Darlehensschuld beim Vermögen und die Zinszahlungen beim Einkommen abziehen.

Und die eigene Zukunft?

Soll das ganze ersparte Vermögen fürs Pflegeheim draufgehen? Diese Frage beschäftigt viele ältere Menschen. Über einen Erbvorbezug hoffen sie, das Vermögen für die Nachkommen zu «retten», und rechnen damit, im Notfall Ergänzungsleistungen oder Sozialhilfe beziehen zu können.

Doch so einfach ist es nicht. Sowohl bei den Ergänzungsleistungen wie auch bei der Sozialhilfe hat verschenktes Vermögen Konsequenzen, die schmerzhaft sein können.

Erbvorbezug und Ergänzungsleistungen

Wer eine IV- oder eine AHV-Rente bezieht, aber in schlechten finanziellen Verhältnissen lebt, hat Anspruch auf Ergänzungsleistungen. Diese sollen das Einkommen so weit aufbessern, dass der notwendige Lebensunterhalt gedeckt ist. Und so werden sie berechnet:

- **Als Einkommen gelten:** Renteneinkünfte, Leistungen der Krankenkasse, Zinsen vom Vermögen sowie ein Teil des Vermögens (Vermögensverzehr).
- **Davon abgezogen werden die Ausgaben:** eine Pauschale für den Lebensbedarf, die Krankenversicherungsprämien, der Bruttomietzins oder bei Hausbesitzern die Kosten für Hypotheken und Unterhalt nach Abzug des Eigenmietwerts. Wohnt jemand im Pflegeheim, sind es die Heimkosten (Maximalbetrag kantonal unterschiedlich).
- **Übersteigen die Ausgaben die Einkünfte,** wird die Differenz als Ergänzungsleistung ausgezahlt.

Einkünfte und Vermögenswerte, auf die jemand verzichtet hat, werden als Einkommen aufgerechnet – wie wenn sie noch vorhanden wären. Haben Sie also Ihren Nachkommen beispielsweise 200 000 Franken als Erbvorbezug gegeben, werden einerseits die Zinsen auf dieser Summe berücksichtigt. Andererseits – und das fällt ins Gewicht – wird auch ein Vermögensverzehr aufgerechnet. Leben Sie selbständig, ist es ein Zehntel oder ein Fünfzehntel des verschenkten Vermögens, leben Sie im Pflegeheim, ein Fünftel.

Bei Liegenschaften, die Sie Ihren Nachkommen zu einem Preis unter dem Verkehrswert verkaufen, wird die Differenz zwischen dem vereinbarten Kaufpreis und dem Verkehrswert als Vermögensverzicht aufgerechnet. Selbst wenn die Nachkommen freiwillig Beiträge an den Unterhalt der Eltern leisteten, bleiben diese unberücksichtigt, wenn im Vertrag über die Liegenschaftsabtretung keine Vereinbarung über solche Leistungen getroffen wurde. An wen Sie die Liegenschaft zu einem Vorzugspreis übertragen haben, ist nicht entscheidend. Massgebend ist einzig und allein, ob die Liegenschaft unter dem Verkehrswert übertragen wurde.

DIEGO M. IST WITWER und lebt im Pflegeheim. Vor ein paar Jahren hat er seine Liegenschaft (Verkehrswert 450 000 Franken) der Tochter für 300 000 Franken verkauft. Seine finanzielle Situation ist knapp, weshalb er Ergänzungsleistungen beantragt. Doch

EINIGE ZAHLEN ZU ERGÄNZUNGSLEISTUNGEN

Vermögensfreibetrag
- Ehepaare — Fr. 60 000.–
- Alleinstehende — Fr. 37 500.–
- Vermögen, das im Eigenheim steckt — Fr. 112 500.– bis Fr. 300 000.–

Vermögensverzehr
- Zu Hause lebende IV-Rentnerinnen und -Rentner — $1/15$
- Zu Hause lebende AHV-Rentnerinnen und -Rentner — $1/10$
- Im Heim lebende AHV-Rentnerinnen und -Rentner — $1/5$

Vermögensverzicht
- Reduktion pro Jahr, ab dem 3. Jahr seit dem Verzicht — Fr. 10 000.–

Stand 2016

bei der Berechnung zeigt sich, dass sein Einkommen – inklusive Vermögensverzicht – seine ausgewiesenen Ausgaben von 52 500 Franken pro Jahr übersteigt. Herr M. hat also keinen Anspruch auf Ergänzungsleistungen.

Die Berechnung der Ergänzungsleistungsbehörde geht folgendermassen vor sich:

Vermögen:
- Sparguthaben   Fr.   25 000.–
- Vermögensverzicht:
  Verkehrswert der Liegenschaft
  minus Kaufpreis   Fr. 150 000.–
  Total Vermögen   Fr. 175 000.–
  Freibetrag   – Fr.   37 500.–
Berücksichtigtes Vermögen   Fr. 137 500.–

Einkommen:
- AHV-Rente   Fr.   18 000.–
- Leistungen der Krankenkasse   Fr.   6 000.–
- Zinsertrag aus Sparguthaben   Fr.   500.–
- Vermögensverzehr:
  ¹/₅ des Vermögens   Fr.   27 500.–
- Zinsertrag aus Vermögens-
  verzicht (Annahme: 2%)   Fr.   3 000.–
Total Einkommen   Fr. 55 000.–

Ausgewiesene Ausgaben   Fr. 52 500.–

Differenz   + Fr.   2 500.–

> **TIPP** *Möchten Sie Ergänzungsleistungen beantragen? Im Internet können Sie provisorisch Ihren Anspruch berechnen (www.ahv-iv.info → Ergänzungsleistungen (EL) → Ihr Recht auf Ergänzungsleistungen). Bei welcher Stelle Sie Ihr Gesuch einreichen müssen, erfahren Sie ebenfalls auf dieser Seite.*

Erbvorbezug und Sozialhilfe

Wird ein Gesuch für Ergänzungsleistungen abgelehnt, prüft die Gemeinde, ob ein Anspruch auf Sozialhilfe besteht. Zwar wird dabei verschenktes Vermögen nicht direkt angerechnet, eine Rolle spielt es trotzdem – im Rahmen der sogenannten Verwandtenunterstützungspflicht. Diese ist in den Artikeln 328 und 329 ZGB gesetzlich verankert. Der Gedanke dahinter: In einer Notlage sollen zuerst die Familienangehörigen und erst in zweiter Linie der Staat zur Unterstützung herangezogen werden.

Wer ist unterstützungspflichtig?
Verwandte in auf- und absteigender Linie – das heisst die Eltern gegenüber ihren Nachkommen und die Kinder oder Enkel gegenüber ihren Eltern oder Grosseltern – sind zur Unterstützung verpflichtet, wenn sie in «günstigen Verhältnissen» leben. Diese Pflicht besteht nur in gerader Linie. Geschwister sind seit dem Jahr 2001 gesetzlich nicht mehr zur Unterstützung verpflichtet.

Ob Nachkommen unterstützungspflichtig sind, hängt also in erster Linie von ihrer finanziellen Situation ab. Das ZGB selbst legt nicht fest, ab welchen Einkommens- und Vermögensgrenzen «günstige Verhältnisse» vorliegen. Das ist den Kantonen überlassen. Die meisten stützen sich dabei auf die Richtlinien der Schweizerischen Konferenz für Sozialhilfe (SKOS). In der Art, wie diese Richtlinien angewendet werden, gibt es aber Unterschiede – von Kanton zu Kanton sowie auch von Gemeinde zu Gemeinde.

 TIPP *Wenn Sie genau Bescheid wissen wollen, erkundigen Sie sich beim Sozialamt am Wohnort der zu unterstützenden Person, was in dieser Gemeinde gilt.*

Der Einfluss des geschenkten Vermögens
Was die Nachkommen von ihren Eltern als Erbvorbezug oder gemischte Schenkung erhalten haben, spielt natürlich eine Rolle bei der Frage, ob sie unterstützungspflichtig sind. Zwar ist man nicht verpflichtet, den Erbvorbezug zurückzuzahlen, doch er wird in der Berechnung mit berücksichtigt: Das anrechenbare Einkommen setzt sich zusammen aus dem effektiven steuerbaren Einkommen und einem Anteil am Vermögen

(die wichtigsten Zahlen der SKOS finden Sie unter www.beobachter.ch/download, Code 8622).

RENATE Z., 58-JÄHRIG, IST ALLEINSTEHEND. Sie hat ein steuerbares Einkommen von 116 000 Franken. Von den Eltern hat sie seinerzeit 450 000 Franken für den Kauf einer Wohnung erhalten. Ihr Vermögen heute beträgt – inklusive Wohneigentum – 874 000 Franken. Als die Eltern Sozialhilfe benötigen, nimmt die Gemeinde mit Frau Z. Kontakt auf. Gemäss den Berechnungen des Sozialamts muss sie ihre Eltern mit 700 Franken monatlich unterstützen.

Und so wird gerechnet:

Einkommen:
- Steuerbares Einkommen   Fr. 116 000.–
- Einkommen aus Vermögensverzehr:
  Steuerbares Vermögen   Fr. 874 000.–
  Freibetrag   – Fr. 250 000.–
                                  Fr. 624 000.–

  Davon wird gemäss SKOS-
  Richtlinien angerechnet: $1/30$ Fr.   20 800.–

Total Einkommen   Fr. 136 800.–

Unterstützungsbeitrag:
- Total Einkommen   Fr. 136 800.–
- Pauschale für gehobene Lebensführung
  (12 x Fr. 10 000.–)   – Fr. 120 000.–

Überschuss   Fr.   16 800.–
Überschuss pro Monat   Fr.   1 400.–

Unterstützungsbeitrag: die Hälfte davon   Fr.   700.–

INFO *Sind Sie verheiratet, können Sie nicht zur Unterstützung Ihrer Schwiegereltern beigezogen werden. Bei der Berechnung des Unterstützungsbeitrags sollte die Gemeinde nur auf das Einkommen Ihrer Frau, Ihres Mannes abstellen.*

Bei der Berechnung der Verwandtenunterstützung haben die Gemeinden einen grossen Ermessensspielraum. Und in Zeiten des Spardrucks wird dieser nach oben ausgenützt. Wenn Sie nicht einverstanden sind mit den Berechnungen der Gemeinde, können Sie sich mit einer Klage an das zuständige Gericht wenden. Da die Erfolgschancen eines solchen Prozesses schwer einzuschätzen sind, sollten Sie aber zuerst den Rat einer spezialisierten Anwältin einholen.

 URTEIL Gemäss Bundesgericht unterscheidet man bei der Berechnung der Verwandtenunterstützungspflicht zwischen einmaliger und wiederkehrender Unterstützung. Nur bei regelmässigen Unterstützungsleistungen wird das Vermögen gemäss den SKOS-Richtlinien auf ein Dauereinkommen umgerechnet. Bei einmaligen Leistungen muss in jedem einzelnen Fall separat beurteilt werden, ob eine Unterstützung zumutbar ist. So musste der Vater eines Drogenkonsumenten die einmaligen Kosten für eine Entwöhnungstherapie übernehmen, obwohl sein Einkommen und sein Vermögen unter der Grenze der SKOS-Richtlinien lagen (Urteil 5A.291/2009 vom 28. August 2009).

BUCHTIPP
Corinne Strebel Schlatter:
Wenn das Geld nicht reicht. So funktionieren die Sozialversicherungen und die Sozialhilfe.
www.beobachter.ch/buchshop

Den Nachlass optimal ordnen

An den Tod denkt niemand gern. Und doch sollten Sie sich mit der Nachlassplanung auseinandersetzen, nur schon, um Streit unter Ihren Erben zu vermeiden. Machen Sie es besser als Abraham Lincoln, der – obwohl selber Anwalt – vergass, sein Testament zu schreiben. Welche Möglichkeiten Sie haben, um Ihren Nachlass nach Ihren Wünschen zu ordnen, erfahren Sie in diesem Kapitel.

Am Anfang steht die Planung

Welche Instrumente und Massnahmen stehen Ihnen zur Verfügung, um Ihren Nachlass optimal zu ordnen? Wie können Sie sicherstellen, dass nach Ihrem Versterben Ihr Wille auch umgesetzt wird? Bevor im Folgenden die Möglichkeiten für verschiedene Familienkonstellationen besprochen werden, hier einige grundsätzliche Überlegungen.

Bis Sie eine massgeschneiderte, Ihren Bedürfnissen entsprechende Lösung erhalten, werden Sie einige Zeit investieren, denn Nachfolgeregelungen sind Prozesse, die reifen müssen. Lassen Sie sich dabei von folgenden Zielen leiten:
- Ihr wahrer Wille soll klar und unmissverständlich sein und er soll dereinst auch umgesetzt werden.
- Die Umsetzung soll ohne Streit unter den Miterben erfolgen.
- Die vertragliche Ausgestaltung (Ehevertrag, Testament und Erbvertrag) soll keine Angriffspunkte bieten.
- Die Nachlassplanung soll auch unter steuerlichen Gesichtspunkten optimiert sein.

Die Ausgangslage

Eine erfolgreiche Nachlassplanung geht über mehrere Stationen. Als Erstes gilt es, die Ausgangslage zu analysieren. Machen Sie eine Auslegeordnung Ihrer persönlichen und finanziellen Situation:
- **Persönliche Situation**
  Alter, Zivilstand, Nachkommen, Güterstand, bereits bestehende Regelungen
- **Finanzielle Situation**
  Vermögensstand, Guthaben der 2. und 3. Säule, erbrechtliche Anwartschaften, Einkommen nach der Pensionierung (AHV, Pensionskasse), Verpflichtungen (Alimente, Hypotheken)

Ziele definieren

Anschliessend geht es darum, Ihre Ziele festzulegen. Was wollen Sie mit Ihrer Nachlassplanung erreichen? Die Fragen im unten stehenden Kasten helfen Ihnen dabei. Nehmen Sie sich genügend Zeit, diesen Punkten nachzugehen. Wer die richtigen Fragen stellt, hat schon einen Grossteil der Antworten.

Die Rahmenbedingungen

Sind Ihre Ziele klar, geht es an die Umsetzung. Ganz ohne Abstriche lässt sich dies allerdings nicht immer bewerkstelligen, weil Sie in der Nachlassgestaltung nicht völlig frei sind. Vor allem zwei Punkte sollten Sie beachten:

- **Pflichtteilsrechte**
  Ein Beispiel: Auch wenn Sie als geschiedener Vater von Ihren Kindern noch so enttäuscht sind, diese haben einen Pflichtteil zugut (siehe Seite 25). Sie können also nicht Ihr ganzes Vermögen der Freundin zuwenden.

- **Steuerliche Konsequenzen**
  Eine Lösung kann erbrechtlich optimal, steuerlich aber fatal sein (mehr zu den Steuern auf Seite 225).

FRAGEN, DIE SIE SICH STELLEN SOLLTEN

- Welches sind meine persönlichen Ziele?
- Alles an den Ehemann, die eingetragene Partnerin?
- Begünstigung eines Nachkommen, einer Konkubinatspartnerin?
- Gleichbehandlung von Nachkommen aus verschiedenen Ehen?
- Für Ehepaare ohne Kinder: Wer erbt nach dem Tod des Zweitversterbenden oder bei gleichzeitigem Tod (Autounfall)?
- Für Konkubinatspaare: Wer erbt nach dem Tod des zweiten Partners?
- Ist allenfalls die Einsetzung von Vor- und Nacherben oder eine Nutzniessung sinnvoll?
- Ist die vorgesehene Regelung auch richtig, wenn ich bis zu meinem Tod einen Teil des Vermögens verbrauche?
- Ist Streitpotenzial vorhanden und wäre allenfalls die Einsetzung eines Willensvollstreckers sinnvoll?

NICHT VERGESSEN: ANORDNUNGEN FÜR DEN TODESFALL

Vom Todestag bis zur Testamentseröffnung vergehen mitunter Wochen. Es nützt daher nichts, wenn Sie im Testament Dinge regeln, die unmittelbar mit Ihrem Tod zusammenhängen. Sie laufen Gefahr, dass Ihre letzten Wünsche nicht beachtet werden. Schreiben Sie Ihre Anordnungen für den Todesfall unabhängig vom Testament auf. Vertrauen Sie das Dokument einer Person an, die sofort über Ihren Tod benachrichtigt wird. Regeln Sie folgende Punkte:

Wer muss benachrichtigt werden?
- Zivilstandsamt, Bestattungsunternehmen
- Angehörige, Freunde, Bekannte (Adressverzeichnis erstellen)
- Jemand, der sich um die Haustiere kümmert

Todesanzeige?
- Was soll in der Todesanzeige stehen (Text beilegen)?
- Wo soll sie publiziert werden?

Wünsche zu Bestattung und Trauerfeier
- Kirchliche Abdankung oder andere Abschiedsfeier
- Gewünschter Seelsorger
- Bestattungsart (Erd- oder Feuerbestattung)
- Bestattungsort
- Wünsche zum Ablauf (Lebenslauf, Musik, Leidmahl)

Wo befindet sich was?
- Bankkonten
- Personen, die über Vollmachten verfügen
- Unterlagen zu AHV, Pensionskasse, Freizügigkeitskonten, Säule 3a
- Ausweispapiere
- Versicherungspolicen
- Steuerakten mit Übersicht über Vermögensverhältnisse
- Testament oder Erbvertrag

Was Sie alles regeln können – und sollten –, erfahren Sie im Beobachter-Ratgeber «Letzte Dinge regeln. Fürs Lebensende vorsorgen – mit Todesfällen umgehen» (www.beobachter.ch/buchshop).

Die Planungsinstrumente

Wie der Chirurg aufgrund seines Befunds die Instrumente für einen erfolgreichen Eingriff bereitlegt, müssen auch Sie bei der Nachlassplanung Ihr Instrumentarium im Griff haben. Hier nochmals eine Übersicht über die wichtigsten Instrumente, die in den vorangehenden Kapiteln besprochen wurden:

- Lebzeitige Abtretungen: Geldbeträge oder Liegenschaften (eventuell mit Wohnrecht oder Nutzniessung)
- Ehevertragliche Möglichkeiten: zum Beispiel Zuweisung der gesamten Errungenschaft an den Ehemann, die Ehefrau
- Wechsel des Güterstands: zum Beispiel für kinderlose Ehepaare zur allgemeinen Gütergemeinschaft
- Testament: zum Beispiel Zuweisung der verfügbaren Quote, Teilungsvorschriften, Vermächtnisse, Entzug der Erbenstellung
- Erbvertrag: zum Beispiel Erbverzicht der Eltern eines Konkubinatspaars
- Einsetzen eines Willensvollstreckers

TIPP *Bei komplexen Verhältnissen lohnt es sich, eine Fachperson beizuziehen, die Ihnen das Instrumentarium der ehe- und erbrechtlichen Möglichkeiten im Detail aufzeigen kann (Adressen im Anhang).*

Die Umsetzung

Mit der Niederschrift eines Testaments, mit dem Abschluss von Erb- und/oder Eheverträgen schliessen Sie Ihre Nachlassplanung ab – fürs Erste. Denn das Leben geht weiter. Ihre persönliche, aber auch Ihre finanzielle Situation kann sich ändern. Nachlassplanung ist ein laufender Prozess.

MARC W. HAT BEI DER ABFASSUNG seines Testaments auf die damaligen Umstände abgestellt und seine Schwester, seine Nichte sowie deren Ehemann als Erben eingesetzt. In der Zwischenzeit ist aber die Schwester verstorben und die Nichte wurde geschieden. In seinem ursprünglichen Testament hat Herr W. keine Ersatzverfügung vorgesehen für den Fall, dass ein eingesetzter Erbe vor ihm stirbt.

Zudem sieht er nun auch keinen Grund mehr, den Exmann seiner Nichte zu begünstigen.

> **TIPP** *Ihr Testament, Ihren Ehe- und Erbvertrag sollten Sie mindestens alle fünf Jahre auf Aktualität überprüfen und wenn nötig an die neueste Entwicklung anpassen.*

Nachlassplanung für Alleinstehende

«Alleinstehend» im Sinn der folgenden Seiten sind Ledige, Geschiedene und Verwitwete, die keine Kinder hinterlassen. Sind die Eltern bereits gestorben, müssen diese Personen keine Pflichtteilsrechte mehr beachten. Sie sind also völlig frei, über ihr Vermögen zu verfügen.

Gesetzliche Erben allerdings hat jeder Erblasser, jede Erblasserin. Für Ledige und Verwitwete ohne Kinder sind es nach dem Tod der Eltern die Geschwister. Sind auch diese verstorben, treten an ihre Stelle die Nichten und Neffen. Sind keine Erben des elterlichen Stammes vorhanden, fällt der Nachlass an den Stamm der Grosseltern (siehe Beispiel auf Seite 16). Dies führt oft zu intensiven Nachforschungen mit dem Ergebnis, dass weit entfernte Verwandte zum Zug kommen, obwohl sie den «Erbonkel aus Amerika» nicht einmal gekannt haben.

> **TIPP** *Sind Sie alleinstehend und haben zu Ihren Verwandten keine oder nur lose Beziehungen? Dann sollten Sie die Vererbung Ihres Vermögens regeln. Wenn Sie kein Testament errichten, begünstigen Sie allein die gesetzlichen Erben.*

Wen wollen Sie berücksichtigen?

Nachdem Sie völlig frei sind, über Ihr Vermögen zu verfügen, können Sie selbstverständlich Ihre Jasskollegen, den Nachbarn oder Ihre Patenkinder begünstigen. Von allein läuft jedoch nichts; Sie müssen aktiv werden und ein Testament errichten.

Institutionen begünstigen

Gerade wenn keine nahen Verwandten da sind, die das Erbe einmal antreten sollen, wünschen viele Menschen, dass ein Teil ihres Vermögens einem Zweck zugute kommt, der ihren Überzeugungen entspricht. Um eine eigene Stiftung zu errichten, reichen die Beträge meist nicht aus, sodass sie das Geld einer geeigneten Organisation anvertrauen möchten. Erste Informationen über Institutionen und Stiftungen findet man im Schweizer Spenden Spiegel, einem nach Themen gegliederten Nachschlagewerk (www.spendenspiegel.ch).

Welchem Zweck Sie Ihr Vermögen auch zukommen lassen wollen, achten Sie darauf, dass die begünstigte Organisation klar und eindeutig bezeichnet ist. Im alltäglichen Sprachgebrauch werden Stiftungen oft nicht mit dem vollständigen Namen genannt. Doch wenn Sie im Testament eine solch ungenaue Bezeichnung verwenden, kommen unter Umständen zwei oder mehr Begünstigte in Betracht. Dann erhält keine der Stiftungen etwas. Auch eine testamentarische Bestimmung «für die armen Kinder in der Schweiz» ist ungültig, weil sich der Kreis der Erben nicht bestimmen lässt (siehe auch Seite 155).

> **TIPP** *Die Stiftung SOS Beobachter unterstützt in der Schweiz wohnhafte Familien und Einzelpersonen in Notsituationen, zum Beispiel bei Krankheit, Unfall und Behinderung, oder durch Beiträge an Aus- und Weiterbildungskosten.*

Wer erhält die Guthaben der 2. Säule?

Das Gesetz gibt den Pensionskassen grosse Freiheiten, wie sie ihre Reglemente ausgestalten. Das kann Folgen haben, wenn alleinstehende Ledige oder Geschiedene vor der Pensionierung sterben. Denn einige Kassen zahlen in solchen Situationen den erwachsenen Kindern oder anderen Erben vom Alterskapital wenig bis gar nichts aus; das gesamte Guthaben fällt an die Pensionskasse. Andere Kassen dagegen sehen in ihren Reglementen eine vollständige Auszahlung des gesparten Alterskapitals beispielsweise an die Nachkommen vor.

 TIPP *Zählen auch Sie zu den Alleinstehenden? Dann sollten Sie das Pensionskassenreglement genau studieren. Sind darin für den Fall, dass Sie vor Erreichen des Rentenalters sterben, keine Auszahlungen an Ihre Erben vorgesehen, lohnen sich zusätzliche Einkäufe in der Regel nicht. Dann ist es sinnvoller, das Geld sicher anzulegen, sodass es im Todesfall vollumfänglich den Erben zukommt.*

Wenn Sie Ihr Vermögen verbrauchen

Sie haben in Ihrem Testament festgelegt, wer wie viel erben soll. Was aber gilt, wenn das Vermögen bei Ihrem Tod ganz oder teilweise aufgebraucht ist? Eines ist klar: Sie dürfen Ihr Vermögen verbrauchen und müssen nicht sparen, damit die vorgesehenen Beträge verteilt werden können. Verteilt wird nur das, was noch vorhanden ist.

Prozentuale Aufteilung des Vermögens
Probleme können entstehen, wenn ein Testament Vergabungen in Frankenbeträgen vorsieht und beim Tod nicht mehr alle Ansprüche gedeckt werden können. Um solche Unsicherheiten zu beseitigen, bietet sich eine einfache Lösung an: Statt mit Frankenbeträgen arbeiten Sie mit Prozentangaben. Der Nachlass – egal, ob 50 000 oder 200 000 Franken – ist immer 100 Prozent. Wenden Sie der Heilsarmee fünf Prozent des Nettonachlasses zu, errechnet sich dieser Betrag vom tatsächlich noch vorhandenen Vermögen. So können Sie unliebsame Diskussionen von Anfang an verhindern.

Möglich ist auch eine Anpassung der Prozentsätze an das Gesamtvermögen wie im folgenden Beispiel.

 ELISABETH J. HÄLT IN IHREM TESTAMENT Folgendes fest: Beträgt mein Nettonachlassvermögen mehr als Fr. 200 000.– (zweihunderttausend Franken), verfüge ich über meinen Nachlass wie folgt: 30 Prozent gehen an den Schweizer Tierschutz, die anderen 70 Prozent werden zu gleichen Teilen unter meinen Geschwistern Herta, Theodor und Werner aufgeteilt. Beträgt das Nachlassvermögen jedoch bloss Fr. 200 000.– (zweihunderttausend Franken) oder weniger, soll der Schweizer Tierschutz die Hälfte erhalten und der Rest unter meinen Geschwistern verteilt werden.»

Kombination mit Vermächtnissen
Auch wenn Sie Ihren Nachlass nach Prozenten aufteilen, können Sie einzelnen Personen oder Institutionen fixe Frankenbeträge zukommen lassen. Sie können die eingesetzten Erben verpflichten, zulasten ihres Erbteils einzelne Vermächtnisse auszurichten (ein Muster für ein solches Testament finden Sie im Anhang).

TIPP *Bei Vermächtnissen empfiehlt es sich, eine Frist für die Ausrichtung zu setzen. Dann hat der Vermächtnisnehmer Anspruch auf einen Verzugszins, wenn die gesetzlichen oder eingesetzten Erben die Vermächtnisse nicht innert der vorgeschriebenen Zeit auszahlen.*

Die Ehefrau, den Ehemann begünstigen

Wie kann ich am besten für meine Frau, meinen Gatten vorsorgen? Für die meisten Ehepaare steht diese Frage im Vordergrund. Durch die Kombination von güterrechtlichen und erbrechtlichen Anordnungen ergeben sich viele Möglichkeiten.

Welche Lösung für Ihre Verhältnisse am besten passt, hängt vor allem davon ab, wie sich das gemeinsame Vermögen zusammensetzt. Massgebend ist aber auch, ob Sie Kinder haben und ob es sich dabei um gemeinsame oder um Kinder aus früheren Beziehungen handelt.

Gesetzliche Begünstigung: die eheliche Wohnung

Das Gesetz selber begünstigt die hinterbliebene Ehefrau oder den Ehemann. Einerseits beträgt ihr Erbanspruch mindestens die Hälfte des Nachlasses (siehe Seite 19). Andererseits haben sie das Recht, die eheliche Wohnung oder das Einfamilienhaus zu Alleineigentum zu übernehmen. Es ist also nicht nötig, dass beide Eheleute bereits zu Lebzeiten im Grundbuch als Eigentümer eingetragen sind – die hinterbliebene Seite kann die eheliche Wohnung auf jeden Fall beanspruchen. Dasselbe gilt für den Hausrat.

Dieses Recht ist jedoch nicht unentgeltlich; der Wert des Hauses oder der Wohnung wird an die güter- und erbrechtlichen Ansprüche angerechnet. Reichen diese nicht aus, um die Wohnung zu Eigentum zu übernehmen, oder stellt die Übernahme für die hinterbliebene Ehefrau eine zu grosse finanzielle Belastung dar, kann sie stattdessen die Nutzniessung an der ganzen Liegenschaft oder auch nur an einem Teil des Gebäudes oder ein Wohnrecht verlangen.

Bei der Nutzniessung und beim Wohnrecht steht die Liegenschaft zwar im Eigentum der übrigen gesetzlichen Erben. Doch diese können damit praktisch nichts anfangen, weil die Nutzung bei der Ehefrau liegt. Wer

NUTZNIESSUNG UND WOHNRECHT: DIE UNTERSCHIEDE		
	Nutzniesser	**Wohnberechtigte**
Verfügungsrecht	Keines	Keines
Nutzung	Selber nutzen oder vermieten	Nur selber nutzen
Anfallende Kosten	Gewöhnlicher Unterhalt, Hypothekarzinsen, Steuern und Abgaben Versicherungsprämien	Nur gewöhnlicher Unterhalt

welche Kosten tragen muss, hängt davon ab, ob eine Nutzniessung oder ein Wohnrecht gewählt wurde (siehe Kasten). Was gilt, wenn die Liegenschaft später verkauft wird, lesen Sie auf Seite 122.

ALS DER EHEMANN VON BETTINA N. STIRBT, einigt sie sich mit ihren Kindern darauf, dass sie an der Vierzimmerwohnung, in der das Ehepaar 20 Jahre gelebt hat, das Wohnrecht erhält. Einige Jahre später muss sie wegen Altersbeschwerden in eine Seniorenresidenz umziehen. Ob sie für die Aufgabe des Wohnrechts eine Entschädigung erhält, hängt weitgehend vom guten Willen der Kinder ab. Hätte sie stattdessen die Nutzniessung, könnte sie die Wohnung vermieten und den Mietzins für sich behalten.

Güter- und Erbrecht spielen zusammen

Bereits in Kapitel 2 wurde kurz aufgezeigt, dass die Höhe der Erbmasse wesentlich vom Güterrecht abhängt. Die meisten Ehepaare in der Schweiz stehen unter dem Güterstand der Errungenschaftsbeteiligung (siehe Seite 46). Und viele haben praktisch das ganze Vermögen gemeinsam während der Ehe erarbeitet.

Haben die Eheleute nichts vorgekehrt, erhält die Ehefrau beim Tod ihres Mannes – oder umgekehrt – rund drei Viertel des ehelichen Vermögens: die Hälfte bei der güterrechtlichen Aufteilung und von der zweiten Hälfte, die den Nachlass des Mannes ausmacht, nochmals die Hälfte.

Doch die Rechnung kann auch ganz anders aussehen, zum Beispiel wenn sich das eheliche Vermögen anders zusammensetzt oder wenn die Eheleute einen anderen Güterstand gewählt haben. Das zeigt das folgende Beispiel.

MARCEL UND LOTTA G. haben zwei Kinder. Frau G. ist erwerbstätig und hat insgesamt 100 000 Franken erspart (Errungenschaft). Herr G. ist Hausmann und besitzt aus einer Erbschaft 200 000 Franken (Eigengut). Als Frau G. stirbt, sieht die Situation für Marcel G. je nach Güterstand ganz unterschiedlich aus.

Bei Errungenschaftsbeteiligung

Anspruch aus Güterrecht
- sein Eigengut   Fr. 200 000.–
- die Hälfte der Errungenschaft   Fr. 50 000.–

Anspruch aus Erbrecht
- 1/2 des Nachlasses von Fr. 50 000.–   Fr. 25 000.–

Marcel G. erhält total   Fr. 275 000.–

Bei Gütertrennung

Anspruch aus Güterrecht
- sein Eigengut   Fr. 200 000.–

Anspruch aus Erbrecht
- 1/2 des Nachlasses von Fr. 100 000.–   Fr. 50 000.–

Marcel G. erhält total   Fr. 250 000.–

Bei Gütergemeinschaft

Anspruch aus Güterrecht
- 1/2 des Gesamtguts (Errungenschaft von Frau G. und Eigengut von Herrn G.)   Fr. 150 000.–

Anspruch aus Erbrecht
- 1/2 des Nachlasses von Fr. 150 000.–   Fr. 75 000.–

Marcel G. erhält total   Fr. 225 000.–

Vor allem die letzte Berechnung zeigt, dass die Wahl eines falschen Güterstands unangenehme Folgen haben kann. Wäre das Eigengut von Herrn G. noch grösser, würde er bei Gütergemeinschaft nicht einmal dieses erhalten.

Möglichkeiten für kinderlose Ehepaare

Gerade wenn keine Nachkommen da sind, ist die bestmögliche Begünstigung des Partners, der Partnerin ein Hauptanliegen von Eheleuten. Doch die gesetzliche Erbquote des elterlichen Stammes beträgt immerhin einen Viertel, während der hinterbliebene Ehegatte drei Viertel erhält – sofern nichts unternommen wurde.

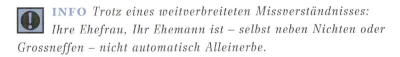

INFO *Trotz eines weitverbreiteten Missverständnisses: Ihre Ehefrau, Ihr Ehemann ist – selbst neben Nichten oder Grossneffen – nicht automatisch Alleinerbe.*

Begünstigung im Testament

In Ihrem Testament oder Erbvertrag können Sie Ihre Eltern auf den Pflichtteil setzen; dieser beträgt ein Achtel. Die anderen sieben Achtel können Sie Ihrer Ehefrau, Ihrem Ehemann zuwenden.

Geschwister besitzen kein Pflichtteilsrecht. Sind Ihre Eltern bereits gestorben, können Sie also den ganzen Nachlass dem hinterbliebenen Ehepartner vermachen. Dazu müssen Sie sich gegenseitig als Universalerben einsetzen (siehe Seite 120).

Den Güterstand wechseln

In einem Ehevertrag können Sie statt der Errungenschaftsbeteiligung die Gütergemeinschaft vereinbaren. Dann fällt praktisch das ganze eheliche Vermögen ins Gesamtgut und dieses Gesamtgut dürfen Sie im Ehevertrag ganz dem hinterbliebenen Ehegatten zuweisen (siehe Seite 52). So gibt es gar keinen Nachlass und das Pflichtteilsrecht der Eltern ist ausgeschaltet.

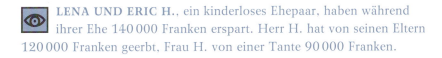

LENA UND ERIC H., ein kinderloses Ehepaar, haben während ihrer Ehe 140 000 Franken erspart. Herr H. hat von seinen Eltern 120 000 Franken geerbt, Frau H. von einer Tante 90 000 Franken.

Die Eltern von Frau H. leben noch. Bei Errungenschaftsbeteiligung würden diese beim Tod ihrer Tochter mindestens den Pflichtteil erben:

Nachlass:
Eigengut von Lena H.	Fr. 90 000.–
$1/2$ Errungenschaft	Fr. 70 000.–
Total Nachlass	Fr. 160 000.–
Pflichtteil der Eltern: $1/8$	Fr. 20 000.–

Doch das Ehepaar H. hat in einem Ehevertrag Gütergemeinschaft vereinbart und das Gesamtgut dem überlebenden Ehegatten zugewiesen. So fallen die 350 000 Franken ohne Abzug an Eric H.

> **TIPP** *Haben Sie das ganze gemeinsame Vermögen während der Ehe erarbeitet, können Sie die Maximalbegünstigung des überlebenden Ehegatten auch ohne Wechsel zur Gütergemeinschaft erreichen. Sie können – ebenfalls in einem Ehevertrag – die ganze Errungenschaft der hinterbliebenen Seite zuweisen (mehr dazu auf Seite 51).*

Der Ehevertrag allein genügt nicht

Viele Ehepaare übersehen eine wichtige Tatsache: Wenn Sie lediglich einen Ehevertrag abschliessen, behalten die gesetzlichen Erben ihre Erbenstellung. Und dann ist für die Übertragung der Vermögenswerte auf den hinterbliebenen Ehegatten ihre Zustimmung erforderlich – selbst wenn sie keinen Rappen erhalten. Ein verärgerter Elternteil könnte also die «Erbteilung» blockieren und Ihr Ehemann, Ihre Gattin müsste eine Klage anstrengen.

Solche Probleme können Sie vermeiden, indem Sie Ihren Ehemann, Ihre Ehefrau in Ihrem Testament oder in einem Erbvertrag als Universalerben einsetzen. Dann kommt die gesetzliche Erbfolge nicht zum Zug und die Eltern erhalten keine Erbenstellung.

Über den eigenen Tod hinaus denken

Ein weiterer Punkt, den Sie bedenken sollten: Was geschieht, wenn der zweite Ehepartner stirbt oder wenn beide gemeinsam sterben? Haben Sie für diesen Fall keine Regelung getroffen, kann eine Erbfolge nach dem Zufallsprinzip eintreten.

> **MUSTER: BEGÜNSTIGUNG IN EHE- UND ERBVERTRAG**
> Möchten Sie in einem Ehevertrag auf Gütergemeinschaft das Gesamtgut der hinterbliebenen Seite zuweisen, lautet die Formulierung: Bei Auflösung der Ehe durch den Tod eines Ehepartners steht das Gesamtgut vollumfänglich dem überlebenden Ehegatten zu Alleineigentum zu.
>
> Im Erbvertrag lautet die Formulierung: Der vorversterbende Ehegatte setzt den nachversterbenden als Universalerben ein.

DER KAUFMANN HEINZ P. hat von seinen Eltern ein Mehrfamilienhaus geerbt. Seine Ehe bleibt kinderlos. Seine Frau Irmgard, eine Österreicherin, hat keinerlei Vermögen in die Ehe eingebracht. Die beiden schliessen einen Ehevertrag auf Gütergemeinschaft ab, weisen sich gegenseitig das Gesamtgut zu und setzen sich in ihren Testamenten je als Universalerben ein. Heinz P. stirbt und seine Frau erbt das ganze Vermögen. Drei Wochen später verunfallt Irmgard P. tödlich. Das ganze Vermögen – inklusive Mehrfamilienhaus – fällt an ihre Verwandten in Österreich. Die Geschwister von Heinz P. gehen leer aus.

TIPP *Wollen Sie verbindlich regeln, was nach dem Tod des zweiten Ehepartners mit dem Vermögen geschehen soll, reicht ein Testament nicht mehr. Dann müssen Sie zusammen mit Ihrer Ehefrau, Ihrem Mann einen Erbvertrag abschliessen. Darin können Sie eine auf Ihre Situation massgeschneiderte Lösung vereinbaren (mehr dazu auf Seite 79).*

Wenn ein Ehepaar gemeinsame Kinder hat

Hat ein Ehepaar Nachkommen, muss die überlebende Seite mit diesen teilen. Die Hälfte des Nachlasses gehört den Nachkommen. Doch auch in dieser Familienkonstellation gibt es verschiedene Begünstigungsmöglichkeiten für den Ehemann, die Ehefrau – sowohl über das Güterrecht wie auch über das Erbrecht.

Zuweisen der verfügbaren Quote
Dies ist eine Lösung, die viele Ehepaare mit Kindern treffen: Sie setzen die Nachkommen auf den Pflichtteil und weisen die verfügbare Quote dem überlebenden Partner, der Partnerin zu. Damit erhält der überlebende Partner fünf Achtel des Nachlasses (siehe Seite 30). Das ist mit folgendem Satz im Testament geregelt: Meine Nachkommen setze ich auf den Pflichtteil und wende die verfügbare Quote meinem Ehemann zu.

MANUEL B. HAT VON SEINEN ELTERN 60 000 Franken geerbt. Während der Ehe hat er 90 000 Franken gespart, seine Frau Karin 10 000 Franken. Zudem hat Frau B. 20 000 Franken mit in die Ehe gebracht. Die beiden haben eine Tochter. Diese hat Manuel B. im Testament auf den Pflichtteil gesetzt und die verfügbare Quote seiner Frau zugewiesen. Als Herr B. stirbt, wird das eheliche Vermögen folgendermassen aufgeteilt:

Nachlass von Herrn B.:
- ½ der eigenen Errungenschaft   Fr.   45 000.–
- ½ der Errungenschaft der Ehefrau   Fr.   5 000.–
- sein Eigengut   Fr.   60 000.–

Total Nachlass   Fr. 110 000.–

Frau B. erhält:
- ihr Eigengut   Fr.   20 000.–
- ½ der eigenen Errungenschaft   Fr.   5 000.–
- ½ der Errungenschaft des Ehemanns   Fr.   45 000.–
- ⅝ des Nachlasses   Fr.   68 750.–

Total der Ansprüche von Frau B.   Fr. 138 750.–

Die Tochter erhält drei Achtel des Nachlasses, also 41 250 Franken.

Abänderung der Errungenschaftsbeteiligung
Unternehmen Ehepaare nichts und behalten die Errungenschaftsbeteiligung bei, fällt die Hälfte des während der Ehe erarbeiteten Vermögens in den Nachlass. Und daran steht den Nachkommen mindestens der Pflichtteil von drei Achteln zu. In einem Ehevertrag können die Eheleute vereinbaren, dass stattdessen die ganze Errungenschaft der überlebenden Seite

zugewiesen wird. Dies ist jedoch nur gegenüber gemeinsamen Nachkommen möglich und gilt nicht als Pflichtteilsverletzung, weil das Gesetz diese Begünstigungsart ausdrücklich vorsieht.

 IM EHEVERTRAG HABEN MANUEL UND KARIN B. sich gegenseitig die ganze Errungenschaft zugewiesen (und die Nachkommen auf den Pflichtteil gesetzt). Damit sieht die Rechnung anders aus: In den Nachlass von Herrn B. fällt nur sein Eigengut. Frau B. erhält:

- ihr Eigengut Fr. 20 000.–
- die ganze gemeinsame Errungenschaft Fr. 100 000.–
- $5/8$ des Nachlasses Fr. 37 500.–

Total der Ansprüche von Frau B. Fr. 157 500.–

Je mehr von ihrem Vermögen die Eheleute während der Ehe erarbeitet haben, desto besser kann die überlebende Seite auf diese Weise begünstigt werden. Besteht das ganze eheliche Vermögen aus Errungenschaft, fällt gar nichts in den Nachlass, der mit den Nachkommen geteilt werden muss.

Die Gütergemeinschaft

Hat eine Seite nennenswertes Vermögen in die Ehe gebracht oder eine grössere Erbschaft erhalten, kann ein Ehevertrag auf Gütergemeinschaft die richtige Lösung sein, um eine maximale Begünstigung zu erreichen. Denn zum Gesamtgut gehören auch diese Vermögensteile. Haben Sie Nachkommen, dürfen Sie im Ehevertrag maximal $13/16$ dieses Gesamtguts dem überlebenden Ehegatten zuweisen.

 HAT DAS EHEPAAR B. GÜTERGEMEINSCHAFT vereinbart und sich gegenseitig maximal begünstigt, erhält Karin B. $13/16$ des Gesamtguts.

Gesamtgut:
Erbschaft von Herrn B. Fr. 60 000.–
Eingebrachtes Vermögen von Frau B. Fr. 20 000.–
Während der Ehe Erspartes Fr. 100 000.–
Total Gesamtgut Fr. 180 000.–

Maximale Begünstigung von Frau B: $13/16$ Fr. 146 250.–

> **TIPP** *Ob Sie mit der abgeänderten Errungenschaftsbeteiligung oder mit der Gütergemeinschaft besser fahren, hängt wesentlich von der Zusammensetzung des ehelichen Vermögens ab: Wie viel davon ist Eigengut, wie viel Errungenschaft? Eine Berechnung anhand Ihrer konkreten Zahlen macht die vorteilhaftere Lösung deutlich.*

Universalerbeneinsetzung

Viele Eheleute haben den Wunsch, sich ungeachtet des Pflichtteilsrechts gegenseitig maximal zu begünstigen. Sie wollen, dass das gesamte Vermögen der hinterbliebenen Seite zufällt und die Nachkommen erst nach deren Tod erben. Sie setzen deshalb den Partner, die Partnerin als Universalerben ein. Möchten auch Sie diese Lösung wählen, sollten Sie folgende Punkte beachten:

- Haben Sie das gesamte Vermögen während Ihrer Ehe gemeinsam erarbeitet und in einem Ehevertrag die ganze Errungenschaft der überlebenden Seite zugewiesen, ist die Universalerbeneinsetzung im Erbvertrag oder Testament nicht anfechtbar.
- Hat derjenige von Ihnen, der zuerst stirbt, Eigengüter hinterlassen – zum Beispiel eine Erbschaft von seinen Eltern –, können die Nachkommen mit einer Herabsetzungsklage ihren Pflichtteil herausverlangen (siehe Seite 187). Tun sie dies nicht innert Jahresfrist seit Kenntnis der Pflichtteilsverletzung, bleibt die Zuweisung des gesamten Nachlasses an die hinterbliebene Seite gültig.
- Nicht anfechtbar ist die Universalerbeneinsetzung, wenn die Nachkommen in einem Erbvertrag zugestimmt haben. Mit ihrer Unterschrift verzichten sie auf die Geltendmachung von Pflichtteilsansprüchen.

Für Notfälle vorsorgen

Heute finden sich in immer mehr Ehe- und Erbverträgen sogenannte Demenzklauseln: Zwar vereinbaren die Eheleute die gegenseitige Maximalbegünstigung, doch sie halten fest, dass diese nicht zum Zug kommen soll, wenn eine Seite dement wird. Vielmehr soll dann wieder die gesetzliche Regelung gelten.

Der Grund für diese Klausel liegt in der grossen finanziellen Belastung durch die Pflege. Der Aufenthalt in einem Pflegeheim kann im Monat durchaus 9000 Franken kosten, und davon müssen die Pflegebedürftigen, solange sie Vermögen haben, gut 6500 Franken selber bezahlen. Dann ist eine Maximalbegünstigung des Ehepartners, der Partnerin nicht mehr erwünscht. Mit einer Demenzklausel lässt sich verhindern, dass die Nachkommen nur ihren Pflichtteil erhalten und der grösste Teil des Familienvermögens für die Pflege und Betreuung aufgebraucht wird.

Einräumen der Nutzniessung
Die Nutzniessung erlaubt der berechtigten Person – sofern nichts anderes vereinbart wurde –, einen Vermögenswert und die Erträge daraus vollumfänglich zu nutzen. Dem Eigentümer des Vermögenswerts bleibt nur das nackte Eigentum. Die Nutzniessung kommt einerseits dann zum Zug, wenn ein hinterbliebener Ehegatte in der Wohnung bleiben will (siehe Seite 112). Daneben haben Eheleute die Möglichkeit, sich gegenseitig in ihren Testamenten oder in einem Erbvertrag die Nutzniessung am Nachlass zuzuwenden. Das heisst, der hinterbliebene Ehepartner erhält den Ertrag des Vermögens, die Vermögenssubstanz bleibt bei den anderen gesetzlichen Erben. Diese Begünstigung ist zulässig gegenüber gemeinsamen Nachkommen, bezüglich der ehelichen Wohnung auch gegenüber nicht gemeinsamen Kindern (siehe auch Seite 189).

> **INFO** *Das Recht, das Eigentum oder die Nutzniessung an der ehelichen Liegenschaft zu verlangen, steht auch den anderen gesetzlichen Erben zu, wenn – so das Gesetz – die Umstände es rechtfertigen. Beispiel: Ein Sohn möchte den Stammsitz der Familie übernehmen und kauft die anderen Erben aus.*

Die Nutzniessung tritt an die Stelle des gesetzlichen Erbanspruchs. Statt die Hälfte zu erben, erhält die hinterbliebene Seite die Nutzniessung am ganzen Nachlass. Damit verliert sie die Erbenstellung und ist auch nicht mehr Mitglied der Erbengemeinschaft.

> **DER NACHLASS VON KEVIN F.** besteht aus Obligationen im Wert von 300 000 Franken. Im Testament hat er seiner Ehefrau Jasmin die lebenslängliche Nutzniessung daran eingeräumt. Frau F. kann also die Zinsen auf dem Kapital beanspruchen. Da die Obligationen mit 2 Prozent verzinst werden, sind das 6000 Franken pro Jahr. Frau F. darf aber die Obligationen nicht verkaufen, denn diese gehören ihr nicht.

> **INFO** Es besteht auch die Möglichkeit, dem überlebenden Ehegatten einen Viertel des Nachlasses zu Eigentum und die anderen drei Viertel zur Nutzniessung zuzuweisen. Dies stellt die maximale Begünstigung dar. Bei dieser Kombination behält der überlebende Ehegatte seine Erbenstellung.

Wird die Nutzniessung nicht an einem Kapital, sondern an einer Liegenschaft eingeräumt, stehen die Mietzinsen der Nutzniesserin zu, während sie andererseits für die Hypothekarzinsen, die Gebäudeversicherungsprämien, den Unterhalt der Liegenschaft und die Steuern aufzukommen hat. Investitionen gehen hingegen zulasten der Eigentümer, also der anderen gesetzlichen Erben.

Wird die Liegenschaft später verkauft – zum Beispiel weil die Nutzniesserin ins Altersheim zieht –, wird die Nutzniessung oft abgelöst durch eine Geldsumme. Dazu wird der jährliche Ertrag der Liegenschaft unter Berücksichtigung der Lebenserwartung kapitalisiert; massgebend sind die «Barwerttafeln» von Stauffer/Schaetzle (siehe Anhang).

> **INFO** Heiratet die hinterbliebene Ehefrau oder der Ehemann später wieder, fällt die Nutzniessung am Pflichtteil der Nachkommen, also an drei Achteln des Nachlasses, automatisch dahin. Die Nachkommen können über diese Vermögenswerte frei verfügen.

BERECHNUNG DER NUTZNIESSUNG AN EINER LIEGENSCHAFT

Ausgangslage
Alter des Nutzniessungsberechtigten: 85 Jahre
Jährlicher Mietertrag der Wohnung: Fr. 18 000.–

Lebenslängliche Nutzniessung	Mann	Frau
Massgebender Faktor bei 3% Zins	6,70	7,67
Kapitalwert der Nutzniessung: 6,70 bzw. 7,67 x Fr. 18 000.–	Fr. 120 600.–	Fr. 138 060.–

Ehepaare mit nicht gemeinsamen Kindern

Familien mit Kindern verschiedener Abstammung gibt es immer mehr. Die steigenden Scheidungsraten bringen neue komplizierte Beziehungsnetze mit sich, ein Neben- und Miteinander von meinen, deinen und unseren Kindern. Dass die erbrechtlichen Verhältnisse in solchen Patchworkfamilien kompliziert und unübersichtlich sind, hängt mit verschiedenen Umständen zusammen.

- Wenn ein Ehegatte den anderen beerbt hat und dann verstirbt, vererbt sich sowohl sein eigenes wie auch das ererbte Vermögen nur auf seine Erben. Die Erbfolge und vor allem die Höhe der Erbquoten der verschiedenen Nachkommen sind also ganz zufällig und hängen davon ab, welcher Ehegatte zuerst stirbt.
- Das Bedürfnis, den Ehemann, die Ehefrau maximal zu begünstigen und gleichzeitig die Nachkommen aus einer früheren Beziehung zu schützen, führt gezwungenermassen zu einem Interessenkonflikt.
- Das persönliche Verhältnis ist nicht zu allen Nachkommen gleich gut. Eine Scheidung trägt oft zu einer Entfremdung des Vaters (oder der Mutter) von den Kindern bei, was bei einer zweiten Heirat noch verstärkt wird. Trotzdem bleiben die Kinder aus erster Ehe Erben.
- Die unterschiedliche Höhe der einzelnen Teile des ehelichen Vermögens – zum Beispiel unterschiedliche Eigengüter – wie auch die unterschiedliche Kinderzahl auf beiden Seiten können zu einem völlig verzerrten Ergebnis führen, das mit dem Gerechtigkeitsgefühl nicht mehr im Einklang steht.

Wollen Sie in solchen Familienkonstellationen die Erbfolge nicht dem Zufall überlassen, müssen Sie einen Erbvertrag abschliessen. Doch welches ist die richtige Lösung? Das hängt weitgehend von Ihren Zielsetzungen ab. Wollen Sie vor allem die gemeinsamen Kinder begünstigen, sieht der Vertrag ganz anders aus, als wenn alle Nachkommen ungefähr gleich viel erhalten sollen.

Die Überlegungen für die Nachlassplanung werden anhand des Ehepaars Alex und Barbara Z. dargestellt. Ihre Familie wird entsprechend den verschiedenen Fa-

BUCHTIPP
Cornelia Döbeli: **Wie Patchworkfamilien funktionieren. Das müssen Eltern und ihre neuen Partner über ihre Rechte und Pflichten wissen.** Ausführlich und kompetent.
www.beobachter.ch/buchshop

milienmustern mit Nachkommen «angereichert». Für jede Konstellation finden Sie eine Zielsetzung und Lösungsvorschläge dazu.

> **TIPP** *Vergessen Sie bei Ihren Überlegungen die steuerlichen Konsequenzen nicht. Da in Patchworkfamilien nicht zu allen Erben ein Verwandtschaftsverhältnis besteht – in der Konstellation 1 sind zum Beispiel Alex und Sina nicht verwandt –, können massive Erbschaftssteuern anfallen.*

Konstellation 1:
Alex und Barbara Z. haben keine gemeinsamen Nachkommen, Barbara bringt ihre Tochter Sina aus einer früheren Beziehung mit in die Ehe.

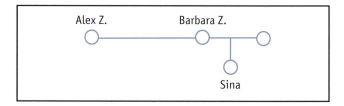

Absicht	Der hinterbliebene Ehegatte soll möglichst viel erhalten; nach dem Tod des zweiten Ehegatten soll Sina das ganze Vermögen erben.
Lösung	Alex setzt seine Frau für den Fall, dass er zuerst stirbt, als Universalerbin ein; als Ersatzerbin bezeichnet er Sina. Barbara setzt ihren Mann als Vorerben und Sina als Nacherbin ein. Je nach finanzieller Situation erhält der Ehemann stattdessen die Nutzniessung.

Würde das Ehepaar keine Regelung treffen und Barbara vor ihrem Mann versterben, erhielte dieser die Hälfte des Nachlasses. Nach seinem Tod würde sein ganzes Vermögen – inklusive das von Barbara ererbte – an seine gesetzlichen Erben gehen, also an seine Eltern und Geschwister. Sina ginge leer aus, weil zwischen ihr und ihrem Stiefvater kein Erbrecht besteht. Mit der Einsetzung des Ehemanns als Vorerben wird sichergestellt, dass nach seinem Tod das Vermögen der Mutter an Sina fällt. Diese Lösung ist auch steuerlich optimal, weil auf das Verwandtschaftsverhältnis Mutter/Tochter abgestellt wird, sodass in den meisten Kantonen keine Erbschaftssteuern anfallen.

Konstellation 2:
Alex und Barbara Z. haben keine gemeinsamen Kinder; neben Barbaras Tochter Sina leben in der Familie aber noch die Kinder von Alex: Cornel, David und Esther.

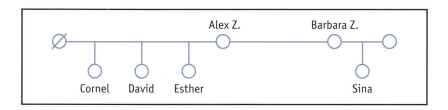

Absicht	Der hinterbliebene Ehegatte soll finanziell gesichert weiterleben können. Letztlich soll die Vermögenssubstanz jeder Seite den eigenen Kindern zufliessen.
Lösung	Alex und Barbara räumen sich gegenseitig an ihrem Nachlass die Nutzniessung ein. Dadurch bleibt die Substanz je bei den eigenen Nachkommen; der hinterbliebene Ehegatte hat den Vermögensertrag oder kann die gemeinsame Wohnung weiterhin selber bewohnen bzw. vermieten. Nachkommen, die die Nutzniessung nicht akzeptieren, werden auf den Pflichtteil gesetzt und erhalten nur ihren Anteil von drei Achteln des Nachlasses.

Ohne Regelung bliebe es dem Zufall überlassen, welcher Nachkommensstamm Glück beim Erben hat. Denn der hinterbliebene Ehepartner erbt die Hälfte des Nachlasses. Ein Zahlenbeispiel verdeutlicht diesen Mechanismus:

ALEX Z. HAT EIN NACHLASSVERMÖGEN von 600 000 Franken, Barbara Z. hinterlässt 200 000 Franken. Alex stirbt vor seiner Frau. Sie erbt die Hälfte, also 300 000 Franken. Die andere Hälfte geht an die Kinder von Alex. Cornel, David und Esther erhalten also je 100 000 Franken. Kurz danach stirbt auch Barbara.

Wer erbt in dieser Situation wie viel?

Sina erhält:
- das eigene Vermögen der Mutter   Fr. 200 000.–
- das Erbe der Mutter   Fr. 300 000.–
Total   Fr. 500 000.–

Cornel, David und Esther erhalten nichts mehr, weil sie gegenüber Barbara nicht erbberechtigt sind. Im umgekehrten Fall, wenn also Barbara vor ihrem Mann stirbt, erhält Sina 100 000 Franken. Die andere Hälfte geht an Alex. Bei dessen Tod erben nur noch seine Kinder.

Cornel, David und Esther erhalten zusammen:
- das eigene Vermögen des Vaters   Fr. 600 000.–
- das Erbe des Vaters   Fr. 100 000.–
Total   Fr. 700 000.–

Dieses keineswegs aus der Luft gegriffene Beispiel zeigt, welche finanziellen Auswirkungen das Zufallsprinzip – wer stirbt zuerst? – haben kann.

Konstellation 3

Alex und Barbara Z. haben gemeinsame Kinder: Fiona und Gianni. Auch die Kinder aus früheren Beziehungen leben in der Familie.

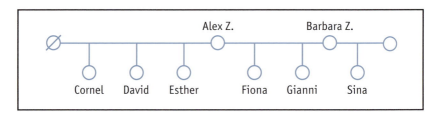

Absicht 1	Fiona und Gianni, die gemeinsamen Kinder, sollen bestmöglich begünstigt werden.
Lösung	Alex und Barbara setzen ihre Nachkommen aus erster Ehe und den hinterbliebenen Ehegatten auf den Pflichtteil. Die freie Quote von drei Achteln wenden sie Fiona und Gianni zu. Diese teilen zudem mit den Nachkommen des erstversterbenden Ehegatten drei Achtel von dessen Nachlass.

ALEX UND BARBARA Z. haben dieselben Nachlassvermögen wie im vorangehenden Beispiel. Wie viel erhalten ihre gemeinsamen Kinder bei dieser Lösung?

So wird beim Tod des Vaters gerechnet:

Barbara erhält ihren Pflichtteil: ¹/₄	Fr. 150 000.–
Cornel, David, Esther, Fiona und Gianni erhalten zusammen ihren Pflichtteil: ³/₈	Fr. 225 000.–
Fiona und Gianni erhalten zusammen die verfügbare Quote: ³/₈	Fr. 225 000.–

Fiona und Gianni erhalten je:
- ¹/₅ von Fr. 225 000.–   Fr.   45 000.–
- ¹/₂ von Fr. 225 000.–   Fr. 112 500.–

Total   Fr. 157 500.–

Angenommen, beim Tod von Barbara seien ihr ganzes Eigengut und das von ihrem Mann geerbte Vermögen noch vorhanden. Dann beträgt ihr Nachlass 350 000 Franken. Diesen teilen Fiona und Gianni mit Sina, der Tochter aus erster Ehe. Ist Sina noch auf den Pflichtteil gesetzt, wird wie folgt geteilt:

Sina erhält den Pflichtteil: ³/₄ von ¹/₃	Fr. 87 500.–
Fiona und Gianni erhalten zusammen den Rest oder je	Fr. 131 250.–

Soll der hinterbliebene Ehepartner besser gestellt werden, kann die den gemeinsamen Nachkommen zufallende freie Quote zu seinen Gunsten mit der Nutzniessung belastet werden.

Absicht 2	Alle Kinder sollen möglichst gleich viel erhalten.
Lösung	Die gemeinsamen Nachkommen Fiona und Gianni, die ja an beiden Nachlässen beteiligt sind, werden auf den Pflichtteil gesetzt. Was die Eltern sonst noch vorkehren können, hängt von der Zusammensetzung der Vermögensmassen ab. Zudem müsste – um eine gerechte Lösung zu finden – auch berücksichtigt werden, was Cornel, David, Esther und Sina von ihrem anderen Elternteil an Erbe zu erwarten haben.

> **TIPP** *Das letzte Beispiel zeigt es deutlich: Allein kommen Sie irgendwann nicht weiter. Es lohnt sich, Ihre Wünsche und Ideen mit einer Fachperson zu besprechen (Adressen im Anhang).*

Begünstigung im Konkubinat

Es gibt viele gute Gründe, im Konkubinat zu leben – emotionale oder auch sachlich finanzielle – und immer mehr Paare wählen diese Lebensform. Doch für das Erbrecht existiert das Konkubinat nicht.

Weil Konkubinatspartner nicht zu den gesetzlichen Erben gehören, erben sie untereinander nichts. Will ein Paar dies ändern, müssen sich beide Seiten gegenseitig begünstigen. Doch dabei kommen ihnen sehr bald die Pflichtteile in die Quere: der Eltern, der Kinder aus früheren Beziehungen oder auch der gemeinsamen Nachkommen. Viele Konkubinatspaare sorgen deshalb nicht in erster Linie mit erbrechtlichen Regelungen füreinander vor, sondern mit Lebensversicherungen und anderen Abmachungen (siehe Seite 132).

> **TIPP** *Um eine umfassende, den individuellen Verhältnissen angepasste Lösung zu erreichen, können Sie die im Folgenden aufgezählten Möglichkeiten auch miteinander kombinieren.*

WICHTIGE PFLICHTTEILE FÜR KONKUBINATSPAARE		
Nächste gesetzliche Erben	Pflichtteil	Verfügbare Quote
Kinder	3/4	1/4
Beide Eltern	1/2	1/2
Ein Elternteil	1/4	3/4
Geschwister	0	1

Möglichkeiten in Testament und Erbvertrag

In einem Testament oder Erbvertrag können Sie Ihren Partner, Ihre Lebensgefährtin auf verschiedene Art begünstigen. Die gegenseitige Begünstigung in einem Erbvertrag kann allerdings problematisch sein, wenn die Beziehung später auseinanderbricht. Denn anders als bei einer Scheidung verliert der Erbvertrag bei der Auflösung des Konkubinats nicht automatisch seine Gültigkeit.

 TIPP *Wollen Sie sich gegenseitig im Erbvertrag begünstigen, sollten Sie auch regeln, unter welchen Bedingungen dieser dahinfällt (etwa bei Aufhebung der gemeinsamen Wohnung).*

Zuwenden der verfügbaren Quote
Naheliegend ist, dass die gesetzlichen Erben – meist sind es die Eltern – auf den Pflichtteil gesetzt werden. Die verfügbare Quote kann dem hinterbliebenen Partner, der Partnerin zugewendet werden. Leben beide Eltern noch, ist das die Hälfte des Nachlasses; lebt nur noch ein Elternteil, sind es drei Viertel.

Sind beide Eltern gestorben, können Sie Ihren Partner, Ihre Partnerin als Universalerben einsetzen, da die Geschwister kein Pflichtteilsrecht haben. Dabei besteht allerdings die gleiche Problematik wie für kinderlose Ehepaare. Wenn Sie keine zusätzliche Regelung treffen, was nach dem Tod des zweiten Partners mit dem Vermögen geschehen soll, fällt alles an seine gesetzlichen Erben (siehe Seite 117).

 TIPP *Auch bei der Maximalbegünstigung sollten Sie regeln, wie der Nachlass nach dem Tod des zweiten Partners verteilt wird. Halten Sie auch fest, wie weit die überlebende Seite in ihren Verfügungen frei und wie weit sie gebunden sein soll.*

Erbverzicht von Pflichtteilserben
Nicht selten setzen sich Konkubinatspartner gegenseitig als Universalerben ein, obwohl noch Pflichtteilsrechte zu beachten wären. Akzeptieren zum Beispiel die Eltern den Willen des Sohnes, der Tochter und verzichten auf eine Anfechtung des Testaments, gilt die Universalerbeneinsetzung uneingeschränkt.

MUSTER: BEGÜNSTIGUNG IM ERBVERTRAG
Wir setzen uns gegenseitig als Universalerben ein. Nach dem Tod des zweitversterbenden Partners soll der ganze Nachlass an die Stiftung X. fallen. Der hinterbliebene Partner ist jedoch berechtigt, über die Hälfte des Nachlasses eine letztwillige Verfügung zu erlassen.

Um das Risiko einer Anfechtung auszuschalten, können Sie aber auch zum Voraus mit den pflichtteilsgeschützten Erben eine Vereinbarung treffen. Der Verzicht auf das Pflichtteilsrecht muss in der Form des Erbvertrags vereinbart werden. Das heisst, vor einer Urkundsperson und im Beisein zweier Zeugen. Andernfalls ist der Vertrag nicht gültig (mehr zum Erbvertrag auf Seite 79).

INFO *Einen Erbvertrag können nur Volljährige abschliessen. Handelt es sich bei den Pflichtteilserben um Ihre Nachkommen und sind diese noch nicht 18 Jahre alt, haben Sie diese Möglichkeit nicht.*

Teilungsvorschriften
Eine weitere Möglichkeit: Konkubinatspaare können im Testament bestimmen, welche Vermögensgegenstände – zum Beispiel Mobiliar, Auto, Liegenschaft – die hinterbliebene Partnerin, der Partner erhalten soll. Solche Teilungsvorschriften werden meist mit der Zuweisung der verfügbaren Quote kombiniert. Achtung: Wenn Sie sich gegenseitig die Eigentumswohnung zuweisen, wird der Wert die verfügbare Quote meist übersteigen. Dann muss der Partner, die Partnerin die übrigen Erben bis zur Höhe der Pflichtteile abfinden.

HERBERT D. IST GESCHIEDEN und hat zwei Kinder. Er besitzt eine Eigentumswohnung im Wert von 400 000 Franken. Die Hypothek darauf beträgt 200 000 Franken. Weiteres Vermögen besitzt Herr D. nicht; sein Nettonachlass beträgt somit 200 000 Franken. In seinem Testament hat er verfügt: «Ich wende meiner Partnerin Selina M. die verfügbare Quote an meinem Nachlass zu. Zudem steht ihr das Recht zu, meine Eigentumswohnung zu übernehmen.» Was bedeutet das für Frau M.?

Gesetzliche Erben von Herbert D. sind seine Kinder; ihr Pflichtteil beträgt ³/₄ des ganzen Nachlasses. Die verfügbare Quote für Selina M. beträgt also 50 000 Franken. Will sie die Wohnung behalten, muss sie die Hypothekarschulden übernehmen und den Kindern 150 000 Franken auszahlen.

 TIPP *Nicht selten muss ein Konkubinatspartner nach dem Tod der Lebensgefährtin mit ihren Erben um Möbel, wertvolle Bilder oder das Heimkino streiten. Häufig wird dann auch um Gegenstände gefeilscht, die er seinerzeit selber bezahlt hat. Dem lässt sich leicht vorbeugen – mit einem Inventar: Halten Sie beim Zusammenziehen fest, was wem gehört und was gemeinsam gekauft wurde. Und denken Sie auch daran, Ihr Inventar laufend nachzuführen, wenn Sie grössere Anschaffungen tätigen.*

Möglichkeiten für die Eigentumswohnung

Statt mit einer Teilungsvorschrift kann die Eigentumswohnung der überlebenden Partnerin auch mit einem Vermächtnis zugewendet werden. Es empfiehlt sich, gleichzeitig einen Willensvollstrecker zu bestimmen. Denn dieser kann die Ausrichtung des Vermächtnisses – also die Eigentumsübertragung – auch ohne Zustimmung von Pflichtteilserben vornehmen (siehe Seite 173). Am Pflichtteilsrecht der Nachkommen oder Eltern ändert sich allerdings nichts. Reicht der übrige Nachlass nicht aus, um die Pflichtteile zu decken, muss die Partnerin den fehlenden Betrag zuschiessen.

Eine andere Möglichkeit ist es, der überlebenden Seite ein Wohnrecht oder die Nutzniessung an der Eigentumswohnung einzuräumen (zum Unterschied siehe Seite 113). Für die Pflichtteilsberechnung wird der Wert des Wohnrechts kapitalisiert. Je höher also die Lebenserwartung der Partnerin, des Partners, desto höher ist auch der Wert des Wohnrechts oder der Nutzniessung (ein Beispiel finden Sie auf Seite 190).

Kinder haben ein gesetzliches Erbrecht

Viele Konkubinatspaare heiraten, wenn sich das erste Kind ankündigt. Andere leben weiter im Konkubinat und regeln das Zusammenleben selber. Wieder andere Konkubinatspaare leben zusammen mit Kindern des

Partners, der Partnerin aus einer früheren Beziehung. Die erbrechtliche Situation in solchen Familien ist eine andere als bei verheirateten Eltern.

Gemeinsame Nachkommen
Das Spezielle bei dieser Konstellation: Die Eltern des Kindes haben zueinander kein Erbrecht; das Kind ist Alleinerbe seines Vaters und seiner Mutter. Setzt zum Beispiel der Vater das Kind zugunsten der Mutter auf den Pflichtteil, erbt es immer noch drei Viertel des Nachlasses. Die Mutter erhält nur einen Viertel.

Ist das Kind beim Tod des Vaters noch minderjährig, können seine Interessen bei der Erbteilung nicht durch die Mutter wahrgenommen werden. Es besteht eine klassische Interessenkollision. Die Kindes- und Erwachsenenschutzbehörde wird deshalb einen Beistand für das Kind ernennen, der seine Interessen vertritt. Der Erbteilungsvertrag muss zudem von der zuständigen Behörde genehmigt werden.

Nicht gemeinsame Kinder
Hat zum Beispiel die Partnerin Kinder in die Beziehung gebracht, ist für sie die Situation die gleiche wie bei gemeinsamen Kindern: Der Pflichtteil der Kinder beträgt drei Viertel, sie kann ihrem Partner also höchstens einen Viertel des Nachlasses zuwenden. Beim Partner ohne Kinder hängen die Begünstigungsmöglichkeiten davon ab, wer seine nächsten gesetzlichen Erben sind (siehe Seite 128).

Begünstigung mit Versicherungen

Steht der Partner, die Partnerin in Konkurrenz mit Nachkommen, ist die zuwendbare Quote mit einem Viertel des Nachlasses relativ klein. Dann bieten sich Lösungen über Versicherungen an. Je nach Situation können sich Konkubinatspartner auf diesem Weg massiv begünstigen.

Leistungen der Pensionskasse
Die Pensionskasse kann – muss aber nicht – Leistungen an den hinterbliebenen Konkubinatspartner ausrichten, wenn
- das Paar seit mindestens fünf Jahren zusammengelebt hat.
- der hinterbliebene Partner für gemeinsame Kinder sorgen muss.

- der hinterbliebene Partner von der verstorbenen Partnerin erheblich unterstützt wurde.

> **TIPP** *Was bei Ihrer Pensionskasse gilt, können Sie im Reglement nachsehen. Erkundigen Sie sich zudem, ob Sie eine Begünstigtenerklärung zugunsten Ihres Partners, Ihrer Partnerin abgeben müssen.*

> **URTEIL** *Auch bei der Voraussetzung der erheblichen Unterstützung eines Konkubinatspartners durch die versicherte Person spielt gemäss Bundesgericht eine zeitliche Komponente mit. Demnach ist für die Qualifikation der Unterstützung als erheblich in der Regel eine Dauer von mindestens zwei Jahren vorausgesetzt (BGE 140 V 50).*

Erfüllt ein Konkubinatspartner eine der drei Voraussetzungen, kann er auch die Guthaben erhalten, die auf einem Freizügigkeitskonto oder einer Freizügigkeitspolice seiner Lebensgefährtin liegen. Allenfalls muss er das Guthaben aber noch mit ihren Kindern oder einem Exmann teilen. Das lässt sich verhindern, indem man schriftlich gegenüber der Vorsorgeeinrichtung erklärt, dass der Partner, die Partnerin das gesamte Guthaben erhalten soll.

> **URTEILE** *Das Bundesgericht hat klargestellt, dass Leistungen aus der 2. Säule nicht in den Nachlass fallen. Selbst wenn hohe Summen an den Lebenspartner gehen, können die Erben deswegen keine Verletzung ihrer Pflichtteile geltend machen (BGE 129 III 305).*

Gemäss Bundesgericht gelten für gleichgeschlechtliche Lebensgemeinschaften bei der Auszahlung der Pensionskassenguthaben an den überlebenden Partner die gleichen Voraussetzungen wie für heterosexuelle Paare, auch wenn die Partnerschaft nicht registriert ist und die Partner nicht zusammenwohnen (BGE 134 V 369).

Säule 3a

Die Säule 3a, die gebundene Selbstvorsorge, ist sehr beliebt, weil die Einzahlungen vom steuerbaren Einkommen in Abzug gebracht werden können. Das Gesetz sagt, wer in welcher Reihenfolge über die Säule 3a begünstigt werden kann:

1. der hinterbliebene Ehegatte oder der eingetragene Partner
2. die direkten Nachkommen sowie Personen, die vom Verstorbenen entweder
   - in erheblichem Mass unterstützt worden sind oder
   - mit diesem seit mindestens fünf Jahren zusammenleben oder
   - für gemeinsame Kinder sorgen müssen.

Das heisst: Ist ein Konkubinatspartner (noch) verheiratet, geht seine Lebensgefährtin bei der Säule 3a leer aus. Wenn nicht, erhält sie das Guthaben, sofern sie eines der drei Kriterien in Punkt 2 erfüllt. Damit sie das Geld nicht mit Nachkommen des Verstorbenen teilen muss, kann dieser gegenüber der Vorsorgeeinrichtung erklären, dass die Partnerin das ganze Guthaben erhalten soll.

Erfüllt die Lebensgefährtin keines der drei Kriterien, kann sie das 3a-Guthaben allenfalls trotzdem erhalten, allerdings nur, wenn ihr Partner keine Nachkommen hat. Dazu muss der Partner seine Lebensgefährtin im Testament als Erbin einsetzen und gegenüber der Vorsorgeeinrichtung eine schriftliche Begünstigungserklärung abgeben.

> **INFO** *Anders als bei der 2. Säule kann die Begünstigung des Lebenspartners, der Partnerin mit Geldern der Säule 3a die Pflichtteile der Kinder oder der Eltern verletzen. Immerhin können diese nicht verhindern, dass die Guthaben dem Lebenspartner überwiesen werden. Wollen die Pflichtteilserben ihren Anteil, müssen sie klagen (siehe Seite 187).*

VERSORGERSCHADEN

Wird jemand bei einem Unfall getötet, muss der Unfallverursacher – wenn ihn ein Verschulden trifft – den Angehörigen den Versorgerschaden bezahlen. Hat auch der Konkubinatspartner solche Ansprüche, wenn seine Partnerin bei einem Unfall getötet wurde? Das Bundesgericht hat diese Frage ausdrücklich bejaht. Ob der Konkubinatspartner einen Versorgerschaden geltend machen kann, hängt davon ab, «ob sich die Konkubinatspartner während der Dauer der Lebensgemeinschaft unterstützt haben und auch in Zukunft mit grosser Wahrscheinlichkeit unterstützt hätten» (BGE 114 II 144). ∎

Versicherungen der Säule 3b

In der Säule 3b können die Begünstigten frei bestimmt werden; das macht sie zu einem interessanten Vorsorgeinstrument für Konkubinatspaare. Verbreitet sind die klassischen Lebensversicherungen, bei denen einerseits ein Todesfallkapital versichert ist und andererseits aufs Alter gespart wird (siehe auch Seite 42). Setzen Sie bei einer solchen Versicherung Ihren Konkubinatspartner als Begünstigten ein, erhält er den grössten Teil der Auszahlungssumme. Für die Pflichtteilsberechnung wird nur der Rückkaufswert berücksichtigt.

Die grösste Begünstigungsmöglichkeit bieten reine Risikoversicherungen. Denn bei diesen gibt es keinen Sparteil und damit auch keinen Rückkaufswert. Im Todesfall fällt die ganze Summe ungeschmälert an den Konkubinatspartner.

RONALDO C. IST GESCHIEDEN und hat einen Sohn. Er hat eine Lebensversicherung (Säule 3b) über 100 000 Franken mit einer Laufzeit von 30 Jahren abgeschlossen; Begünstigte ist seine Lebenspartnerin Petra K. Zudem hat er sie in seinem Testament als Universalerbin eingesetzt. Zehn Jahre später stirbt Herr C. Sein Nachlass beträgt (nach Abzug der Todesfallkosten) 25 000 Franken; der Rückkaufswert der Lebensversicherung liegt bei 35 000 Franken. Der Versicherer zahlt die volle Versicherungssumme von 100 000 Franken an Petra K. aus. Doch der Sohn von Ronaldo C. verlangt seinen Pflichtteil. Wie viel erhält er?

Nettovermögen ohne Lebensversicherung	Fr. 25 000.–
Rückkaufswert der Lebensversicherung	Fr. 35 000.–
Für Pflichtteilsberechnung massgebendes Vermögen	Fr. 60 000.–
Pflichtteil des Nachkommen: 3/4 davon	Fr. 45 000.–

Petra K. erhält die ganze Versicherungssumme und das übrige Nettovermögen von Ronaldo C., muss aber seinem Sohn 45 000 Franken auszahlen. So bleiben ihr 80 000 Franken.

Hätte der Verstorbene keine Lebensversicherung zugunsten seiner Partnerin abgeschlossen, sondern die Prämien dafür angespart, hätte er bei seinem Tod vielleicht rund 60 000 Franken hinterlassen. Davon hätte seine

Partnerin, wenn der Sohn den Pflichtteil fordert, lediglich die frei verfügbare Quote von einem Viertel erhalten, also 15 000 Franken.

Es gibt in diesem Bereich ganz unterschiedliche Produkte. Neben Todesfallversicherungen mit konstanter oder jährlich abnehmender Versicherungssumme gibt es auch Policen, die jährlich erneuert werden können, dies allerdings mit ansteigender Prämie. Lassen Sie sich beraten, was in Ihrer finanziellen Situation sinnvoll ist.

> **TIPP** *Eine Begünstigung im Rahmen der Vorsorge ist steuerlich meist interessanter als eine erbrechtliche Lösung. Eine Kapitalauszahlung an die Konkubinatspartnerin wird je nach Kanton mit 5 bis 14 Prozent besteuert. Wird die Konkubinatspartnerin als Erbin begünstigt, muss sie in einzelnen Kantonen Erbschaftssteuern von 30 Prozent oder mehr bezahlen (siehe Tabelle im Anhang).*

Gesellschaftsvertrag: geeignet beim Kauf von Wohneigentum

Wenn Konkubinatspartner ihre Mittel zu einem gemeinsamen Zweck zusammenlegen – etwa für einen Autokauf –, entsteht eine einfache Gesellschaft, selbst wenn die beiden gar nichts vereinbaren. Konkubinatspaare können aber auch einen Gesellschaftsvertrag aufsetzen und darin ihre Rechte und Pflichten regeln. Dies wird oft beim Kauf eines gemeinsamen Eigenheims getan. Je nachdem, wie dieser Gesellschaftsvertrag ausgestaltet ist, lässt sich eine Besserstellung des Partners, der Partnerin erreichen:

MUSTER: AKKRESZENZKLAUSEL

«Die Käufer erwerben das Kaufobjekt im Gesamthandverhältnis als einfache Gesellschaft laut Artikel 530 ff. OR. Für alle Schulden aus diesem Vertrag (inklusive Grundpfandschulden) haften sie solidarisch. Sie vereinbaren, dass beim Tod eines Gesellschafters dem überlebenden Gesellschafter das Gesamteigentum zu Alleineigentum anwächst (Akkreszenz). Demnach fällt in den Nachlass des erstversterbenden Gesellschafters (Frau X. oder Herr Y.) lediglich eine auf Geld gehende Forderung in der Höhe des dannzumaligen Werts der Gesellschafterposition an der Liegenschaft.»

- Man kann eine ungleiche Verteilung der Kosten vereinbaren, sodass die finanziell schwächere Seite entlastet wird.
- Bereits im Kaufvertrag für das Eigenheim können die Partner vorsehen, dass beim Tod einer Seite deren Gesellschaftsanteil dem anderen Partner anwächst (sogenannte Akkreszenzklausel, siehe Kasten). Auf diese Weise wird sichergestellt, dass der überlebende Partner Alleineigentümer der Liegenschaft oder Wohnung wird. Der Wert des Anteils des verstorbenen Partners allerdings fällt in den Nachlass; seine gesetzlichen Erben müssen also ausgekauft werden.

TIPP *Ein Gesellschaftsvertrag allein genügt nicht. Haben Sie pflichtteilsgeschützte Erben, müssen Sie diese im Testament auf den Pflichtteil setzen. Wenn nicht, setzen Sie Ihre Partnerin, Ihren Partner als Universalerben ein.*

Eigenheim im Miteigentum

Die Rechtsform der einfachen Gesellschaft ist nicht möglich, wenn Sie den Eigenheimkauf mit einem Vorbezug von Pensionskassenguthaben finanzieren. Dann müssen Sie Ihre gemeinsame Wohnung im Miteigentum kaufen; die Anteile werden im Grundbuch vermerkt. Wollen Sie Ihren Partner in dieser Situation absichern, wenden Sie ihm im Testament Ihren Anteil als Vermächtnis zu (siehe Seite 73).

Begünstigung durch Schenkung

Lebzeitige Schenkungen stellen eine weitere Begünstigungsmöglichkeit dar. Statt der Konkubinatspartnerin eine grössere Summe zu schenken, kann ihr der Partner auch eine Schuld erlassen.

Bei all diesen Zuwendungen gilt aber: Die gesetzlichen Erben können verlangen, dass Schenkungen, die weniger als fünf Jahre vor dem Tod ausgerichtet wurden, bei der Pflichtteilsberechnung mit eingerechnet werden. Wenn die Schenkung gestaffelt erfolgt, ist allerdings ein Nachweis sehr schwierig.

VOLKER H. LEBT ZUSAMMEN mit seiner 15 Jahre jüngeren Freundin. Er gibt ihr jedes Jahr 10 000 Franken in bar, was bei seinem Vermögen nicht weiter auffällt. Als Herr H. nach 20 Jahren stirbt, hat seine Partnerin immerhin einen Betrag von 200 000 Franken plus Zinsen «angespart».

Bankkonto zugunsten der Partnerin
Wird ein Bankkonto auf den Namen der Partnerin eingerichtet, kann sie dieses Vermögen problemlos übernehmen. Wollen die gesetzlichen Erben ihren Pflichtteil an dieser Summe, müssen sie zuerst beweisen, dass es sich dabei um eine Schenkung handelt.

Exklusiver – und hier nur der Vollständigkeit halber aufgezählt – sind die Möglichkeiten einer liechtensteinischen Stiftung oder eines Trusts auf dafür bekannten und spezialisierten Inseln, etwa auf Guernsey oder den Bahamas.

> **TIPP** *Bei lebzeitigen Zuwendungen sollten Sie immer prüfen, ob mit dem Vermögensübergang nicht eine Pflichtteilsverletzung verbunden ist. Sonst riskieren Sie, dass Ihre gesetzlichen Erben nachträglich doch noch den Pflichtteil herausverlangen.*

Eingetragene Partnerinnen und Partner

Erbrechtlich sind gleichgeschlechtliche eingetragene Paare den Ehepaaren gleichgestellt. Das heisst: Der überlebende Partner, die Partnerin gehört zu den gesetzlichen Erben. Die Erbquote beträgt die Hälfte, drei Viertel oder den ganzen Nachlass – je nachdem, mit welchen anderen Erben sie teilen müssen.

Ähnlich wie bei den Eheleuten das Güterrecht spielt bei eingetragenen Partnern das Vermögensrecht eine grosse Rolle, wenn sie sich gegenseitig optimal begünstigen wollen. Haben die Partner nichts anderes vereinbart, gelten aber nicht die Regeln der Errungenschaftsbeteiligung, sondern diejenigen der Gütertrennung (siehe Seite 55). Dann verwaltet und nutzt jede Seite ihr eigenes Vermögen und ist am Vermögen der anderen nicht beteiligt. Stirbt ein Partner, fällt sein ganzes Vermögen in den Nachlass, den der andere mit weiteren gesetzlichen Erben teilen muss.

Erster Schritt: Vermögensvertrag

Eingetragene Partnerinnen und Partner haben die Möglichkeit, einen Vermögensvertrag abzuschliessen und ihr Vermögen der Errungenschaftsbeteiligung zu unterstellen (siehe Seite 46). Damit haben sie sämtliche Begünstigungsmöglichkeiten, die Ehepaaren in einem Ehevertrag offenstehen. Sie können sich also beispielsweise gegenseitig den ganzen Vorschlag – alle gemeinsam erarbeiteten Vermögenswerte – zuweisen (siehe Seite 51).

INFO *Wie der Ehevertrag muss auch der Vermögensvertrag öffentlich beurkundet, das heisst vor einem Notar oder einer Urkundsperson abgeschlossen werden.*

Begünstigung übers Erbrecht

Der eingetragene Partner, die eingetragene Partnerin gehört in die Kategorie der gesetzlichen Erben. Erbrechtlich nimmt er oder sie die Stellung des überlebenden Ehegatten ein. Der Partner, die Partnerin erbt also:
- neben Nachkommen: die Hälfte
- neben Eltern und/oder Geschwistern: drei Viertel

Im Testament oder Erbvertrag können die übrigen Erben auf den Pflichtteil gesetzt und die verfügbare Quote kann ebenfalls dem Partner zugewendet werden (siehe auch Seite 118). Die Begünstigungsquote beträgt:
- neben Nachkommen: $5/8$
- neben beiden Eltern: $7/8$
- neben einem Elternteil: $15/16$
- neben Geschwistern: $1/1$

KONRAD R. UND ALAIN D. leben in eingetragener Partnerschaft. Herr R. hat im Lauf der Beziehung ein Vermögen von 300 000

Franken erarbeitet und zudem von seinem Vater 100 000 Franken geerbt. Herr D. hat 140 000 Franken gespart. Bei einem Autounfall stirbt Konrad R. Als gesetzliche Erben hinterlässt er seinen Partner, seine Mutter und zwei Schwestern. Wie wird der Nachlass geteilt?

Nachlassmasse von Konrad R.:
Erbschaft Vater   Fr. 100 000.–
Erarbeitetes Vermögen   Fr. 300 000.–
Total Nachlass   Fr. 400 000.–

Alain D. erhält ³/₄ vom Nachlass, also Fr. 300 000.–. Hinzu kommt sein eigenes Vermögen von Fr. 140 000.–. Insgesamt erhält Herr D. also Fr. 440 000.–.

Hätte Herr R. in seinem Testament die Mutter auf den Pflichtteil gesetzt und dem Partner die verfügbare Quote zugewiesen, erhielte Alain D. zu seinem eigenen Vermögen ¹⁵/₁₆ des Nachlasses oder 375 000 Franken.

Haben die beiden Männer im Beispiel einen Vermögensvertrag mit Zuweisung des ganzen erarbeiteten Vermögens an den hinterbliebenen Partner abgeschlossen, wird vor der erbrechtlichen die «güterrechtliche» Auseinandersetzung vorgenommen (siehe Seite 47). Das kann die Nachlassmasse massiv beeinflussen.

UM SICH MAXIMAL ZU BEGÜNSTIGEN, haben Konrad R. und Alain D. einen Vermögensvertrag abgeschlossen und sich gegenseitig das ganze erarbeitete Vermögen zugewiesen. Dazu haben sie je ein Testament verfasst, in dem die gesetzlichen Erben zugunsten des Partners auf den Pflichtteil gesetzt werden.

Nachlassmasse von Konrad R.:
Erbschaft Vater   Fr. 100 000.–

Alain D. erhält:
Eigene Errungenschaft   Fr. 140 000.–
Errungenschaft von Konrad R. Fr. 300 000.–
¹⁵/₁₆ vom Nachlass   Fr. 93 750.–
Total   Fr. 533 750.–

Die Mutter von Herrn R. erhält ¹/₁₆ des Nachlasses, also 6250 Franken.

Die maximale Begünstigung erreichen eingetragene Partner also durch die Kombination eines Testaments oder Erbvertrags mit Zuweisung der verfügbaren Quote und eines Vermögensvertrags mit Zuweisung des gesamten erarbeiteten Vermögens. Achtung: Die Pflichtteile von Kindern dürfen durch einen solchen Vermögensvertrag nicht verletzt werden.

> **ANGENOMMEN, KONRAD R.** hinterlässt neben seinem Partner eine Tochter aus einer früheren Beziehung. Dann hat diese auf jeden Fall Anspruch auf 3/8 des Nachlasses. Das sind, wenn die beiden Partner einen Vermögensvertrag abgeschlossen haben, 120 000 Franken. Besteht kein Vermögensvertrag, sind es 150 000 Franken.

Vorsorge für eingetragene Partner

Im Bereich der Vorsorge hat das Partnerschaftsgesetz eine entscheidende Besserstellung des überlebenden Partners gebracht. Eingetragene Partnerinnen und Partner haben weitgehend die gleichen Rechte wie Ehegatten.

- Von der AHV und der obligatorischen Unfallversicherung erhalten sie eine Rente, wenn sie für Kinder unter 18 Jahren sorgen müssen. Das ist dieselbe Regelung, wie sie für Witwer gilt.
- Eine Hinterbliebenenrente der Pensionskasse erhalten Partnerinnen und Partner, wenn sie beim Tod des anderen 45 Jahre oder älter sind und seit mindestens fünf Jahren in eingetragener Partnerschaft leben. Auch ein allfälliges Todeskapital wird ihnen ausgezahlt.
- Guthaben der Säule 3a fallen im Todesfall automatisch der eingetragenen Partnerin, dem Partner zu.

Daneben haben eingetragene Partnerinnen und Partner natürlich dieselben Möglichkeiten wie Konkubinatspaare, über Lebensversicherungen füreinander vorzusorgen (siehe Seite 132). Das wird vor allem dann wichtig, wenn sie keinen Vermögensvertrag abgeschlossen haben.

Die Nachkommen begünstigen

Die Motive, einzelne Nachkommen zu begünstigen, können ganz unterschiedlich sein: Dankbarkeit für Pflege in alten Tagen, schwierige persönliche Situation eines Kindes, indirekte Unterstützung von Enkelkindern – um nur einige zu nennen.

Daneben gibt es Kategorien von Nachkommen wie beispielsweise behinderte Kinder, für die das Gesetz selber eine Bevorzugung vorsieht, oder designierte Unternehmensnachfolger, bei denen die Begünstigung einer wirtschaftlichen Notwendigkeit entspringt.

 INFO *Das Gesetz (Art. 631 Abs. 2 ZGB) spricht von gebrechlichen Kindern. In der Praxis stellt sich das Problem meist bei geistig behinderten Nachkommen.*

Behinderte Kinder

Das Gesetz bestimmt, dass Kinder, die noch in der Ausbildung stehen oder die gebrechlich sind, bei der Teilung einen angemessenen Vorausbezug erhalten sollen (Art. 631 Abs. 2 ZGB). Die Bestimmung stammt aus einer Zeit, da eine Invalidenversicherung fehlte und finanzielle Sorgen im Vordergrund standen. Durch den Ausbau der Sozialversicherungen sind diese Überlegungen in den Hintergrund getreten. Heute stellen sich solche Fragen vor allem Eltern von geistig behinderten Kindern, die sich Gedanken machen über die Betreuung des Sohnes oder der Tochter:

- Ist es einem der Geschwister zumutbar, Bruder oder Schwester bei sich aufzunehmen?
- Wenn dies unter der Woche nicht möglich ist und das behinderte Kind im Wohnheim lebt, so doch über das Wochenende und in den Ferien?
- Wie ist die Betreuungssituation, wenn der behinderte Sohn, die Tochter 50 oder 60 Jahre alt ist?
- Ist eines der Geschwister bereit und in der Lage, eine Beistandschaft zu übernehmen?

Neben diesen im persönlichen Bereich angesiedelten Fragen stellen sich aber auch solche finanzieller und erbrechtlicher Natur:
- Ist es sinnvoll, das behinderte Kind viel erben zu lassen? Es kann mit dem Geld doch nichts anfangen und letztlich wird damit nur der Staat unterstützt.
- Wer soll das Vermögen verwalten?
- Wer erbt, wenn das behinderte Kind stirbt?
- Wie soll ein Geschwister, das Betreuungsaufgaben übernimmt, finanziell abgegolten werden?

Die «gerechte», angemessene Lösung hängt von vielen Faktoren ab. Entscheidend sind die Schwere der geistigen Behinderung, die Grösse des Erbteils, aber auch das familiäre Umfeld.

Die klassische Begünstigung des behinderten Kindes besteht darin, dass ihm die verfügbare Quote am Nachlass (also ein Viertel) zugewendet wird. Angesichts der steuerlichen Nachteile – und auch des Einflusses auf die Ergänzungsleistungen (siehe Seite 96) – läuft der Trend aber eher in die entgegengesetzte Richtung: Das behinderte Kind soll möglichst wenig erhalten. Häufig wird es auf den Pflichtteil gesetzt und die verfügbare Quote wird den Geschwistern zugewiesen – oft demjenigen, das die Betreuungsaufgaben übernimmt. Eine andere Möglichkeit: Zulasten des Erbteils des behinderten Kindes kann eine Entschädigung für die Betreuung ausgesetzt werden (Auflage, siehe Seite 76).

> **TIPP** *Ist eine Liegenschaft vorhanden und will einer Ihrer Nachkommen diese übernehmen, sollten Sie die Übertragung nach Möglichkeit zu Ihren Lebzeiten vornehmen. Nach Ihrem Tod wird es umständlicher, weil dann die Kindes- und Erwachsenenschutzbehörde für das behinderte Kind mitwirken muss. Eine andere Möglichkeit: Sie nehmen die Zuwendung in Form eines Vermächtnisses vor und setzen einen Willensvollstrecker ein. Dieser kann die Übertragung ohne Mitwirkung der Kindes- und Erwachsenenschutzbehörde durchführen (siehe Seite 172). Auch kann dem behinderten Kind die Erbenstellung entzogen werden. Damit ist es nicht mehr Mitglied der Erbengemeinschaft, sondern lediglich noch Vermächtnisnehmer (siehe Seite 73).*

Nacherbeneinsetzung auf den Überrest

Geistig schwer behinderte Kinder sind nicht urteilsfähig und damit nicht testierfähig. Die Eltern können nur über den eigenen Nachlass, nicht aber über denjenigen ihres Kindes verfügen. So wird der Nachlass des Kindes nach dessen Tod aufgrund des gesetzlichen Erbrechts vererbt und geht unter Umständen an Verwandte, die sich nie um das Kind gekümmert haben. Mit dem Kindes- und Erwachsenenschutzrecht ist Artikel 492a ins ZGB aufgenommen worden, der hier Abhilfe schafft. Die neue Bestimmung ermöglicht bei urteilsunfähigen Nachkommen die Nacherbeneinsetzung auf den Überrest – auch Behindertentestament genannt: Eltern können in einer Verfügung von Todes wegen ihr urteilsunfähiges Kind als Vorerben und eine andere Person oder Institution als Nacherben auf den Überrest bestimmen. Neu ist dies auch für die Pflichtteile zulässig.

Die Bestimmung ändert nichts daran, dass der Nachlass des behinderten Kindes aufgrund seiner Testierunfähigkeit nach dem gesetzlichen Erbrecht vererbt wird. Aber immerhin können die Eltern durch die Nacherbeneinsetzung das Vermögen eines urteilsunfähigen Nachkommen beeinflussen, da sie ihm nicht mehr zwingend den unbelasteten Pflichtteil zukommen lassen müssen. Je nach Situation kann es sinnvoll sein, auch zu regeln, in welcher Weise der Nachkomme das Vermögen verzehren darf.

Behindertes Einzelkind

Ist ein geistig behindertes Kind alleiniger Nachkomme, braucht es eine Lösung, die auch nach seinem Tod greift. Sterben die Eltern vor dem Kind und haben sie nichts geregelt, ist dieses gesetzlicher Alleinerbe. Wegen seiner Behinderung ist es aber nicht in der Lage, letztwillig zu verfügen. Es erben also seine Erben, das heisst die Erben des elterlichen Stammes und, wenn solche fehlen, diejenigen des grosselterlichen Stammes.

In dieser Situation ist eine Lösung sinnvoll, in der sich die Ehegatten gegenseitig maximal begünstigen und das Kind auf den Tod des zweitversterbenden Ehegatten als Vorerben einsetzen (siehe Seiten 71 und 117). Als Nacherben kann man dann jene Personen oder Institutionen bezeichnen, die nach dem Willen der Eltern das Vermögen erhalten sollen.

Behindertes Kind mit Geschwistern

Wenn ein geistig behindertes Kind Geschwister hat, ist die erbrechtliche Situation weniger dramatisch. Denn nach der gesetzlichen Erbfolge werden die Geschwister ihren Bruder oder ihre Schwester automatisch beerben. Das kann allerdings einen steuerlichen Nachteil bedeuten, weil der Erbanfall zwischen Geschwistern in den meisten Kantonen besteuert wird. Würden die Geschwister direkt von den Eltern erben, müssten sie keine Erbschaftssteuern bezahlen (siehe Anhang).

 INFO Je nach Kanton bringt es steuerliche Vorteile, wenn Sie das behinderte Kind als Vorerben und die Geschwister als Nacherben einsetzen.

Ein Nachkomme als Unternehmensnachfolger

Ganz anders sind die Überlegungen, wenn ein Unternehmen im Nachlass liegt, das von einem Nachkommen weitergeführt werden soll. Dann sind in der Regel die meisten Mittel im Betrieb gebunden und dieser würde eine Auszahlung der Miterben nicht verkraften.

Für verantwortungsbewusste Unternehmer steht daher eine Übernahme des Geschäfts zu tragbaren Bedingungen im Vordergrund. Dabei ist eine vertragliche Regelung, die den Weiterbestand des Betriebs sichert, ein

FRAGEN, DIE SICH ABTRETENDE UNTERNEHMER STELLEN MÜSSEN
- Wer kommt als Unternehmensnachfolger infrage? Sind es eigene Nachkommen oder ist – im Interesse des Betriebs – jemand ausserhalb des Familienkreises in Betracht zu ziehen?
- Wenn eigene Nachkommen: Erlaubt die Grösse des Geschäfts bzw. der Geschäftsbereiche die Mitarbeit oder Übernahme durch mehrere Nachkommen? Wie müssen dann die Verantwortlichkeiten und Kompetenzen geregelt werden?
- Wie hoch ist der Wert des Unternehmens, wie präsentiert sich die Kapitalstruktur (Eigenkapital, Fremdkapital, stille Reserven, Aktionärsdarlehen)?
- Wie sind die Zukunftschancen der Branche, des Gewerbes zu beurteilen, wie der künftige Investitionsbedarf?
- Mit wie vielen Geschwistern muss die Unternehmensnachfolgerin teilen? Kann sie dies aufgrund ihrer Vermögens- und Einkommensverhältnisse verkraften?
- Wann soll die Nachfolgeregelung in Kraft treten? Ist eine stufenweise Übergabe sinnvoll?
- Welches sind die steuerlichen Konsequenzen einer Übergabe?

absolutes Muss. Lassen Sie sich bei Ihren Überlegungen von den Fragen im Kasten auf Seite 145 leiten.

Geschäft und eheliches Güterrecht
Der klassische Fall: Ein Nachkomme, Tochter oder Sohn, soll in die Fussstapfen des Vaters treten. Um eine optimale Lösung zu erreichen, ist der Miteinbezug der Ehefrau unumgänglich. Sie kann sich zugunsten des Unternehmensnachfolgers einschränken:
- Die Eheleute können in einem Ehevertrag diejenigen Vermögenswerte der Errungenschaft, die «für die Ausübung eines Berufes oder den Betrieb eines Gewerbes bestimmt sind», zu Eigengut erklären (Art. 199 Abs. 1 ZGB). Dies ist **der** Gewerbeartikel im Eheguterrecht. Auf diese Weise wird der Betrieb beim Tod des Unternehmers der güterrechtlichen Auseinandersetzung entzogen und fällt ungeschmälert in die Erbmasse.
- Ebenfalls in einem Ehevertrag können die Eheleute festlegen, dass die Erträge des Eigenguts nicht in die Errungenschaft fallen, sondern dem Eigengut zugeschlagen werden.

CHRISTIAN S. HAT KURZ VOR DER HEIRAT das Geschäft seines Vaters, eine Aktiengesellschaft, übernommen. Die Aktien sind sein Eigengut, die Dividenden daraus fallen in die Errungenschaft. Im Ehevertrag können auch die Dividenden dem Eigengut zugeschlagen werden. So bleibt der ganze Gewinn im Unternehmen und steht für neue Investitionen zur Verfügung.

Eine Lösung muss nicht nur im Hinblick auf die potenziellen Miterben des Unternehmensnachfolgers – meist die Geschwister – gefunden werden. Ebenso wichtig ist eine Regelung, die den Betrieb bei einer allfälligen Scheidung möglichst aus der güterrechtlichen Auseinandersetzung heraushält. Neben oder in Kombination mit der Erklärung zu Eigengut bieten sich folgende Möglichkeiten an:
- Ausschluss der Mehrwertbeteiligung: Hat die Ehefrau – vor allem am Anfang der Ehe beim Aufbau – eigenes Geld in den Betrieb investiert, steht ihr ein prozentualer Anspruch am Mehrwert zu. Durch eine schriftliche Vereinbarung kann diese Beteiligung ausgeschlossen werden (siehe auch Seite 49).

- Im Ehevertrag kann die hälftige Beteiligung an der Errungenschaft geändert werden. Gegenüber gemeinsamen Nachkommen besteht keine Einschränkung.
- Ebenfalls mit einem Ehevertrag kann die Gütertrennung vereinbart werden. Dadurch ist jede güterrechtliche Beteiligung am Vorschlag ausgeschlossen.

Geschäft und Erbrecht

Das Güterrecht lässt verschiedene Möglichkeiten zugunsten des Unternehmensnachfolgers zu. Doch spätestens nach dem Tod des zweitversterbenden Ehegatten, wenn die Geschwister des Geschäftsnachfolgers Auskunft fordern, über Pflichtteile und deren Verletzung munkeln, kommt die Stunde der Wahrheit. Dass Miterben von Geschäftsnachfolgern oft das Gefühl haben, es sei nicht alles mit rechten Dingen zugegangen, hängt nicht zuletzt damit zusammen, dass oft nicht offen und ehrlich informiert wird. Heimlichtuerei schürt Misstrauen und verstärkt das Gefühl, zu kurz zu kommen.

> **TIPP** *Unternehmensnachfolge ist ein Familienprozess. Deshalb sollten Sie sämtliche Nachkommen in die Nachfolgeplanung einbeziehen und in die vertragliche Regelung einbinden.*

Unternehmer können alle erbrechtlichen Gestaltungsmöglichkeiten einsetzen, die auf den vorangehenden Seiten beschrieben wurden. Zum Beispiel:
- die übrigen Erben auf den Pflichtteil setzen und die verfügbare Quote dem Unternehmensnachfolger zuwenden
- die hinterbliebene Ehefrau mit der Nutzniessung abfinden
- im Testament Teilungsvorschriften formulieren
- mit den anderen Erben einen Erbverzichtsvertrag zugunsten des Geschäftsnachfolgers abschliessen
- eine Wiederverheiratungsklausel einfügen (bei einer Wiederverheiratung des hinterbliebenen Ehegatten wird eine Bestimmung – rückwirkend auf den Todestag – ungültig)
- den Betrieb zu Lebzeiten abtreten, als Erbvorbezug oder in anderer Form
- Begünstigung durch Versicherungen
- bei Aktiengesellschaften: Stimmrechtsaktien schaffen und/oder einen Aktionärsbindungsvertrag abschliessen

Einen Mustervertrag für die Unternehmensnachfolge gibt es nicht. Die Betriebe und auch das familiäre Umfeld der Betriebsinhaber sind zu unterschiedlich, als dass sich allgemeingültige Normen aufstellen lassen. Gefragt ist eine massgeschneiderte Lösung.

SCHREINERMEISTER FRITZ G. führt einen typischen KMU-Betrieb mit acht Angestellten, den er von seinem Vater übernommen hat. Herr G. hat drei Kinder. Sein Sohn Carlo, der die Tradition weiterführen möchte, soll den Betrieb samt Liegenschaft zu vorteilhaften Bedingungen übernehmen können. Der langjährige Treuhänder rät zu Folgendem:

- Der Betrieb und die Erträge werden zu Eigengut erklärt (Art. 199 Abs. 1 ZGB). Damit ist sichergestellt, dass die Schreinerei bei einer Scheidung von Carlo nicht gefährdet ist.
- Die Eigentumsübertragung erfolgt zu Buchwerten (Anschaffungskosten abzüglich Abschreibungen). Würden nämlich Abweichungen von den Bilanzwerten vorgenommen, hätte dies massive Kosten (Einkommenssteuer und AHV) zur Folge.
- Aus diesem Grund verzichtet Carlos Mutter zu seinen Gunsten auf die Hälfte ihres gesetzlichen Anspruchs (Pflichtteil: ein Viertel) in Form eines nicht ausgleichungspflichtigen Erbvorbezugs.
- Die Geschwister von Carlo stimmen der Geschäftsübergabe ebenfalls zu: Carlo wird von einer den Anrechnungswert (Buchwert) übersteigenden Ausgleichungspflicht befreit. Dafür erhalten die Geschwister ein Gewinnanspruchsrecht für die Dauer von 25 Jahren ab Eigentumsübertragung.

TIPP *Achten Sie darauf, dass nicht das ganze Vermögen im Unternehmen konzentriert wird. Privatvermögen ausserhalb des Betriebs, das zur Abfindung der Miterben herangezogen werden kann, nimmt den Druck weg und dient letztlich auch der Erhaltung des Unternehmens.*

Liegenschaften vererben

Oft bildet das eigene Haus oder die Wohnung den Hauptbestandteil des Familienvermögens. Weil zum Elternhaus zudem eine besondere emotionale Bindung besteht, kann die Suche nach einer gerechten Lösung für mehrere Nachkommen Kopfzerbrechen bereiten.

Vielerorts besteht ein klassischer Interessenkonflikt: Das Haus soll in der Familie bleiben, also braucht es tragbare Bedingungen für den Nachkommen, der es übernehmen will. Die anderen Geschwister dagegen haben Interesse an einem hohen Übernahmepreis.

Übertragung zu Lebzeiten: nicht ohne Tücken

Von Grundstücken und Liegenschaften war bereits in Kapitel 4 die Rede – bei der lebzeitigen Übertragung (siehe Seite 93). Und schon dort wurde klar: Die lebzeitige Übertragung hat ihre Tücken, vor allem weil künftige Wertveränderungen nicht vorhersehbar sind. Auch wenn alles juristisch korrekt zugeht, kann durch solche Vermögensübertragungen Unfriede in die Familie kommen.

NIKLAUS W. HAT SEINEM ÄLTESTEN SOHN Bernhard 1984 einen Bauplatz für 100 Franken pro Quadratmeter verkauft. Dies entsprach dem Marktwert; zur gleichen Zeit wurde ein weiterer Bauplatz ebenfalls für 100 Franken an einen Dritten veräussert. Einen Bauplatz behielt sich der Vater als Reserve zurück. 2014 will der jüngste Sohn Severin bauen. Grundstücke an ähnlicher Lage werden in diesem Zeitpunkt zu 500 Franken pro Quadratmeter gehandelt. Severin W. verlangt aber Gleichbehandlung mit dem Bruder, also einen Quadratmeterpreis von ebenfalls 100 Franken.

Kommt der Vater diesem Wunsch nach, besteht das Risiko einer Pflichtteilsverletzung, weil für die Berechnung des Pflichtteils mit dem aktuellen Wert des Grundstücks gerechnet werden muss. Anders beim ältesten

Sohn: Weil dieser 1984 den damaligen Verkehrswert bezahlt hat, können ihm gegenüber keine Nachforderungen mehr gestellt werden.

Was Sie im letzten Willen anordnen können

Wie kann das Schicksal einer Liegenschaft über den Tod hinaus bestimmt werden? Diese Frage stellen sich viele Eltern, weil sie nicht wollen, dass ihr geliebtes Heim, in das sie lebenslang ihre Energie gesteckt haben, zu einem Spekulationsobjekt wird. Einige Regelungen finden sich im Gesetz (siehe Kasten). Andere können Sie in einem Testament oder Erbvertrag bestimmen.

Teilungsvorschriften

Die Eltern können je in einem Testament oder gemeinsam in einem Erbvertrag Teilungsvorschriften erlassen. Damit legen sie fest, wer von ihren Kindern das Haus übernehmen darf. Die anderen Geschwister werden ausgezahlt.

> **DIE ELTERN N. BESITZEN EIN EINFAMILIENHAUS** in Grenchen. Sie wollen der ältesten Tochter die Möglichkeit geben, nach ihrem Tod die Liegenschaft zu übernehmen. Sie halten daher in einem Erbvertrag fest: «Nach dem Tod des zweitversterbenden Ehegatten steht unserer Tochter Sabine das Recht zu, unsere Liegenschaft (GB Grenchen Nr. 1566) mit 5,7 Aren Land und mit Wohnhaus Nr. 203 zu übernehmen. Der Verkehrswert ist durch den solothurnischen Hauseigentümerverband festzulegen (Wert am Todestag des zweitversterbenden Elternteils). Von dem so errechneten Schätzwert kann Sabine einen Abzug von 10% (zehn Prozent) vornehmen.»

Ein solcher Prozentabzug ist sinnvoll und gerechtfertigt, weil nicht sicher ist, ob die Liegenschaft zum geschätzten Verkehrswert an einen Dritten verkauft werden könnte. Zudem müssen bei der Übertragung an einen Nachkommen meist keine Grundstückgewinnsteuern bezahlt werden. Diese werden erst bei einem späteren Verkauf fällig und dann muss sie die Übernehmerin allein tragen (latente, das heisst verborgene Steuern, siehe auch Seite 235).

Vermächtnis

Eine weitere Möglichkeit besteht darin, eine Liegenschaft in Form eines Vermächtnisses weiterzugeben. In diesem Fall erfolgt keine Anrechnung an den Erbteil des oder der Übernehmenden. Die Pflichtteile müssen natürlich gewahrt bleiben.

 BALZ T. SCHREIBT IN SEINEM TESTAMENT: «Das Grundstück Acker, Wiese (Parz. 34) mit 5,6 Aren in Heimiswil vermache ich meiner Nichte Bettina.»

Die Vermächtnisnehmerin kann von den gesetzlichen Erben die Ausrichtung des Vermächtnisses, das heisst die Übertragung der Parzelle, verlangen (mehr zum Vermächtnis auf Seite 73).

TIPP *Achten Sie genau darauf, ob Sie ein Vermächtnis oder eine Teilungsvorschrift erlassen. Im Zweifelsfall wird immer eine Teilungsvorschrift angenommen. Zum Beispiel, wenn Sie schreiben: «Meine Nichte erhält das Grundstück.» Das bedeutet, dass die Nichte den Gegenwert des Grundstücks in den Nachlass zahlen muss.*

IM GESETZ VORGESEHEN

Eherecht
Keine Regelung ist notwendig bei einer ehelichen Liegenschaft, wenn der erste Elternteil stirbt. Dem hinterbliebenen Ehegatten steht das Recht zu, die eheliche Liegenschaft zu Alleineigentum zu verlangen.

Bäuerliches Erbrecht
Das bäuerliche Erbrecht ist geregelt im Bundesgesetz über das bäuerliche Bodenrecht. Bei landwirtschaftlichen Gewerben steht dem geeigneten und zur Selbstbewirtschaftung gewillten Nachkommen das Recht zu, den elterlichen Betrieb zum Ertragswert zu übernehmen (Grundstücke zum doppelten Ertragswert). Dieses Recht besteht von Gesetzes wegen und kann auch durch ein Testament oder einen Erbvertrag nicht aufgehoben werden. Zudem kann ein ganzes Gewerbe nicht unter den Erben aufgeteilt werden.

6

Nach dem Tod: was Erben tun müssen

Mit diesem Kapitel wechseln Sie die Seite: Bis jetzt konnten Sie als Erblasser Ihren eigenen Nachlass beeinflussen, nun sind Sie Erbin oder Erbe. Welches sind Ihre Rechte und Pflichten? Wie müssen Sie sich verhalten, um keine Schulden zu erben? Und wie kommen Sie als Erbe überhaupt zu Ihrer Erbschaft? Antworten finden Sie auf den nächsten Seiten.

Die Erbengemeinschaft

Damit eine Erbengemeinschaft entstehen kann, muss jemand sterben. Der Tod ist beim Erben das auslösende Moment. Mit dem Tod wird der Kreis der Erben bestimmt und damit, wer Mitglied der Erbengemeinschaft ist.

Die Erbengemeinschaft ist eine Zwangsgemeinschaft, der Sie sich nicht entziehen können. Mit dem Tod des Erblassers werden Sie automatisch Mitglied. Sie sitzen mit den anderen Erben – mögen Ihnen diese noch so unsympathisch sein – im gleichen Boot.

INFO *Oft übertragen die Eltern ihre Liegenschaft den Kindern gemeinsam und behalten sich die Nutzniessung vor (siehe Seite 233). Dann bilden die Nachkommen – weil die Eltern ja noch leben – nicht eine Erbengemeinschaft, sondern meist eine einfache Gesellschaft oder sie haben Miteigentum (Quote abhängig von der Anzahl Kinder).*

Der Kreis der Erben

Um die Erbschaft erwerben zu können, muss der potenzielle Erbe den Erbgang, also den Tod des Erblassers, selber erlebt haben. Eine Ausnahme besteht beim ungeborenen Kind.

 KERIM UND MIRJAM V. sind seit einem Jahr verheiratet. Frau V. ist im fünften Monat schwanger. Herr V. kommt bei einem Flugzeugabsturz ums Leben. Vier Monate später kommt ein gesunder Junge zur Welt.

Dieser Junge erbt zusammen mit der Mutter, die beiden erhalten je die Hälfte des Nachlasses. Würde der Junge tot geboren, würde die überlebende Ehefrau mit den Erben des elterlichen Stammes – also mit den Eltern und allenfalls mit den Geschwistern ihres Mannes – eine Erbengemeinschaft bilden.

INFO *Noch nicht gezeugte Kinder können einzig als Nacherben oder Nachvermächtnisnehmer eingesetzt werden (siehe Seite 71). Wird dabei kein Vorerbe genannt, gelten automatisch die gesetzlichen Erben als Vorerben.*

Verstorbene Erben oder Vermächtnisnehmer

Stirbt ein gesetzlicher Erbe vor der Erblasserin, bestimmt die Stammesordnung, wer an seine Stelle tritt (siehe Seite 14). Was aber gilt, wenn ein eingesetzter Erbe oder eine Vermächtnisnehmerin vor der Erblasserin stirbt?

- Hat die Erblasserin nichts anderes angeordnet, fällt das Vermächtnis oder die Erbeinsetzung zugunsten der gesetzlichen Erben weg.
- Hat die Erblasserin einen Ersatzerben oder eine Ersatzvermächtnisnehmerin bestimmt, kommen diese zum Zug (siehe Seite 70).

Wer ist erbwürdig?

Ein potenzieller Erbe muss nicht nur den Erbgang erleben, er muss auch erbwürdig sein. Erbunwürdig und damit von Gesetzes wegen ein Nichterbe ist zum Beispiel jemand, der den Erblasser vorsätzlich ums Leben gebracht hat. Fahrlässige Tötung – etwa bei einem Autounfall – genügt nicht. Die Gründe für eine Erbunwürdigkeit sind dieselben wie für eine Enterbung (siehe Seite 32).

Als speziellen Fall der Erbunwürdigkeit beurteilen die Gerichte Situationen, in denen sich Vertrauenspersonen durch Testamente in krasser Weise begünstigen lassen.

 URTEIL *Eine begüterte Witwe in Basel hatte folgende eigenhändige letztwillige Verfügung errichtet: «Hiermit setze ich Herrn Rechtsanwalt Dr. X, wohnhaft in Y, zu meinem Alleinerben für mein ganzes Vermögen ein.» Vermögensgegenstand war insbesondere eine Bildersammlung im Wert von mehreren Millionen Franken. Die Gerichte erkannten, dass eine offensichtliche Erbschleicherei vorliege und der bedachte Anwalt erbunwürdig sei (BGE 132 III 305).*

Kreis der Erben unbestimmt

Erben sind meist natürliche Personen; manchmal werden auch Personengruppen als Erben eingesetzt. Dann muss der Kreis der Erben bestimmbar sein, sonst gelten sie nicht als erbfähig.

EIN UNTERNEHMER VERFÜGT: «Ich vermache mein ganzes Vermögen den Fans des FC Basel.» Bei dieser Formulierung lässt sich der Kreis der Erben nicht bestimmen. Schreibt er jedoch: «Meinen Freunden, die mit mir jedes Jahr in Schottland Golf gespielt haben, vermache ich meinen Single-Malt-Whiskey-Vorrat», ist der Personenkreis genau umschrieben und es liegt ein gültiges Testament vor.

Auch wenn der Kreis der Erben nicht bestimmt werden kann, ist das Testament gültig, wenn die Zuwendung mit einer Zweckbestimmung verbunden ist. Allenfalls ist eine Stiftung zu vermuten und die fehlenden Angaben (zum Beispiel zur Organisation und zu den Organen) werden durch die zuständige Behörde ergänzt.

URTEIL Eine Frau hinterliess ein Haus und ein Barvermögen von rund 240 000 Franken. Gesetzliche Erben waren ihr Bruder sowie fünf Kinder eines früher verstorbenen Bruders. Im Testament hatte sie einen grossen Teil ihres Vermögens für «les lépreux» (die Aussätzigen) bestimmt. Einige der gesetzlichen Erben fochten das Testament an mit der Begründung, «die Aussätzigen» seien als Erben nicht bestimmbar. Die Klage wurde vom Tribunal de la Gruyère gutgeheissen, vom Kantonsgericht und vom Bundesgericht aber abgewiesen. Das Bundesgericht hielt fest, dass die Umschreibung «die Aussätzigen» den Kreis der Erben in genügender Weise bestimme (BGE 100 II 98).

Virtuelle Erben

Immer wieder kommt es vor, dass ein Erblasser einen gesetzlichen Erben im Testament ausschliesst. Wie kann sich dieser Erbe wehren?

URTEIL Im BGE 138 III 354 führte das Bundesgericht aus, dass ein gesetzlicher Erbe, der durch Testament von der Erbfolge ausgeschlossen wurde, lediglich ein virtueller Erbe ist. Erst wenn seine Herabsetzungsklage, die das Testament aufhebt, gutgeheissen wird, erhält der virtuelle Erbe Erbenstellung. Die Frist zur Erhebung der Herabsetzungsklage läuft ab dem Moment, in dem der virtuelle Erbe von den Tatsachen und Umständen Kenntnis erhält, die ihn auf eine Gutheissung der Herabsetzungsklage schliessen lassen. Wird der virtuelle Erbe wie im beurteilten Fall testamentarisch gänzlich von der Erb-

folge ausgeschlossen, hat er bereits mit der Eröffnung des Testaments Kenntnis von der Verletzung seines Pflichtteils, und die Frist zur Geltendmachung der Herabsetzungsklage beginnt zu laufen (zur Herabsetzungsklage siehe Seite 192).

Erbenstellung erhält der virtuelle Erbe somit erst nach der erfolgreichen Anfechtung des Testaments. Die Aufnahme eines Inventars kann der virtuelle Erbe aber schon vorher verlangen (Urteil 5A_610/2013 vom 1. November 2013). So soll es dem virtuellen Erben möglich sein, sich eine Vorstellung über die Höhe des Nachlasses zu machen.

Juristische Personen als Erben
Nicht nur natürliche, auch juristische Personen können erbfähig sein. Dazu müssen sie in einem Testament oder Erbvertrag als Erben eingesetzt oder als Vermächtnisnehmer bestimmt worden sein. Viele wohltätige Institutionen sind darauf angewiesen, auf diese Weise bedacht zu werden, und betreiben professionelles «Fundraising».

Die Erbeserben

Stirbt ein gesetzlicher Erbe, nachdem er den Erbgang erlebt hat, vererbt sich sein Recht an der Erbschaft auf seine Erben (Repräsentationsrecht). Deshalb kommt dem genauen Todeszeitpunkt grosse Bedeutung zu, weil die Erbfolge je nachdem eine ganz andere sein kann.

> **DAS KINDERLOSE EHEPAAR E.** ist bei einem Verkehrsunfall ums Leben gekommen. Die beiden haben sich gegenseitig als Universalerben eingesetzt; die überlebende Seite muss also nicht mit anderen Erben teilen. Wie ist die weitere Erbfolge?

Schlagzeile 1: Ehepaar tödlich verunglückt. Die Ehefrau verschied auf der Unfallstelle; der Ehemann erlag drei Stunden später seinen schweren Verletzungen.

Der Ehemann hat seine Frau überlebt und damit das ganze Vermögen geerbt. Nach seinem Tod vererbt sich das Vermögen auf seine gesetzlichen Erben, also zum Beispiel auf seine Geschwister. Die gesetzlichen Erben der Ehefrau erhalten nichts. Hätten sich die Eheleute nicht als Universalerben eingesetzt, hätten die Erben der Ehefrau bei ihrem Tod nach den gesetzlichen Regeln einen Viertel des Nachlasses erhalten (siehe Seite 20).

Schlagzeile 2: Ehepaar tödlich verunglückt. Der Ehemann verschied auf der Unfallstelle; die Ehefrau erlag drei Stunden später ihren schweren Verletzungen.

In diesem Fall vererbt sich das ganze Vermögen auf die Erben der Ehefrau, während die Erben des Mannes nichts erhalten.

Schlagzeile 3: Ehepaar tödlich verunglückt. Beide Ehegatten waren sofort tot.

Ist nicht bewiesen, dass ein Ehegatte den anderen überlebt hat, wird der gemeinsame Tod vermutet. Die Erbfolge gestaltet sich in diesem Fall so, wie wenn der andere Ehegatte nicht vorhanden gewesen wäre. Mit anderen Worten: Die Vermögen von Mann und Frau vererben sich je auf ihre gesetzlichen Erben.

Das Beispiel zeigt, dass es oft reiner Zufall ist, ob und wie viel jemand erbt. Dabei kommt es nicht darauf an, ob zwischen den beiden Todesfällen nur Minuten oder Jahre liegen.

Alles gehört allen

Die Erbengemeinschaft ist eine Zwangsgemeinschaft. Ihre Mitglieder sind die gesetzlichen und die eingesetzten Erben. Man kann sich weder die Miterben noch die Vermögenswerte, an denen man beteiligt ist, aussuchen. Denn der Nachlass fällt an die Erbengemeinschaft als Ganzes (sogenannte Universalsukzession). Sie hat daran Gesamteigentum, das heisst: Die Anteile der einzelnen Erben sind zwar rechnerisch ausgeschieden, die Erben können aber – anders als beim Miteigentum – nicht selbständig darüber verfügen.

IM NACHLASS VON OSKAR F. befindet sich ein unbelastetes Haus. Herr F. hinterlässt drei Söhne und eine Tochter; der Anspruch pro Kind beläuft sich also auf einen Viertel der Liegenschaft. Ein Sohn, der finanzielle Probleme hat, möchte seinen Viertel belehnen. Ohne Zustimmung der Geschwister kann er dies nicht tun.

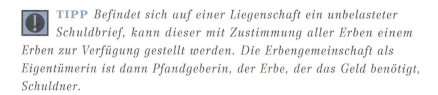

TIPP *Befindet sich auf einer Liegenschaft ein unbelasteter Schuldbrief, kann dieser mit Zustimmung aller Erben einem Erben zur Verfügung gestellt werden. Die Erbengemeinschaft als Eigentümerin ist dann Pfandgeberin, der Erbe, der das Geld benötigt, Schuldner.*

Solidarische Haftung

Dem Gesamteigentum entspricht die Solidarhaftung der Erben. Das heisst, dass jeder – unabhängig von der Grösse des Erbteils – für die ganzen Verbindlichkeiten aus dem Nachlass haftet. Haben zum Beispiel die Erben einer Liegenschaft vereinbart, dass jeder der Bank die anteiligen Hypothekarzinsen bezahlt, und kommt einer dieser Verpflichtung nicht nach, kann die Bank den Betrag von den anderen Mitgliedern der Erbengemeinschaft einfordern – von allen zusammen oder auch vom finanzkräftigsten Mitglied.

INFO *Jeder Erbe haftet nicht nur für seinen Anteil, sondern für den ganzen Schuldbetrag. Deshalb kann jeder Miterbe verlangen, dass Schulden des Erblassers vor der Teilung der Erbschaft getilgt oder sichergestellt werden.*

Einstimmigkeit nötig

Dem Grundsatz des gemeinschaftlichen Eigentums entspricht auch, dass eine Erbengemeinschaft kein demokratisches Gebilde ist. Mehrheitsbeschlüsse zählen nicht, es gilt grundsätzlich das Einstimmigkeitsprinzip.

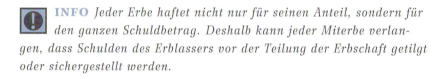

DIE ERBENGEMEINSCHAFT HORST R. besteht aus fünf Nachkommen, die untereinander zerstritten sind. Der grösste Teil des Nachlasses besteht aus dem elterlichen Haus. Vier der Erben wollen das Haus verkaufen; der älteste Sohn widersetzt sich einzig, um die Geschwister zu ärgern. Der Verkauf kommt nicht zustande.

Die Einstimmigkeit herbeizuführen, ist in der Praxis fast unmöglich, wenn ein einzelner Erbe von einer Erbschaftssache profitiert und durch die Teilung dieses Privileg verlieren würde.

DIANA, DIE ÄLTESTE TOCHTER DES EHEPAARS G., hat zeitlebens bei den Eltern gewohnt und nie einen Mietzins bezahlt. Die Geschwister wollen nach dem Tod der Eltern die Liegenschaft verkaufen und verlangen ab Todestag einen Mietzins. Diana weigert sich zu zahlen. Ihre Geschwister kündigen daher das Mietverhältnis. Diana aber unterzeichnet ihre eigene Kündigung nicht. Weil die Einstimmigkeit fehlt, ist die Kündigung ungültig.

URTEIL *Das Bundesgericht hatte einen ähnlichen Fall zu beurteilen. Es ging um einen Landwirtschaftsbetrieb, den der Vater seinem Sohn verpachtet hatte. Als der Verpächter starb, kündigten die anderen Erben fristgerecht das Pachtverhältnis. Der Pächter – gleichzeitig Mitglied der Erbengemeinschaft – widersetzte sich, weil er der Kündigung nicht zugestimmt hatte. Das Bundesgericht entschied, dass die Kündigung nicht gegen den Willen eines Mitglieds der Erbengemeinschaft ausgesprochen werden könne. Es müsse dafür ein Erbenvertreter bestellt werden (BGE 125 III 219, zum Erbenvertreter siehe nächste Seite).*

Die Gerichtspraxis hat folgende Ausnahmen vom Einstimmigkeitsprinzip zugelassen:

- In Notfällen kann jedes Mitglied der Erbengemeinschaft selbständig handeln. Hat zum Beispiel der Sturm das Dach der Nachlassliegenschaft abgedeckt oder steigt im Winter die Heizung aus, darf jeder Erbe selbständig die Reparaturaufträge erteilen.
- Bei Gerichtsverfahren muss keine Einstimmigkeit zwischen den Erben herrschen, wenn sämtliche Erben als Kläger oder Beklagte an dem Verfahren beteiligt sind.
- Streiten die Erben untereinander und kommt es zum Gerichtsverfahren, dürfen diejenigen Erben, die sich von vornherein dem Urteil unterziehen – das Urteil also, wie auch immer es herauskommt, anerkennen –, dem Prozess fernbleiben. Diese neutrale Position hat den Vorteil, dass man das Kostenrisiko des Prozesses nicht mittragen muss.
- Führt ein Erbe der Erbengemeinschaft durch ein strafbares Verhalten Schaden zu, kann jeder seiner Miterben alleine Strafantrag gegen den schädigenden Erben stellen. Schädigt ein Erbe die Erbengemeinschaft, gilt automatisch auch jeder daran beteiligte Erbe als geschädigt und kann deshalb selbständig Strafantrag stellen (BGE 141 IV 380).

INFO *Vermächtnisnehmer gehören nicht zur Erbengemeinschaft. Sie können ihr Vermächtnis herausverlangen – auch wenn einzelne Erben sich sträuben.*

Die Rechte und Pflichten der Erben

Bei komplizierten oder strittigen Erbteilungen können Jahrzehnte vom Tod bis zur Teilung vergehen. Oft wird die Teilung bewusst nicht vorgenommen, solange noch ein Elternteil lebt. In dieser Zeitspanne zwischen Tod und Teilung haben die Erben Rechte und Pflichten (siehe Kasten).

RECHTE UND PFLICHTEN IM ÜBERBLICK

Erben können

- Sicherungsmassnahmen verlangen (siehe Seite 165).
- eine Erbbescheinigung verlangen (siehe Seite 169).
- verlangen, dass ein Erbenvertreter eingesetzt wird.
- Auskunft von Banken und den Miterben über die Vermögensbeziehungen zum Erblasser verlangen.
- verlangen, dass die Schulden des Erblassers getilgt werden.
- einen Rechnungsruf und ein öffentliches Inventar verlangen (siehe Seite 179).
- die Erbschaft ausschlagen (siehe Seite 177).
- die Erbteilung verlangen, wenn sie nicht vertraglich ausgeschlossen wurde (siehe Seite 207).
- den Aufschub der Erbteilung verlangen, wenn die sofortige Teilung den Wert der Erbschaft erheblich schädigen würde.
- die Zuweisung bestimmter Erbschaftssachen verlangen (zum Beispiel der ehelichen Wohnung, siehe Seiten 19 und 112).

Erben müssen

- den Miterben über ihre Vermögensverhältnisse zum Erblasser (zum Beispiel Vorbezüge) Auskunft erteilen.
- die unverteilte Erbschaft versteuern (wenn keine Nutzniessung besteht).
- bei der Teilung mitwirken.
- sich Schulden gegenüber dem Erblasser bei der Teilung anrechnen lassen.
- Vorbezüge zur Ausgleichung bringen.

Zudem muss einiges für den Nachlass vorgekehrt werden: Das Elternhaus braucht Unterhalt, eine Mietliegenschaft oder ein Aktiendepot müssen verwaltet werden. Damit nicht alle Erben immer alles bestimmen müssen, ist es am einfachsten, wenn einer von den anderen für die nötigen Aufgaben bevollmächtigt wird. Was aber, wenn keiner die Aufgabe übernehmen will oder wenn sich die Erben misstrauen?

Erbenvertreter
Jeder Erbe hat das gesetzliche Recht, die Einsetzung eines Erbenvertreters zu verlangen. Besser ist es jedoch, wenn dieses Begehren von allen Erben unterstützt wird. Sonst drohen lange Rekursverfahren.

Der Erbenvertreter muss die Erbschaft bis zur Teilung verwalten und in ihrer Substanz erhalten. Der Erbenvertreter handelt selbständig und unabhängig von den Erben. Ist zum Beispiel in einer Mietliegenschaft eine Mieterin ausgezogen, entscheidet er über den Umfang der Renovation. Für die Teilung der Erbschaft ist er jedoch nicht zuständig.

Die Kosten des Erbenvertreters gehen zulasten des Nachlasses. Seine Rechnung muss von der zuständigen Behörde – meist vom Gerichtspräsidium – genehmigt werden. Sie richtet sich nach den Tarifen des entsprechenden Berufsverbands (zum Beispiel Anwälte, Treuhänder).

INFO *Ist ein Willensvollstrecker bestellt, erübrigt sich die Ernennung eines Erbenvertreters. Der Willensvollstrecker übernimmt dessen Aufgaben von Gesetzes wegen.*

URTEIL *Auch wenn bereits ein Erbteilungsurteil vorliegt, kann unter Umständen eine Erbenvertretung eingesetzt werden. Entscheidend ist, ob es sich beim Teilungsurteil um ein Gestaltungsurteil handelt, das die Teilung verfügt und dadurch die Erbengemeinschaft aufhebt. Dann kann eine Erbenvertretung nicht mehr angeordnet werden. Schafft das Urteil als Leistungs- oder Feststellungsurteil lediglich die Grundlage für die Teilung und überlässt die Ausgestaltung den Erben oder einer Behörde, kann die Erbenvertretung angeordnet werden (Urteil des Bundesgerichts 5D_133/2010 vom 12. Januar 2011).*

Vom Tod zur Testamentseröffnung

Sie sind mit dem Tod eines nahestehenden Menschen konfrontiert. Da sind viele Dinge zu erledigen. Sie müssen Angehörige, Freunde, die Arbeitgeberin und die zuständigen Amtsstellen informieren. Dann aber stellen sich auch Fragen: Wo hatte der Verstorbene überall Vermögen oder Schulden? Hat er ein Testament hinterlassen und wo liegt es?

Vorgeschrieben ist, dass ein Todesfall innert zweier Tage auf dem Zivilstandsamt der Wohngemeinde des Verstorbenen gemeldet wird. Dazu brauchen Sie eine ärztliche Todesbescheinigung sowie das Familienbüchlein, den Schriftenempfangsschein und den Pass bzw. den Ausländerausweis des Verstorbenen. Neben dieser gesetzlichen Pflicht gibt es eine ganze Reihe von Dingen, die Sie am besten möglichst rasch erledigen (siehe Kasten auf der nächsten Seite).

Die Behörden am letzten Wohnsitz der verstorbenen Person sind auch für die weiteren erbrechtlichen Belange zuständig: zum Beispiel für Sicherungsmassnahmen oder das Entgegennehmen der Erklärung, dass Sie die Erbschaft ausschlagen (eine Zusammenstellung der für Erbfälle wichtigen Behörden finden Sie im Anhang). Der letzte Wohnsitz ist zudem Gerichtsstand für erbrechtliche Klagen wie die Erbteilungsklage, die Ungültigkeitsklage, die Herabsetzungsklage (mehr zu den erbrechtlichen Klagen lesen Sie auf den Seiten 192, 196 und 217).

Das Steuerinventar

Nach einem Todesfall muss – je nach Kanton unterschiedlich – ein Inventar erstellt werden. In einigen Kantonen wird die Steuerbehörde selber aktiv und erstellt ein solches Inventar über alles, was im Besitz der verstorbenen Person vorhanden ist. In einzelnen Kantonen und Gemeinden kann diese Inventaraufnahme schon einen Tag nach dem Todesfall stattfinden; andere Gemeinden warten wenigstens die Beerdigung ab und wieder andere Kantone laden die Erben zu einem späteren Zeitpunkt zu einer «Erbenverhandlung» ein, an der das Inventar aufgenommen wird.

Es gibt auch Kantone, die – vor allem wenn es sich um einen Nachlass handelt, der nicht zu Erbschaftssteuern führt – auf die sogenannte unterjährige Steuererklärung abstützen, die die Angehörigen auf den Zeitpunkt des Todesfalls ausfüllen müssen. Diese Steuererklärung wird dann zum Inventar erklärt.

Bei der Erstellung des Inventars muss mindestens ein Mitglied der Erbengemeinschaft mitwirken bzw. anwesend sein. Die Erbinnen und Erben sind verpflichtet, über alle wichtigen Tatsachen Auskunft zu geben,

WAS ANGEHÖRIGE NACH EINEM TODESFALL TUN MÜSSEN

- Angehörige sowie alle mit dem Verstorbenen privat oder geschäftlich verbundenen Personen wie Vereinskollegen, Arbeitgeber, Vermieter, Geschäftspartner benachrichtigen.
- Ein Bestattungsunternehmen beauftragen oder das vom Verstorbenen bereits beauftragte Unternehmen benachrichtigen.
- Ort, Datum und Zeitpunkt der Bestattung mit dem Zivilstandsamt oder Bestattungsamt sowie dem Pfarramt bestimmen; Bestattungsart (Erdbestattung oder Kremation), Friedhof, Sarg etc. bestimmen.
- Abdankungsfeier mit dem Pfarrer oder einer anderen Person, die durch die Feier führen soll, absprechen. Eventuell einen Lebenslauf verfassen.
- Leidmahl organisieren.
- Todesanzeige formulieren und Zeitungen sowie Druckerei beauftragen.
- Testament bei der zuständigen Stelle einreichen.
- AHV, Pensionskasse sowie alle Versicherungen (3. Säule, Lebensversicherungen, Unfallversicherung, Krankenkasse, Hausrat- und Privathaftpflichtversicherung, Autoversicherung etc.) benachrichtigen.
- Wenn nötig, Massnahmen zur Sicherung der Erbschaft ergreifen (siehe nächste Seite).
- Laufende Verträge kündigen, zum Beispiel Mietvertrag, Telefonanschluss, Strom, Abonnemente von Zeitungen und Zeitschriften, Mitgliedschaft in Vereinen.
- Antrag für Witwen-/Witwer- und Waisenrente – oder die Rente als eingetragener Partner – bei AHV-Ausgleichskasse, Pensionskasse und allenfalls Unfallversicherung stellen.
- Abklären, ob der Nachlass möglicherweise überschuldet ist (siehe Seite 179).
- Unterlagen für das Steuer- oder Erbschaftsinventar zusammensuchen.

auf Verlangen alle Räume, Tresore, Schränke etc. zu öffnen und alle Unterlagen zum Einkommen und Vermögen der verstorbenen Person vorzulegen. Ist ein Willensvollstrecker eingesetzt worden, gilt diese Pflicht auch für ihn.

Ein vollständiges Inventar beinhaltet eine detaillierte Auflistung der Vermögenswerte sowie der Schulden inklusive der durch den Tod entstandenen Verpflichtungen wie Todesanzeigen und Begräbniskosten. Auch die güterrechtlichen Ansprüche der Ehefrau oder des Ehemanns gehören zu den Erbschaftspassiven. Das Inventar wird den Erben zugeschickt. Es bildet die Basis für die Berechnung der Erbschaftssteuern und kann auch als Grundlage für die spätere Teilung hilfreich sein.

> **INFO** *Stirbt ein Elternteil eines minderjährigen Kindes, schaltet sich auch die Kindes- und Erwachsenenschutzbehörde ein und erstellt ein Inventar des Kindesvermögens.*

Wenn Sicherungsmassnahmen nötig werden

Nicht alle Erbengemeinschaften regeln die Erbteilung in Eintracht und Minne. Oft muss in der Zeit unmittelbar nach dem Tod der Nachlass gesichert werden. Der ungehinderte Zutritt zum Haus oder zur Wohnung des Verstorbenen birgt die Gefahr, dass Wertgegenstände oder auch wichtige Dokumente verschwinden (siehe Beispiel auf Seite 67). Das Gesetz sieht zwei Sicherungsmassnahmen vor:

- **Siegelung**
  Dabei können die Behörden Konten oder Grundbucheinträge sperren, wertvolle Gegenstände oder Schlüssel zu Räumen und Tresoren in Verwahrung nehmen oder auch Schlösser auswechseln. Siegelungen werden heute nur noch in Ausnahmefällen vorgenommen. Immerhin ist der Siegelbruch ein Straftatbestand (Art. 290 StGB).
- **Sicherungsinventar**
  Jeder Erbe, jede Erbin kann ein Sicherungsinventar verlangen, in dem sämtliche Nachlasswerte aufgelistet werden. Von Amtes wegen wird ein solches Inventar angeordnet, wenn ein Erbe unter umfassender Beistandschaft steht oder wenn der Aufenthalt eines Erben nicht bekannt

ist. Ist bereits ein Steuerinventar vorhanden, wird in der Regel dieses beigezogen, da darin sämtliche Aktiven und Passiven vorhanden sein sollten.

Wenn nicht alle Erben bekannt sind
Müssen einzelne Erben erst gesucht werden oder ist gar unklar, wer überhaupt die gesetzlichen Erben sind, wird eine Erbschaftsverwaltung angeordnet. Wie der Name sagt, hat der Erbschaftsverwalter den Nachlass zu sichern. Die Verwaltungs-, Verfügungs- und Besitzesrechte der Erben sind vorübergehend aufgehoben. Ist ein Willensvollstrecker eingesetzt, übernimmt er die Funktion des Erbschaftsverwalters.

Sind die Erben nicht auffindbar, erlässt die Behörde einen Erbenruf. Durch Publikation im Amtsblatt, in Tageszeitungen und unter Umständen auch in ausländischen Zeitungen werden die unbekannten Erben aufgefordert, sich innert Jahresfrist zu melden. Während dieser Frist bleibt die Teilung blockiert.

> **INFO** *Ähnliche Probleme stellen sich, wenn Erben verschollen sind. Ein Jahr nach Verschwinden in Todesgefahr bzw. fünf Jahre nach der letzten Nachricht eines Erben können die an seiner Stelle Berechtigten die Verschollenerklärung verlangen. Dann wird ihnen die Erbschaft gegen Sicherstellung ausgeliefert. Durch das Erdbeben und die Tsunami-Flutwelle von Fukushima im Jahr 2011 hat das Verschollenenverfahren traurige Aktualität erlangt.*

WENN DER ERBLASSER VERSCHOLLEN IST
Wird ein Erblasser für verschollen erklärt, wird der Erbgang eröffnet, wie wenn der Tod bewiesen wäre. Die Erben erhalten die Erbschaft, müssen sie aber sicherstellen, das heisst, sie dürfen die Vermögenswerte nicht verbrauchen, ein Haus nicht verkaufen. Die Dauer der Sicherstellung beträgt:
- bei Verschwinden in hoher Todesgefahr (Flugzeugabsturz): 5 Jahre ab Auslieferung
- bei nachrichtenloser Abwesenheit: 15 Jahre ab der letzten Nachricht
- maximal bis zum 100. Lebensjahr des Verschollenen

Testamente einreichen

Das wichtigste Dokument in einem Erbfall ist das Testament. Deshalb müssen Erben oder Vertrauenspersonen, die das Testament in Verwahrung haben, dieses unverzüglich der zuständigen Behörde einreichen (siehe Zusammenstellung im Anhang). Auch Erbverträge müssen eingereicht werden. Die Einlieferungspflicht gilt für alle Testamente, auch wenn sie anfechtbar, möglicherweise ungültig oder überholt sind. Ein Dokument muss zudem nicht ausdrücklich als Testament bezeichnet sein; andere häufige Titel sind etwa «letztwillige Verfügung» oder «mein letzter Wille». Und auch wenn Testamente erst Monate oder Jahre nach dem Tod zum Vorschein kommen, besteht die Pflicht zur Einlieferung.

> **URTEIL** *Den Zweck der Einlieferung hat das Bundesgericht folgendermassen umschrieben: «Die Einlieferung soll die ordnungsgemässe Abwicklung des Erbgangs vorbereiten, insbesondere dafür sorgen, dass die letztwilligen Verfügungen des Erblassers erhalten bleiben.» (BGE 98 II 148)*

Ist das Testament bereits bei der zuständigen Behörde hinterlegt, wird es von Amtes wegen eröffnet. Die Gemeinde des letzten Wohnsitzes macht der Behörde über den Tod Mitteilung. Die Eröffnungsbehörde kontrolliert dann in ihrer Kartei, ob ein Testament oder Erbvertrag hinterlegt ist.

> **TIPPS** *Bei Wohnortswechseln wird oft das bei der Behörde hinterlegte Testament vergessen. Kommt deshalb nach einem Todesfall kein Testament zum Vorschein, kann es sich lohnen, bei früheren Wohngemeinden des Verstorbenen nachzufragen.*

Möglicherweise ist ein Testament, ein Erb- oder Ehevertrag auch beim Zentralen Testamentenregister (ZTR) registriert. Gegen Vorlage einer amtlichen Todesbescheinigung können Sie dort nachfragen – direkt oder auch über einen Notar, eine Anwältin oder eine Amtsstelle (www.testamentenregister.ch). Die Auskunft kostet 68 Franken (Stand 2016).

Das Testament wird eröffnet

Die Verfügungen des Erblassers müssen innert eines Monats nach der Einlieferung des Testaments eröffnet werden. Ist die Verfügung bereits bei der Behörde deponiert, beginnt die Monatsfrist mit der Meldung des Todes durch die Gemeinde. Die Eröffnung kann mündlich anlässlich eines Termins oder schriftlich stattfinden. Die gesetzlichen und eingesetzten Erben erhalten eine Abschrift des letzten Willens; die Vermächtnisnehmer nur einen Auszug der sie betreffenden Stellen.

Bezirksgericht Zürich
Geschäft Nr. EL070612/UX
Testamentseröffnung

050/184555

Am 1. Juni 20XX ist, mit letztem Wohnsitz in Zürich, gestorben:

XXXXXXXXXXXXXXXXXXX, geboren am 26. Februar 19XX in Wien A, von XXXXXXX und XXXX XXXXXXXXXXXXXXXX, Tochter des XXXXXXXXX-XXXXXX und der XXXXXXXXXXX. Als gesetzliche Erben kämen die Angehörigen der elterlichen Verwandtschaft in Betracht. Die Verstorbene hat jedoch in einer durch die unten aufgeführte Gerichtsstelle eröffneten, formell offensichtlich gültigen Verfügung von Todes wegen vollständig über ihren Nachlass verfügt und ihren eingesetzten Erben zum Erbgang berufen.

Gemäss Verfügung des Einzelrichteramtes in Erbschaftssachen vom 22. November 20XX wird daher dem eingesetzten Erben zu seinen Gunsten die Erbbescheinigung ausgestellt, sofern dagegen seitens gesetzlicher Erben nicht innert Monatsfrist, ab Publikation dieser Bekanntmachung, unter Nachweis ihrer Erbberechtigung, Einsprache im Sinne von Art. 559 ZGB erhoben wird. Die gesetzlichen Erben haben zudem das Recht – gegen Nachweis ihrer Erbberechtigung –, auf der Kanzlei des genannten Einzelrichteramtes Einsicht in die Verfügung von Todes wegen zu nehmen und eine Kopie zu verlangen.

> **INFO** Werden Sie von der Behörde zur Testamentseröffnung eingeladen oder erfahren Sie aus der Zeitung vom bevorstehenden Ereignis, müssen Sie nicht hingehen. Sie erhalten die Verfügung zugestellt. Die wichtigen Fristen, zum Beispiel für eine Ausschlagung oder eine Herabsetzungsklage, beginnen – für eingesetzte Erben – erst mit der Zustellung zu laufen.

Sind Sie der Meinung, dass Sie erbberechtigt sind, wurden aber in der Eröffnungsverfügung nicht erwähnt? Dann können Sie innert eines Monats Einsprache erheben. Bei welcher Stelle Sie dies tun müssen, steht in der Verfügung. Solange die Einsprache nicht erledigt ist, kann keine Erbbescheinigung ausgestellt werden.

Die Erbbescheinigung

Die Erbbescheinigung – oft Erbschein genannt – ist **das** Legitimationspapier, um eine Erbschaft tatsächlich antreten zu können. Ohne dieses Papier ist der Nachlass blockiert; die Erben können weder Geld vom Konto des Erblassers abheben noch einen Grundbucheintrag ändern lassen – es läuft schlicht und einfach nichts.

Eingesetzte Erben können einen Monat nach Mitteilung der Verfügung von der Behörde eine Bestätigung verlangen, dass sie als Erben anerkannt sind. Diese Erbbescheinigung ist nur provisorisch, denn die gesetzlichen Erben könnten das Testament ja noch anfechten, zum Beispiel wegen Formmängeln oder weil ihr Pflichtteil verletzt ist (siehe Seite 186).

Auch die gesetzlichen Erben sind auf den Erbschein angewiesen. Der definitive Erbschein wird frühestens drei Monate nach dem Tod ausgestellt, weil in dieser Zeit noch eine Ausschlagung der Erbschaft möglich wäre (siehe Seite 177). Das Verfahren können Sie beschleunigen, wenn Sie den sofortigen Antritt der Erbschaft erklären. Achtung: Sind auf dem Erbschein mehrere Personen als erbberechtigt aufgeführt, müssen sie gemeinsam handeln.

Eine Erbbescheinigung können auch Nacherben verlangen. Dies jedoch nur, nachdem der Nacherbfall eingetreten ist und bevor die Erbschaft geteilt wurde. Sonst hat der Nacherbe kein schutzwürdiges Interesse daran, eine Erbbescheinigung zu erhalten.

INFO *Erhebt einer der Erben innert Monatsfrist gegen die Ausstellung der Erbbescheinigung Einspruch, bleibt der Nachlass vorläufig blockiert. Der Einsprecher muss dann innert eines Jahres Herabsetzungs- oder Ungültigkeitsklage anheben (siehe Seiten 192 und 196). Unterlässt er dies, wird die Erbbescheinigung nach Ablauf der Frist ausgestellt.*

Was gilt bei Liegenschaften?

Bei Liegenschaften bleibt im Grundbuch der Verstorbene als Eigentümer eingetragen. Ein Verkauf – oder auch die Aufstockung einer Hypothek – ist erst möglich, nachdem die Erbengemeinschaft mithilfe der Erbbescheinigung als neue Eigentümerin eingetragen wurde.

Probleme mit laufenden Rechnungen

Dass die Konten des Erblassers ohne Erbschein blockiert sind, kann zu Problemen führen, wenn nach dem Tod dringende Rechnungen bezahlt werden müssen. Sind die Kundenbeziehungen zur Bank eng und kennen die Verantwortlichen die Familienverhältnisse, werden Rechnungen, die mit dem Todesfall zusammenhängen, häufig auch ohne Erbschein bezahlt. Hilfreich ist auch ein Willensvollstrecker, weil dieser solche Rechnungen aus den Nachlassmitteln begleichen kann (siehe Seite 173).

 TIPP *Wenn Sie selber die Nachlassbuchhaltung übernehmen, kann Ihnen das Muster im Anhang helfen.*

Können Vollmachten helfen?

Praktisch alle Vollmachtsformulare der Banken enthalten die Klausel: «Diese Vollmacht gilt über den Tod des Vollmachtgebers hinaus.» Das dient dem Schutz der Bank, ist aber auch für die Vollmachtgeber oft sinnvoll: Eine Geschäftsinhaberin kann mit einer solchen Vollmacht beispielsweise sicherstellen, dass ihr Stellvertreter nach ihrem Ableben weiterhin Transaktionen über das Geschäftskonto abwickeln und den Geschäftsbetrieb aufrechterhalten kann. Oder der Ehemann will seiner Frau die Möglichkeit geben, auch nach seinem Tod ohne Einverständnis der anderen Erben Geld abzuheben. Eine Vollmacht über den Tod hinaus kann auch der Konkubinatspartnerin helfen, die ja nicht zum Kreis der Erben gehört. Die Banken und auch die Post anerkennen grundsätzlich eine Vollmacht über den Tod hinaus.

Aber: Weiss die Bank vom Tod des Vollmachtgebers und muss sie davon ausgehen, dass die bevollmächtigte Person gegen die Interessen eines oder mehrerer Erben handelt, wird sie einen Erbschein verlangen, bevor sie einen Auftrag ausführt. Aus Sicherheitsgründen und um nicht in heikle Haftungsfragen verwickelt zu werden, verhalten sich die Banken heute sehr restriktiv.

URTEIL *Am 14. Mai verstarb X. und hinterliess als pflichtteilsgeschützte Erbin eine Tochter. Sein Freund Y. besass eine Vollmacht über den Tod hinaus. In der Zeit vom 5. Juli bis zum 22. September hob Y. vom Konto des Verstorbenen gegen zwei Millionen Franken ab. Der Willensvollstrecker klagte sowohl gegen die Bank wie auch gegen Y. Das Bundesgericht hielt fest, dass eine Bank nach dem Tod des Kunden Beauftragte von dessen Erben sei und diesen gegenüber eine Sorgfaltspflicht habe. Sie werde schadenersatzpflichtig, wenn sie trotz verdächtiger, hoher Überweisungen des Bevollmächtigten keine Nachforschungen nach Erben tätige (Urteil 4C.234/1999 vom 12. Januar 2000).*

Probleme können auch schon vor dem Tod des Erblassers entstehen, wenn dieser seine Urteilsfähigkeit nach und nach verliert (etwa wegen Demenz). Ob eine Vollmacht weiter gültig ist, wenn der Vollmachtgeber urteilsunfähig ist, ist heute in der Lehre umstritten. Die Banken akzeptieren die Gültigkeit grundsätzlich, aber nur wenn in der Vollmacht festgehalten ist, dass diese «über die Handlungs- bzw. Urteilsfähigkeit hinaus» bestehen soll. In einem neueren Entscheid hat das Bundesgericht die Gültigkeit nicht akzeptiert (BGE 134 III 385). Danach dürften Vollmachten über die Urteilsfähigkeit hinaus künftig zumindest vor Gericht keinen Bestand mehr haben.

Und-/Oder-Konto

Unnötige Probleme mit der Bank verhindern Sie am einfachsten mit einem Gemeinschaftskonto – auch Und-/Oder-Konto genannt. Bei einem solchen Konto sind alle Unterzeichnenden gemeinsam und auch je einzeln verfügungsberechtigt. Mit dieser Variante, die vor allem Ehe- und Konkubinatspaare häufig wählen, ist das Geld in einem Notfall sofort verfügbar.

REGELN, WAS SPÄTER GELTEN SOLL: DER VORSORGEAUFTRAG

Das neue Erwachsenenschutzrecht hat eine Möglichkeit geschaffen, solche Probleme zu entschärfen: den Vorsorgeauftrag. Damit kann man in gesunden Tagen vorsorgen und eine vertrauenswürdige Person oder auch eine Institution bestimmen, die dann für einen handeln soll, wenn man selber dazu nicht mehr in der Lage, also urteilsunfähig ist. Man kann festlegen, in welchen Bereichen die beauftragte Person handeln soll, wie sie den Auftrag auszuführen hat und welche Vorkehrungen nicht erlaubt sind:

- Die **Personensorge** umfasst die Fürsorge in persönlichen Angelegenheiten und Hilfe im Alltag. Auch die Gesundheitssorge kann dazugehören, zum Beispiel die Anstellung von Pflegepersonal oder Entscheide über die Unterbringung in einem Spital oder Heim. Der beauftragten Person kann das Recht eingeräumt werden, medizinischen Massnahmen zuzustimmen oder solche zu verweigern. Beauftrage für medizinische Massnahmen müssen zwingend natürliche Personen sein.
- Im Zentrum der **Vermögenssorge** stehen die Erhaltung und sinnvolle Verwendung des Vermögens sowie das Erledigen der laufenden Geschäfte (Bezahlen von Miete, Versicherungsprämien etc.). Es empfiehlt sich, konkrete Anweisungen, etwa für den Vermögensverzehr, festzuhalten.
- Damit die beauftragte Person alle notwendigen Vorkehrungen treffen und Verträge abschliessen oder kündigen kann, kann sie als generelle Vertretung im **Rechtsverkehr** aufgeführt werden.

Einen Vorsorgeauftrag müssen Sie – wie ein Testament – von Anfang bis Ende eigenhändig niederschreiben, datieren und unterschreiben. Sind Sie dazu nicht in der Lage – oder wollen Sie möglichen Zweifeln von Angehörigen oder Behörden an Ihrer Urteilsfähigkeit vorbeugen –, können Sie den Vorsorgeauftrag stattdessen öffentlich beurkunden lassen. Damit der Vorsorgeauftrag später auch gefunden wird, bewahren Sie ihn am besten zusammen mit Ihren anderen wichtigen Dokumenten auf (Pass, Testament etc.) Beim Zivilstandsamt können Sie eintragen lassen, dass ein Vorsorgeauftrag besteht und wo er hinterlegt ist.

Die Aufgaben des Willensvollstreckers

Der Willensvollstrecker wird im Testament oder Erbvertrag ernannt (siehe Seite 75). Nach dem Tod des Erblassers erhält er von der Eröffnungsbehörde ein Willensvollstreckerzeugnis. Dies ist seine Legitimation gegenüber den Erben, Banken und Behörden, dass er im Sinn des Erblassers handelt.

Primäre Aufgabe des Willensvollstreckers ist die Verwaltung des Nachlasses und der Erhalt der Vermögenssubstanz. Dazu gehört das Bezahlen von Schulden und das Eintreiben von Forderungen (auch gegenüber den Erben). Die Kompetenzen des Willensvollstreckers sind weitreichend: Er kann prozessuale Schritte einleiten, Hypotheken erhöhen oder beispielsweise von einem Kursverlust bedrohte Wertpapiere verkaufen.

Der Willensvollstrecker hat ferner die Erbteilung im Sinn des Erblassers vorzubereiten und Vermächtnisse auszurichten. Diese Kompetenz gibt dem Erblasser einen grossen Einfluss auf die Durchführung der Teilung. So kann er einzelne Erbschaftsgegenstände (zum Beispiel Liegenschaften) einem Nachkommen via Vermächtnis zuwenden, ohne dass die anderen Erben den Vollzug hindern können (siehe auch Seite 151). Die Pflichtteilsrechte müssen natürlich gewahrt bleiben.

INFO *Der Willensvollstrecker kann die Teilung nur vorbereiten, anordnen darf er sie nicht. Sind die Erben einhellig anderer Auffassung als der Willensvollstrecker, hat die einstimmige Meinung der Erben Vorrang – selbst wenn sie mit dem Testament im Widerspruch steht. Bei Änderungen im Grundbuch muss der Willensvollstrecker jedoch stets mitwirken, auch wenn sich sämtliche Erben einig sind (Urteil 5A_82/2014 vom 2. Mai 2014).*

URTEIL *Das Mandat des Willensvollstreckers kann auch als Dauer-Willensvollstreckung angeordnet werden, wodurch das Mandat des Willensvollstreckers über die Erbteilung hinaus bestehen kann. Dies ist etwa der Fall, wenn der Erblasser durch eine letztwillige Verfügung angeordnet hat, dass einem Vermächtnisnehmer über mehrere Jahre hinweg monatlich eine bestimmte Summe ausgerichtet werden soll. Wie das Bundesgericht festhielt, muss eine solche Regelung jedoch klar aus der letztwilligen Verfügung des Erblassers hervorgehen und darf keine Pflichtteile verletzen (Urteil 5A_914/2013 vom 4. April 2014).*

Der Willensvollstrecker muss über seine Tätigkeit Rechenschaft ablegen. Dazu gehört auch, dass er den Erben jährlich eine Bestätigung über die Vermögenslage (Einkommen und Vermögen) zustellt, die sie dann in ihre private Steuererklärung übertragen müssen.

Erfüllt der Willensvollstrecker seine Aufgabe nicht richtig oder nur schleppend, können ihn die Erben nicht einfach absetzen. Sie müssen bei der Aufsichtsbehörde – meist ist das der Gerichtspräsident – Beschwerde führen. Bis ein Willensvollstrecker behördlich abgesetzt wird, braucht es allerdings massive Verstösse, zum Beispiel den Verkauf einer Liegenschaft unter dem Verkehrswert und gegen den Willen der Erben oder anhaltende Untätigkeit. 2012 hat das Bundesgericht einen Willensvollstrecker abgesetzt, weil dieser grobe Pflichtverletzungen begangen hatte (Urteil 5A_794/2011 vom 16. Februar 2012).

Ein guter Willensvollstrecker kann für eine Erbengemeinschaft eine grosse Hilfe sein. In seiner neutralen Funktion ist er Ansprechpartner für alle Nachlassprobleme, verhandelt mit Banken und Behörden. Und fühlt sich ein Erbe ungerecht behandelt, kann der Willensvollstrecker mit seiner fachlichen Kompetenz die Sachlage klarstellen und aufkommende Streitigkeiten schlichten.

Was kostet der Willensvollstrecker?
Das Gesetz spricht von einer «angemessenen Vergütung» (Art. 517 Abs. 3 ZGB). Diese bemisst sich laut Bundesgericht nach dem notwendigen Zeitaufwand, der Kompliziertheit der Verhältnisse, dem Umfang und der Dauer des Auftrags und der mit der Aufgabe verbundenen Verantwortung. Als angemessen wurde lange Zeit ein Kostenrahmen von ein bis drei Prozent des Bruttovermögens betrachtet. Allerdings hat sich bei den Gerichten die Erkenntnis durchgesetzt, dass sich die Höhe des Honorars nach dem effektiven Aufwand richten soll. Als Anhaltspunkt dienen zum Beispiel die branchenüblichen Tarife von Notaren, Anwälten und Treuhändern. Das Bundesgericht musste sich in den vergangenen Jahren mehrmals mit der Vergütung des Willensvollstreckers befassen (BGE 135 III 578, Urteil 5A_881/2012 vom 26. April 2013, BGE 138 III 449).

Annehmen oder ausschlagen?

Die Erbinnen und Erben treten in die Rechtsstellung des Erblassers ein. Sie erben das Vermögen – aber auch allfällige Schulden, selbst wenn diese die Aktiven weit überschreiten. Zum Glück kann man Nein zum Erbe sagen.

Jeder Erbe, jede Erbin hat das gesetzliche Recht, die Erbschaft auszuschlagen. Die Gründe dafür sind unterschiedlich:

- Der häufigste Grund ist sicher, dass man nicht für Schulden des Erblassers geradestehen will.
- Auch persönliche Gründe können für eine Ausschlagung sprechen: Der Stolz lässt es nicht zu, von einer Person, mit der man zeitlebens zerstritten war, Geld anzunehmen.
- Die Ausschlagung ist auch eine Möglichkeit, die Erbschaft zum Beispiel direkt einem Enkel zukommen zu lassen. Für einen solchen Entscheid sind häufig steuerliche Gründe massgebend.

Der Normalfall: die Annahme der Erbschaft

Unternehmen die Erben nach dem Tod der Erblasserin nichts, haben sie die Erbschaft automatisch angenommen. Damit gehen nicht nur die Vermögenswerte auf sie über, sondern auch die Rechte und Pflichten der Erblasserin. Hat die Erblasserin beispielsweise einer Kollegin ein Darlehen gewährt, werden die Erben dieser gegenüber Gläubiger. Wollen sie das Darlehen kündigen, müssen sie sich an die Kündigungsfristen im Darlehensvertrag und im Gesetz halten. Auch Verpflichtungen aus Kauf- oder Abzahlungsverträgen gehen auf die Erben über. Eine Ausnahme von diesem Grundsatz besteht bei Verträgen, bei denen die persönliche Leistung der Erblasserin im Vordergrund stand, zum Beispiel beim Arbeitsvertrag.

Mietvertrag und Tod

Auch beim Mietvertrag gilt der Grundsatz, dass sich das Vertragsverhältnis vererbt – sowohl beim Tod der Vermieterin wie beim Tod des Mieters.

- Der Tod der Vermieterin bildet keinen ausserordentlichen Kündigungsgrund. Wollen die Erben das Mietverhältnis auflösen, müssen sie die normalen Kündigungsfristen einhalten.
- Stirbt der Mieter, werden die Erben automatisch zu Vertragspartnern des Vermieters. Sie haben aber ein ausserordentliches Kündigungsrecht und können den Vertrag mit der gesetzlichen Kündigungsfrist auf den nächsten gesetzlichen Kündigungstermin kündigen. Das ist vor allem bei Verträgen mit einer festen Mietdauer von mehreren Jahren wichtig.

Was gilt für Unterhaltsbeiträge?
Unterhaltsbeiträge sind von Gesetzes wegen weder aktiv noch passiv vererblich. Das heisst, sie erlöschen mit dem Tod des Zahlers oder des Empfängers. Möglich ist allerdings eine andere Vereinbarung im Scheidungsurteil oder in der Scheidungskonvention.

Vorzeitiger Erbantritt
Solange die Ausschlagungsfrist von drei Monaten läuft, wird kein Erbschein ausgestellt. Das kann zu Problemen führen, beispielsweise wenn bei einer Liegenschaft bereits ein Umbau im Gang ist und über eine Erhöhung der Hypothek finanziert werden soll. Denn die Hypothek erhöhen kann nur der Eigentümer laut Grundbucheintrag – und dieser lautet bis zur Ausstellung des Erbscheins auf den Erblasser. In einem solchen Fall können alle gesetzlichen Erben zusammen den sofortigen Antritt der Erbschaft erklären. Dann müssen die drei Monate nicht abgewartet werden.

 INFO *Wer die Erbschaft während der Ausschlagungsfrist ausdrücklich annimmt, kann nachher nicht mehr ausschlagen.*

Überschuldeter Nachlass
Ist der Nachlass offensichtlich überschuldet – bestehen beispielsweise Verlustscheine, die noch nicht verjährt sind –, wird die Ausschlagung von Gesetzes wegen vermutet. Möchten die Erben dann die Erbschaft trotzdem antreten, müssen sie dies ausdrücklich erklären. Das geschieht ab und zu aus Pietätsgründen: etwa wenn Eltern verhindern wollen, dass der Nachlass des verstorbenen Sohnes konkursamtlich liquidiert wird.

Lieber keine Schulden erben: die Ausschlagung

Wollen Sie eine Erbschaft nicht antreten, müssen Sie sie ausdrücklich ausschlagen. Dabei sollten Sie folgende Punkte beachten.

Fristen einhalten

Die Frist für die Ausschlagung beträgt drei Monate. Für gesetzliche Erben beginnt sie mit dem Todestag bzw. mit dem Datum, an welchem sie Kenntnis vom Todesfall haben. Für eingesetzte Erben läuft die Frist ab Zustellung der Verfügung von Todes wegen. Wurde ein Sicherungsinventar aufgenommen (siehe Seite 165), beginnt die Frist erst mit Zustellung dieses Inventars. Verpassen Sie die Ausschlagungsfrist, haben Sie die Erbschaft angenommen.

Verlängert werden kann die Frist nur in Ausnahmefällen, beispielsweise wenn ein Prozess hängig ist, von dessen Ausgang die Höhe des Nachlasses abhängt. Sind die Vermögensverhältnisse unklar, können Sie ein öffentliches Inventar verlangen (siehe Seite 179). Dann beginnt die Frist erst mit Vorliegen dieses Inventars.

Bei welcher Behörde Sie Ihre Ausschlagungserklärung abgeben müssen, sehen Sie im Anhang. Und: Ausgeschlagen ist ausgeschlagen; Sie können es sich später nicht noch anders überlegen. Von einer Ausnahme von diesem Grundsatz handelt das folgende Urteil.

> **URTEIL** *Im Urteil 5A_594/2009 vom 20. April 2010 befasste sich das Bundesgericht mit der Anfechtung einer Ausschlagungserklärung: Zwei Töchter, deren Vater gestorben war, hatten die Erbschaft ausgeschlagen. Dann tauchte Vermögen auf, von dem die beiden nichts gewusst hatten, und sie fochten die eigene Ausschlagungserklärung wegen Irrtums an. In seinem Entscheid anerkannte das Bundesgericht die Anfechtung der Ausschlagungserklärung wegen Willensmängeln; vorausgesetzt ist allerdings, dass es sich um einen wesentlichen Irrtum handelt.*

> **INFO** *Gut zu wissen: Wurde Ihnen im Testament ein Vermächtnis zugesprochen, erhalten Sie dieses, selbst wenn Sie die Erbschaft ausschlagen.*

Hände weg

Haben Sie sich in die Erbschaft eingemischt, können Sie sie nachher nicht mehr ausschlagen. Eine solche Einmischung ist relativ rasch passiert: Wenn Sie zum Beispiel beim Räumen der Wohnung gleich die Bilder untereinander verteilen, haben Sie das Recht auf Ausschlagung bereits verwirkt.

IM NACHLASS DES VATERS VON CHANTAL G. ist auch ein zehnjähriges Auto. Ein Nachbar fragt, ob er den Wagen für 1000 Franken haben könne, schliesslich habe er den Vater in diesem Auto oft zum Arzt gefahren. Frau G. ist einverstanden – und hat sich in die Erbschaft eingemischt.

Nicht als Einmischung gilt es, wenn die Erben die üblichen Geschäfte tätigen, die für die Verwaltung des Nachlasses nötig sind, also zum Beispiel dringende Reparaturen in Auftrag geben oder Darlehenszinsen einfordern. Auch die Todesfallkosten (Sarg, Leidmahl etc.) dürfen die Erben bezahlen, ohne die Ausschlagungsmöglichkeit zu verlieren. Im Zweifelsfall lohnt sich der Beizug eines Rechtsbeistands.

URTEIL *Eine Witwe, die zugleich Willensvollstreckerin über den Nachlass ihres verstorbenen Mannes ist, bestellt innert der Ausschlagungsfrist eine Erbbescheinigung. Ist dies bereits eine Einmischung in den Nachlass oder bloss eine Verwaltungshandlung? Das Bundesgericht entschied, dass es sich dabei nicht um eine Einmischung handelt (BGE 133 III 1).*

Wer tritt an die Stelle der Ausschlagenden?

Schlägt eine gesetzliche Erbin die Erbschaft aus, verliert sie die Erbenstellung. Ihr Erbteil fällt an ihre Erben, wie wenn sie den Erbfall nicht erlebt hätte.

HENRIETTE M. IST GESTORBEN. Sie hinterlässt eine Tochter und einen Sohn, der selber zwei Töchter hat. Der Sohn schlägt die Erbschaft aus. Seine Hälfte des Nachlasses geht zu gleichen Teilen an seine Töchter, die Enkelinnen von Frau M., die also je einen Viertel erben.

Haben alle Nachkommen eines verheirateten Verstorbenen die Erbschaft ausgeschlagen, wird die hinterbliebene Ehefrau – oder der eingetragene Partner – ausdrücklich angefragt, ob sie die Erbschaft antreten wolle. Erklärt sie nicht innert eines Monats die Annahme, wird der Nachlass durch das Konkursamt liquidiert. Ein allfälliger Überschuss wird verteilt, wie wenn keine Ausschlagung stattgefunden hätte.

Schlagen eingesetzte Erben die Erbschaft aus, fällt diese an die gesetzlichen Erben. Schlägt ein Vermächtnisnehmer das Vermächtnis aus, fällt es an den beschwerten Erben, der zur Ausrichtung verpflichtet gewesen wäre.

> ### Konkursamtliche Nachlassliquidationen
>
> 046/182528
>
> **Konkursamt Bauma.** Erbschaft von XXXXXXXX-XX, geb. 7. Februar 19XX, von XXXXXXXX, wohnhaft gewesen in XXXXXXXXXXXXXXXXXX, gestorben am 6. Juni 20XX.
>
> Datum der Konkurseröffnung:
> 10. September 20XX
> Summarisches Verfahren, Art. 231 SchKG
> Eingabefrist bis 26. November 20XX
>
> Konkursamt Bauma
> Dorfstrasse 42, Postfach
> 8494 Bauma

INFO *Die Mutter und / oder der Vater eines hinterbliebenen Kindes befindet sich unter Umständen in einem Interessenkonflikt. In solchen Fällen können Eltern nicht für ihr minderjähriges Kind ausschlagen. Stattdessen wird ein Beistand ernannt, der das Kind in dieser Angelegenheit vertritt.*

Bei unklaren Verhältnissen: das öffentliche Inventar

Nicht immer ist klar, ob eine Erbschaft ein Segen oder doch eine Last sein wird. Was tun, wenn die finanziellen Verhältnisse undurchsichtig sind? Jeder Erbe, jede Erbin hat die Möglichkeit, ein öffentliches Inventar zu verlangen. Das gibt zum einen eine Übersicht über die Aktiven und Passiven des Nachlasses. Viel wichtiger aber: Die Erben haften nur noch begrenzt für Erbschaftsschulden. Wurden diese nicht ins öffentliche Inventar aufgenommen, haften die Erben weder mit ihrem persönlichen Vermögen noch mit der Erbschaft selber. Eine Ausnahme besteht nur, wenn ein Gläubiger ohne eigene Schuld die Anmeldung verpasst hat oder wenn seine Forderung trotz Anmeldung nicht ins öffentliche Inventar aufgenommen wurde. In diesem Fall haften die Erben weiterhin für die Schulden, jedoch nur in dem Umfang, in welchem sie durch die Erbschaft bereichert sind. Sie müssen also nicht befürchten, eigenes Geld zu verlieren. Für sämtliche Forderungen, welche im öffentlichen Inventar aufgeführt sind, haften die Erben weiterhin sowohl mit der Erbschaft als auch mit ihrem eigenen Vermögen. Aber Achtung: Diese Regelung gilt nicht für Erbgangsschulden, welche erst mit dem Erbgang anfallen, wie insbesondere Begräbniskosten. Für diese haften die Erben immer auch mit ihrem eigenen Geld.

Die Frist, um ein öffentliches Inventar zu verlangen, ist sehr kurz. Sie beträgt nur einen Monat. Für gesetzliche Erben beginnt sie mit Kenntnis des Todes, für eingesetzte Erben ab Kenntnis der Verfügung zu laufen. Die zuständige Behörde finden Sie im Anhang.

URTEIL *Wurde gesetzlichen Erben per Testament mehr vererbt, als ihnen gesetzlich zustehen würde, beginnt die Einmonatsfrist erst mit der amtlichen Eröffnung des Testaments zu laufen. Wurden die gesetzlichen Erben des Erblassers jedoch auf den Pflichtteil gesetzt, beginnt die Frist für das Gesuch eines öffentlichen Inventars bereits mit der Kenntnis des Todes des Erblassers zu laufen (BGE 138 III 545).*

TIPP *Sind Sie unsicher, ob ein Nachlass überschuldet ist, ziehen Sie unbedingt sofort fachlichen Rat bei (Adressen im Anhang). Wer bei dieser Frage spart, spart am falschen Ort.*

Rechnungsruf
Ist das Begehren fristgerecht eingereicht, erlässt die Behörde einen Rechnungsruf. Im Amtsblatt werden die Gläubiger aufgefordert, ihre Forderungen anzumelden. Tun sie dies nicht, laufen sie Gefahr, ihr Guthaben zu verlieren, denn die Erben haften nur für diejenigen Schulden, die im öffentlichen Inventar aufgenommen sind.

Erbt der Staat, wird immer ein Rechnungsruf vorgenommen. Die Haftung für Schulden ist in jedem Fall auf die Vermögenswerte des Nachlasses beschränkt.

Achtung, die Aussage: «Wenn etwas nicht im Inventar steht, haften die Erben nicht dafür», gilt nur für zivilrechtliche Forderungen. Für öffentlichrechtliche Forderungen – zum Beispiel Steuerschulden – stimmt dies nur bedingt. Der Fiskus muss seine öffentlich-rechtlichen Forderungen im öffentlichen Inventar nämlich nur dann anmelden, wenn dies das öffentliche Recht im Kanton vorschreibt. Dies bestätigte das Bundesgericht im folgenden Urteil.

Rechnungsruf (Art. 592 ZGB)

In der Erbschaft des am 20.02.20XX in St.Gallen verstorbenen XXX-XXXXXXXXXXXXXXXXX, geb. 08.10.19XX, von XXXXXXX, verwitwet von XXXXXXXXXXXXXX seit 23.12.20XX, wohnhaft gewesen XXXXXXXXXXXXXXXXXXXXXXXX, konnten im elterlichen und in den beiden grosselterlichen Stämmen keine Erben festgestellt werden. Der Nachlass fällt folglich an das erbberechtigte Gemeinwesen. Nach Art. 592 ZGB ist diesfalls von Amtes wegen ein Rechnungsruf vorzunehmen. Es werden daher sämtliche Gläubiger und Schuldner mit Einschluss allfälliger Bürgschaftsgläubiger aufgerufen, ihre Forderungen bzw. Schulden bis spätestens 11. Januar 20XX beim unterzeichneten Amtsnotariat St.Gallen-Rorschach, St.Leonhardstrasse 35, 9001 St.Gallen, anzumelden. Die Gläubiger werden auf die Folgen der Nichtanmeldung (Verlust der Forderung nach Art. 590 ZGB) aufmerksam gemacht. Die Schuldner, welche die Anmeldung versäumen, können für die Folgen belangt werden.

Nach Ablauf der Eingabefrist wird das Inventar geschlossen und beim Amtsnotariat St.Gallen-Rorschach während eines Monates zur Einsichtnahme der Beteiligten aufgelegt (Art. 584 ZGB).

St.Gallen, 6. November 20XX

AMTSNOTARIAT ST.GALLEN-RORSCHACH

URTEIL *«Das ZGB regelt die zivilrechtlichen Verhältnisse. Die Art. 589/590 ZGB [öffentliches Inventar/Rechnungsruf] betreffen den erbrechtlichen Übergang von Verpflichtungen, nicht die im öffentlichen Recht geordnete Steuersukzession. Auch in andern Bereichen verschaffen die zivilrechtlichen Normen dem Betroffenen keinen abschliessenden Überblick über die Rechtslage; er muss stets beachten, ob daneben öffentlich-rechtliche Verpflichtungen und Beschränkungen bestehen.» (BGE 102 Ia 483)*

Wahlmöglichkeiten der Erben

Liegt das öffentliche Inventar vor, haben die Erben vier Möglichkeiten. Sie können

- die Erbschaft annehmen.
- die Erbschaft ausschlagen.
- die amtliche Liquidation verlangen.
- die Erbschaft unter öffentlichem Inventar antreten.

Nehmen sie die Erbschaft unter öffentlichem Inventar an, haften sie voll für die inventarisierten Schulden.

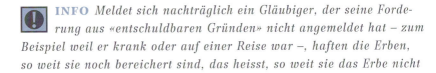

INFO *Meldet sich nachträglich ein Gläubiger, der seine Forderung aus «entschuldbaren Gründen» nicht angemeldet hat – zum Beispiel weil er krank oder auf einer Reise war –, haften die Erben, so weit sie noch bereichert sind, das heisst, so weit sie das Erbe nicht schon verbraucht haben.*

Amtliche Liquidation

Die amtliche Liquidation kommt in der Praxis selten vor. Dabei wird zwischen Nachlassvermögen und Erbenvermögen noch strikter getrennt als bei der Annahme der Erbschaft unter öffentlichem Inventar. Es entfällt jede Erbenhaftung für Schulden. Zwar behalten die Erben dabei ihre Erbenstellung, aber sie haben keinerlei Einfluss auf die Liquidation. Der Nachlass wird verwertet, ein allfälliger Überschuss wird denjenigen Erben ausgehändigt, die die Erbschaft nicht ausgeschlagen haben.

Konkursamtliche Liquidation

Die konkursamtliche Liquidation greift immer dann, wenn der Nachlass überschuldet ist und alle Erben ausgeschlagen haben. In diesem Fall wird der Nachlass nach den Regeln des Konkursrechts liquidiert. Einen allfälligen Überschuss erhalten die Erben.

Das Testament ist nicht korrekt

Ein Testament kann in verschiedener Hinsicht nicht korrekt sein: Es kann formelle Mängel aufweisen. Es kann auch formell in Ordnung sein, aber inhaltliche Mängel aufweisen, beispielsweise Pflichtteile verletzen. In diesem Kapitel erfahren Sie, wie Sie herausfinden, ob Sie zu kurz gekommen sind, und was Sie bei einem fehlerhaften Testament vorkehren können.

Von selbst passiert nichts

Testamente können von A bis Z auf dem Computer geschrieben sein. Sie können einzelne Erben ungerecht behandeln, Pflichtteile massiv verletzen. So lange niemand dagegen klagt, bleibt ein solches Testament gültig.

Es kommt recht häufig vor, dass Erben – im vollen Wissen um die Anfechtbarkeit eines Testaments – untätig bleiben. Weil sie den Wunsch der Mutter, dass das Haus in der Familie bleibt, respektieren und deshalb vom ältesten Enkel keinen vollen Ausgleich fordern, obwohl die Formulierung im Testament dies zuliesse. Oder weil sie die Freundin des Vaters, die den alten Mann rührend gepflegt hat, finanziell entschädigen wollen, obwohl dadurch ihre eigenen Pflichtteile verletzt werden.

Sind die Erben mit einem fehlerhaften Testament – oder einem Erbvertrag – nicht einverstanden, müssen sie sich aktiv wehren und das Testament anfechten. Je nach Art des Mangels haben sie zwei Möglichkeiten: die Ungültigkeitsklage und die Herabsetzungsklage, jedoch nur, wenn sie sie rechtzeitig erheben.

Fristen für die Anfechtung

Die Frist für die Anfechtung beträgt ein Jahr ab Kenntnis des Testamentinhalts. In jedem Fall aber sind die Ansprüche zehn Jahre nach der Testamentseröffnung verjährt.

Nicht immer findet sich nach dem Tod ein Testament; manchmal werden Pflichtteile auch durch Zuwendungen zu Lebzeiten verletzt. Beispielsweise, wenn die Erblasserin einem Nachkommen ein Grundstück schenkt oder zu einem viel zu tiefen Preis überlässt. In solchen Fällen beginnen die Fristen bereits mit dem Todestag zu laufen.

Die Jahresfrist ist recht knapp. Oft muss ja zuerst abgeklärt werden, wie hoch der Nachlass ungefähr ist. Warten Sie auf keinen Fall zu lange zu. Verpassen Sie die Frist, ist das Testament gültig, auch wenn es anfechtbar wäre.

TIPP *Die Anfechtung von Testamenten bringt heikle Rechtsfragen mit sich. Einen Ungültigkeits- oder Herabsetzungsprozess führen, alle Fristen beachten, die Klage korrekt formulieren, all das ist für Laien äusserst anspruchsvoll. Sichern Sie sich juristischen Beistand (Adressen im Anhang).*

Wenn Sie an der Erbschaft Mitbesitz haben – das heisst Mitglied einer Erbengemeinschaft sind, die über Vermögenswerte verfügt –, können Sie jederzeit die **Einrede** der Ungültigkeit oder der Herabsetzung geltend machen. In diesem Fall müssen Sie die Jahresfrist nicht beachten. Aber auch hier gilt: Wagen Sie sich nicht auf die Äste hinaus. Übernehmen Sie die Initiative, wenn es um ein anfechtbares Testament oder eine Pflichtteilsverletzung geht.

Pflichtteile verletzt: die Herabsetzung

Haben Sie den Eindruck, Sie seien im Testament Ihrer Mutter gegenüber dem Bruder zu kurz gekommen? Oder Ihr Vater habe der Schwester zu Lebzeiten das Elternhaus viel zu günstig abgetreten? Völlige Gleichstellung können Sie nicht verlangen, aber Ihr Pflichtteil wenigstens ist geschützt. Die Frage ist nun: Wurde Ihr Pflichtteil verletzt, oder liegen die Anordnungen im Rahmen des Gesetzes?

Wie die Pflichtteile in den verschiedenen Familienkonstellationen berechnet werden, wurde in den Kapiteln 1 und 5 ausführlich besprochen (siehe Seiten 24 und 103). Hier nochmals ganz kurz eine Zusammenfassung. Pflichtteilsgeschützt sind:
- die Nachkommen: $3/4$ der gesetzlichen Erbquote
- der Ehegatte: $1/2$ der gesetzlichen Erbquote
- die eingetragene Partnerin: $1/2$ der gesetzlichen Erbquote
- die Eltern: je $1/2$ der gesetzlichen Erbquote

👁 **DIE GESETZLICHEN ERBEN VON IGOR P.** sind seine Witwe und seine zwei Töchter Katja und Natascha. Herr P. lebt seit längerer Zeit mit seiner Freundin Annika G. zusammen. Als er stirbt, findet sich folgendes Testament: «Ich wende Annika G. so viel an meinem Nachlassvermögen zu, wie das Gesetz erlaubt.» Mit dieser Formulierung hat Herr P. seine gesetzlichen Erben auf den Pflichtteil gesetzt und die verfügbare Quote seiner Freundin zugewendet. Da er Nachkommen und eine Ehefrau hinterlässt, macht die verfügbare Quote drei Achtel aus (siehe Seite 30). Das Nachlassvermögen beträgt 200 000 Franken; Annika G. erhält also 75 000 Franken.

Pflichtteile können auf verschiedene Arten verletzt werden

Klar ist der Fall, wenn der Erblasser mit einer Erbeneinsetzung in seinem Testament Pflichtteile verletzt. Recht häufig kommen folgende Fälle vor:
- Der hinterbliebene Ehegatte wird zum Nachteil der Nachkommen begünstigt.
- Die Konkubinatspartnerin wird zum Nachteil der Eltern oder der Nachkommen begünstigt.
- Ein Nachkomme wird zum Nachteil seiner Geschwister begünstigt.
- Die Freundin wird zuungunsten der Nachkommen und Ehefrau begünstigt.

Gegen solche Testamente können die gesetzlichen Erben am letzten Wohnsitz des Erblassers die Herabsetzungsklage einreichen.

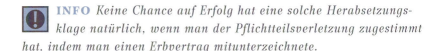 **INFO** *Keine Chance auf Erfolg hat eine solche Herabsetzungsklage natürlich, wenn man der Pflichtteilsverletzung zugestimmt hat, indem man einen Erbvertrag mitunterzeichnete.*

Teilungsvorschrift oder Pflichtteilsverletzung?
Nicht immer ist klar, ob eine Formulierung im Testament tatsächlich Pflichtteile verletzt oder ob es sich bloss um eine Teilungsvorschrift handelt. Im Zweifelsfall werden testamentarische Anordnungen als Teilungsvorschrift behandelt.

MARGARETA K. HINTERLÄSST EINEN SOHN sowie ihre Lebensgefährtin, mit der sie in eingetragener Partnerschaft gelebt hat. In ihrem Testament hat sie geschrieben: «Meine Partnerin Viola B. erhält die Wohnung. Der Rest des Nachlasses geht je zur Hälfte an sie und an meinem Sohn.» Da ausser der Wohnung kaum Vermögen vorhanden ist, fühlt sich der Sohn in seinem Pflichtteil verletzt. Ist er das?

Die Anordnung von Frau K. gilt als Teilungsvorschrift. Das bedeutet, dass ihre Lebensgefährtin die Wohnung auf Anrechnung an ihren Erbteil erhält und den Wert ausgleichen muss. Hat Frau K. ihren Sohn nicht auf den Pflichtteil gesetzt, erhält er die Hälfte des Werts der Wohnung.

Vermächtnisse und lebzeitige Zuwendungen

Eine Erblasserin darf in ihrer letztwilligen Verfügung beliebig viele Vermächtnisse ausrichten – solange sie damit das Pflichtteilsrecht ihrer Angehörigen nicht verletzt. Wenn die Vermächtnisse die verfügbare Quote übersteigen, können die pflichtteilsgeschützten Erben die Herabsetzung verlangen.

Auch bei lebzeitigen Zuwendungen stellt sich für die Erben die Frage, ob diese bei der Erbteilung eine Berücksichtigung finden und wenn ja, in welchem Umfang. Dies ist das Gebiet der Ausgleichung und der Herabsetzung (siehe Seite 200).

URTEIL *Hat der Erblasser einem Nachkommen ein Darlehen gewährt mit der ausdrücklichen Erklärung, dieses sei nicht zu verzinsen, ist in dieser Unentgeltlichkeit keine der Herabsetzung unterliegende Zuwendung zu erblicken. Verabredet der Erblasser mit seinem Nachkommen aber die Verzinslichkeit des Darlehens und verzichtet dann auf die Einforderung des Zinses, so liegt ein Verzicht auf ein Recht vor und es kann sich nach Auffassung des Bundesgerichts dabei um eine herabsetzbare Zuwendung handeln (BGE 136 III 305).*

Nutzniessung und Pflichtteil

Eheleute und eingetragene Partner können sich begünstigen, indem sie der hinterbliebenen Seite die Nutzniessung am ganzen Vermögen zuwenden. Gegenüber gemeinsamen Nachkommen ist diese Begünstigung erlaubt; die Pflichtteile von nicht gemeinsamen Nachkommen müssen gewahrt bleiben (siehe Seite 26). Verletzt eine Nutzniessung Pflichtteile, wird ihr Kapitalwert ermittelt und davon der Pflichtteil berechnet. Der Kapitalwert hängt ab vom aktuellen Zinssatz und von der Lebenserwartung der mit der Nutzniessung begünstigten Person (massgebend sind die Barwerttafeln von Stauffer/Schaetzle, siehe Anhang).

 ALS MIRKO L. STIRBT, ist seine zweite Ehefrau Rebecca erst 40 Jahre alt. In seinem Testament hat er ihr die lebenslängliche Nutzniessung am gesamten Nachlass von 600 000 Franken eingeräumt. Seine Tochter Dora aus erster Ehe ist der Meinung, ihr Pflichtteil sei dadurch verletzt.

Der Wert der Nutzniessung wird bei der Berechnung folgendermassen berücksichtigt:

Pflichtteil der Tochter: 3/8 des Nachlasses   Fr. 225 000.–

Berechnung des Nutzniessungswerts:
Nutzniessungsvermögen   Fr. 600 000.–
Jährlicher Ertragszins 3%: Fr. 18 000.–
Kapitalisierungssatz für 40-jährige Frau: 25,39
Wert der Nutzniessung: 25,39 x 18 000.–   Fr. 457 020.–
Der Tochter bleiben   Fr. 142 980.–

Das Testament verletzt den Pflichtteil von Dora im Umfang von 82 020 Franken. So viel kann sie von ihrer Stiefmutter herausverlangen.

Um wie viel Geld geht es?

Wenn Sie vermuten, dass Ihr Pflichtteil verletzt wurde, müssen Sie als Erstes feststellen, wie gross das Nachlassvermögen ist. Zu den Aktiven des Nachlasses gehört ja nicht nur das, was am Todestag an Vermögenswerten vorhanden ist. Dazugezählt werden müssen zum Beispiel Erbvorbezüge, Ansprüche aus der Säule 3a, Forderungen des Erblassers gegenüber anderen Erben oder Drittpersonen und anderes mehr (eine Zusammenstellung finden Sie auf Seite 38). Vom Nachlassvermögen abgezählt werden die Passiven, also die Schulden des Erblassers sowie die Erbgangsschulden.

URTEIL *Ob Ansprüche aus der Säule 3a bei der Pflichtteilsberechnung miteinzurechnen sind, ist in der Literatur umstritten. In seinem Urteil 9C_523/2013 vom 28. Januar 2014 hat das Bundesgericht erstmals festgehalten, dass die gebundene Selbstvorsorge (Säule 3a) bei der Berechnung des Nachlasses grundsätzlich mitzuberücksichtigen ist. Das Bundesgericht hat jedoch angefügt, dass die Säule 3a nicht zwingend und nicht unbedingt gesamthaft zum Nachlass hinzuzurechnen sei. Insbesondere bei der Berechnung des Pflichtteils könne die gebundene Selbstvorsorge aber von Bedeutung sein und der Herabsetzung unterliegen. Der Entscheid lässt noch einige Fragen offen und muss in Zukunft sicherlich vom Bundesgericht präzisiert werden. Insbesondere wird es sich dazu äussern müssen, wie die einzelnen Vorsorgemodelle beim Nachlass zu berücksichtigen sind, da diese erhebliche Unterschiede aufweisen.*

Wichtig zu wissen: Für die Pflichtteilsberechnung werden die Vermögensbestandteile mit ihrem Wert im Zeitpunkt des Todes eingesetzt – und nicht etwa mit dem Wert im Zeitpunkt der möglicherweise viel späteren Erbteilung.

TIPP *Zwischen Todestag und Teilungstag können – nicht nur in strittigen Fällen – Jahre vergehen. Bei massiven Wertveränderungen von Vermögen im Nachlass (zum Beispiel Kursverluste von Aktien, steigende oder sinkende Landpreise), ergeben sich heikle Rechtsfragen. In einem solchen Fall sollten Sie unbedingt einen Erbrechtsspezialisten beiziehen (Adressen in Anhang).*

ZWEI ERBRECHTLICHE VERMÖGENSMASSEN

Berechnungsmasse
Dies ist der rein rechnerische Wert des Nachlasses beim Todestag, der für die Pflichtteilsberechnung massgebend ist (siehe Seite 28).

Teilungsmasse
Dabei handelt es sich um die tatsächlichen Erbschaftsaktiven und -passiven am Teilungstag.

Die Herabsetzungsklage

Das Instrument, um den vom Gesetz garantierten Anteil am Nachlass zu erhalten, ist die Herabsetzungsklage. Zuständig ist das Gericht am letzten Wohnsitz des Erblassers (siehe Zusammenstellung im Anhang). Geklagt wird gegen die Person oder die Personen, die durch die «falsche» Zuwendung begünstigt wurden. Ist die Klage erfolgreich, wird ihr Anteil am Nachlass so weit herabgesetzt, dass der klagende Erbe seinen Pflichtteil bekommt.

Hat der Erblasser zu Lebzeiten eine Schenkung gemacht und hinterlässt er ein Testament, in dem er weitere Verfügungen trifft, wird zuerst das Testament herabgesetzt und die Schenkung verschont. Wer also zu Lebzeiten des Erblassers etwas erhalten hat, ist oft besser gestellt als Erben, die erst im Testament bedacht werden.

NACHDEM SEINE FRAU GESTORBEN IST, verliebt sich Bruno K. in die junge Jolanda C. Er schenkt ihr seine Briefmarkensammlung im Wert von 10 000 Franken. Ein Jahr später stirbt Herr K. und hinterlässt ein Testament. Darin verfügt er: «Meine einzige Tochter Stephanie erhält 90 000 Franken. Davon soll sie meinem Freund Max H. ein Vermächtnis von 20 000 Franken in bar ausrichten.» Es stellt sich heraus, dass der Pflichtteil der Tochter 80 000 Franken beträgt. Bei der Herabsetzung wird zuerst das Vermächtnis und dann die Schenkung berücksichtigt. Stephanie erhält also ihre 80 000 Franken und Max H. nur noch 10 000. Die Schenkung an Jolanda C. wird nicht vermindert, weil der Pflichtteil der Tochter bereits durch die Herabsetzung des Vermächtnisses gewahrt ist.

TIPP *Die einjährige Frist für die Einreichung der Herabsetzungsklage ist recht kurz. Wenn Sie also den Verdacht haben, dass nicht alles mit rechten Dingen zugegangen ist, sollten Sie rasch handeln und rechtlichen Rat einholen.*

Ungültige Testamente

Die Gerichtspraxis ist reich an Urteilen über Testamente, die irgendeinen Mangel aufweisen. Die Frage stellt sich immer, ob der Mangel derart schwerwiegend ist, dass das Testament für ungültig erklärt werden muss, oder ob es noch zu retten ist.

Die Gerichte bemühen sich, dem Willen des Erblassers zum Durchbruch zu verhelfen. Auch die gesetzlichen Anforderungen an die Form wurden gelockert: Heute wird ein Testament, das ein falsches oder gar kein Datum enthält, nur dann für ungültig erklärt, wenn das Datum notwendig ist – zum Beispiel um die Reihenfolge von mehreren, sich widersprechenden Testamenten festzustellen – und wenn es sich nicht auf andere Art herausfinden lässt. Ein Beispiel: Wenn eine Erblasserin eine Spende zugunsten der Opfer des Erdbebens in Haiti verfügte, ist auch ohne Datum auf dem Testament klar, dass dieses nach dem 12. Januar 2010 geschrieben wurde.

Formfehler, Urteilsunfähigkeit und andere Mängel

Die häufigsten Formfehler in Testamenten sind:
- Der Text wurde nicht von A bis Z vom Erblasser von Hand geschrieben.
- Eine im Testament begünstigte Person hat bei einem öffentlichen Testament als Zeugin mitgewirkt.

URTEIL *Das Bundesgericht hält an der (zu) strengen Praxis fest, wonach eine Unterschrift grundsätzlich am Ende des Dokuments stehen muss. Ein handschriftliches Testament, das oben rechts das Datum und den Namen der Erblasserin enthielt, wurde vom obersten Gericht für ungültig erklärt (BGE 135 III 206). Weitere Urteile zu Formfehlern: Ungültigerklärung eines eigenhändigen Testaments aufgrund falscher Angabe des Errichtungsdatums: Urteil 5A_666/2012 vom 3. Juli 2013; Testamentsungültigkeit und Erbunwürdigkeit: Urteil 5A_692/2011 vom 22. März 2012).*

Auch Testamente mit Formfehlern werden gültig, wenn niemand dagegen klagt. Nur in ganz seltenen Fällen ist ein Mangel derart schwerwiegend, dass das Testament nicht nur anfechtbar, sondern nichtig, also überhaupt nicht zu beachten ist.

> **WENN FRAU N. IN IHREM TESTAMENT SCHREIBT,** dass sie das Haus des Nachbarn der Kirche vermache, ist dieses Testament nichtig, weil Frau N. über das Haus des Nachbarn nicht verfügungsberechtigt ist. Das Testament ist rechtlich unmöglich.

Unsittlich oder rechtswidrig
Ein Testament kann für ungültig erklärt werden, wenn es einen rechtswidrigen oder unsittlichen Inhalt aufweist.

> **IN EINEM TESTAMENT WIRD VERFÜGT,** dass der Nachbar 100 000 Franken erhält, wenn er die Tochter des Erblassers heiratet. Dieses Testament ist unsittlich und daher ungültig.

Was gilt, wenn der zuvorkommende Rechtsanwalt die schwerreiche Witwe dazu bringt, ihn in ihrem Testament als Alleinerben einzusetzen? Ist dieses Testament ungültig? Erbschleicherei ist im Gesetz nicht als Ungültigkeitsgrund aufgeführt. Die Frage muss also von den Gerichten entschieden werden (siehe Seite 155).

Willensmängel
Wurde ein Testament aus einem Irrtum, unter Zwang oder Drohung verfasst oder wurde der Erblasser getäuscht, ist es anfechtbar. Allerdings wird es nicht einfach sein, im Nachhinein einen solchen Willensmangel zu beweisen.

Unklarer Wortlaut
Immer wieder werden Testamente wegen unklaren Wortlauts angefochten. Letztlich geht es darum, herauszufinden, was der Erblasser oder die Erblasserin tatsächlich wollte.

> **URTEIL** *Das Bundesgericht hat bei der Beurteilung eines widersprüchlichen Testaments folgende Grundsätze festgehalten: Bei der Auslegung eines Testaments ist der wirkliche Wille*

des Erblassers zu ermitteln. Ausgangspunkt dabei ist immer der Wortlaut des Testaments. Das gilt auch, wenn die Anordnungen darin verschieden verstanden werden können. Bei der Auslegung muss davon ausgegangen werden, dass der Verstorbene sein Testament nach dem allgemeinen Sprachgebrauch abfasste; unrichtige Bezeichnungen oder Ausdrucksweisen sind so weit unbeachtlich. Wer sich hingegen auf einen vom allgemeinen Sprachgebrauch abweichenden Sinn einer Formulierung berufen will, ist dafür beweispflichtig und muss konkrete Anhaltspunkte beibringen können (BGE 131 III 106 und Urteil 5A_850/2010 vom 4. Mai 2011).

Gemäss dieser Rechtsprechung hat das Bundesgericht auch im folgenden Fall für die Interpretation eines unklaren Testaments den Entwurf dazu beigezogen: Eine Erblasserin hatte ein Testament hinterlassen, das folgenden Text enthielt: «[…] also ich Z. verfüge, über haushalt gegenstand coup(p)on am hause W. habe ich so 440 000 fr. eingesetzt an meinen neffen für all seine arbeit die er alles gratis und zur vollsten zufriedenheit aus geführt hat, ist das nicht zu viel 10 000 auch bekommt er sämtlich uhrendie im hause sind, […].» Die Frage war, ob dieser unklare Wortlaut interpretiert werden dürfe mithilfe des Entwurfs, der klarer war als die Endversion des Testaments. Das Bundesgericht bejahte dies mit der Begründung, man müsse sich auf den Willen des Erblassers abstützen (Urteil 5A_715/2009 vom 14. Dezember 2009).

Nicht verfügungsfähig
Wer ein Testament verfasst, muss verfügungsfähig sein, das heisst: den 18. Geburtstag hinter sich haben und urteilsfähig sein. Auch Personen unter umfassender Beistandschaft können also ein rechtsgültiges Testament verfassen. Für einen Erbvertrag braucht es zusätzlich die Handlungsfähigkeit; Verbeiständete können deshalb nur mit der Zustimmung ihres Beistands einen Erbvertrag unterzeichnen.

Was aber bedeutet Urteilsfähigkeit? Die Erblasserin muss sich über die Auswirkungen ihrer Formulierungen im Klaren sein, nach ihrem Wissen handeln und sich gegen Beeinflussungen wehren können. Nicht nur eigenhändige Testamente, sondern auch krakelige Unterschriften unter öffentlichen Testamenten lassen manchmal Zweifel an der Verfügungsfähigkeit aufkommen.

MARIA Z. WURDE IM JANUAR wegen Verwirrtheit in die psychiatrische Klinik eingewiesen. Am 25. Februar wurde Reto R. zu ihrem Beistand ernannt. Am 5. April errichtete Frau Z. ein öffentliches Testament – vor einem Notar – und setzte ihren Beistand als Alleinerben ein. Fünf Jahre später starb sie und hinterliess als einzige gesetzliche Erbin ihre Schwester. Diese focht das Testament wegen Verfügungsunfähigkeit an.

Das Bezirksgericht hiess die Klage der Schwester gut; das Obergericht hob das Urteil auf und schützte die Erbeinsetzung von Herrn R. Das Bundesgericht schliesslich befand: Angesichts ihres allgemeinen Gesundheitszustands und des teilweise schwer nachvollziehbaren Testamentsinhalts sei Frau Z. bei der Abfassung des Testaments nicht mehr verfügungsfähig gewesen. Herr R. könne aber den Gegenbeweis antreten, dass Frau Z. in einem luziden Anfall gehandelt habe. Es wies den Fall zur Neubeurteilung an die Vorinstanz zurück (BGE 124 III 5 und Urteil 5A_436/2011 vom 12. April 2012).

Zwei neuere Urteile des Bundesgerichts über die Testierfähigkeit von Hochbetagten halten fest: Auch Hochbetagte können – trotz offenkundiger Abnahme ihrer geistigen Fähigkeiten – gültig über ihr Vermögen verfügen, sofern sie fähig sind, der Fremdbeeinflussung zu widerstehen, sich eine eigene Meinung zu bilden und nach ihrem freien Willen zu handeln (Urteil 5A_384/2012 vom 13. September 2012 und Urteil 5A_439/2012 vom 13. September 2012).

Die Ungültigkeitsklage

Auch eine mangelhafte Verfügung wird rechtskräftig, wenn sie nicht innert eines Jahres angefochten wird. Das prozessuale Mittel ist die Ungültigkeitsklage. Sie kann – nach dem Wortlaut des Gesetzes – «von jedermann erhoben werden, der als Erbe oder Bedachter ein Interesse daran hat».

TINO N. HAT SEINE LEBENSPARTNERIN VANJA im Testament als Universalerbin über seinen Nachlass von 400 000 Franken eingesetzt. Da er ledig ist, keine Kinder hat und seine Eltern bereits gestorben sind, verletzt er damit keinerlei Pflichtteile. Doch er hat das Testament auf dem Computer verfasst und nur Datum und Unterschrift von Hand darunter gesetzt. Liliana und Ursula, die beiden Schwestern von Herrn N., fechten das Testament an und es wird für ungültig erklärt. Obwohl die Schwestern keinen Pflichtteilsanspruch haben, erhalten sie den ganzen Nachlass.

Das Urteil wirkt nur unter den Prozessparteien selber. Wird das Testament nicht von allen Erben angefochten, wirkt die Ungültigkeit nur für diejenigen Erben, die es angefochten haben.

NUR URSULA ENTSCHEIDET SICH, das Testament ihres Bruders anzufechten. Sie gewinnt den Prozess und erhält ihre Erbquote von 200 000 Franken. Die anderen 200 000 Franken bleiben der Lebenspartnerin. Liliana, die das Testament nicht angefochten hat, erhält nichts.

Nicht nur fehlerhafte Testamente bieten Anlass zu Ungültigkeitsklagen. Auch gegen Widersprüche zwischen Erbverträgen und späteren Testamenten kann man sich auf diesem Weg wehren.

SONJA UND WERNER K. HABEN VIER KINDER. In einem Erbvertrag haben sie sich gegenseitig als Universalerben eingesetzt. Gleichzeitig haben sie darin festgehalten, dass die Nachkommen nach dem Tod des zweitversterbenden Elternteils zu gleichen Teilen erben sollen. Werner K. stirbt. Einige Zeit später verfasst die Mutter ein Testament, in dem sie die verfügbare Quote der Tochter Angela zuwendet und die übrigen Nachkommen auf den Pflichtteil setzt. Diese fechten das Testament mit der Ungültigkeitsklage an und erhalten recht. Das Testament steht im Widerspruch zum Erbvertrag und die Mutter hatte keine Kompetenz, von der erbvertraglichen Regelung abzuweichen (mehr dazu auf Seite 80).

MUSTER: UNGÜLTIGKEITSKLAGE
1. Es sei das Testament vom 15. Januar 1998 der am 15. Mai 2014 in Winterthur verstorbenen Meier Gabriela, geb. 14.1.1929, für ungültig zu erklären.
2. Unter Kostenfolge zulasten der Beklagten.

Die Erbteilung

Mit der Teilung werden Vermögenswerte, die bisher im gemeinschaftlichen Eigentum aller standen, den einzelnen Erbinnen und Erben zugeteilt. Erbteilung bedeutet also gleichzeitig Liquidation der Erbengemeinschaft. In diesem Kapitel erfahren Sie, welche Prinzipien gelten, wie Sie praktisch vorgehen müssen und wie Sie Streit vermeiden.

Die Ausgleichung

Sie haben seinerzeit von den Eltern 200 000 Franken für die Eröffnung eines eigenen Geschäfts erhalten. Jetzt sind beide gestorben und die Erbteilung steht bevor.

Wer mit Erben und Vererben zu tun hat, kommt nicht um die Ausgleichung herum. Kaum ein anderer Bereich des Erbrechts führt zu so viel Streit und Unfrieden. Ausgleichung bedeutet, dass zum Nachlassvermögen, das im Zeitpunkt des Todes vorhanden ist, alle lebzeitigen Vermögenszuwendungen hinzugerechnet werden. Dadurch wird die Teilungsmasse rechnerisch erhöht und mit ihr auch der Anteil jedes einzelnen Erben. Wer bereits etwas erhalten hat, bekommt entsprechend weniger ausgezahlt oder muss allenfalls sogar nachzahlen.

Wer muss ausgleichen?

Die Ausgleichungspflicht trifft nicht jeden Erben gleich. Das Gesetz stellt zwei Kategorien von Ausgleichungsschuldnern auf:

- Bei den **Nachkommen** stellt das Gesetz die Vermutung auf, dass der Erblasser alle gleich behandeln wollte. Soll daher ein Nachkomme nicht ausgleichen, muss dies ausdrücklich so festgehalten sein.
- Bei den **übrigen gesetzlichen Erben** wird die Ausgleichungspflicht nicht vermutet. Das gilt auch für den hinterbliebenen Ehegatten.

Der Ausgleichung unterliegen grundsätzlich alle Zuwendungen, die die Nachkommen vom Erblasser zu Lebzeiten erhalten haben – Erbvorbezüge, Schenkungen, höhere Ausbildungskosten. Einzige Ausnahme: Gelegenheitsgeschenke zu Weihnachten oder Geburtstagen (mehr dazu auf Seite 92).

Ungleiche Behandlung mit Erbvorbezügen

Erbvorbezüge von Nachkommen müssen ausgeglichen werden – es sei denn, der Empfänger sei ausdrücklich von der Ausgleichungspflicht befreit worden. Dies kann in einem Testament oder in einem Erbvertrag, in einem Kaufvertrag oder in einem anderen Dokument festgehalten sein; Beispiele dazu finden Sie in Kapitel 4 (Seite 88). Immer wieder kommt es auch zu Meinungsverschiedenheiten darüber, wie die Erträge zu behandeln sind. Das Gesetz ist klar: Erträge, zum Beispiel Mieteinnahmen aus einer Liegenschaft oder Zinsen von Obligationen, müssen nicht ausgeglichen werden – aber auch da kann der Erblasser das Gegenteil bestimmen.

 THEO D. ÜBERTRÄGT SEINEM SOHN LAURENT seinen Gewerbebetrieb. Der Unternehmenswert liegt bei 500 000 Franken; 200 000 davon sind Fremdkapital. Im Übertragungsvertrag wird ausdrücklich festgehalten, dass die restlichen 300 000 Franken mit einem nicht anzurechnenden Erbvorbezug «abgegolten» seien. Seiner Tochter Gina gibt Herr D. zwei Jahre später einen Erbvorbezug von 100 000 Franken, vermerkt aber nichts weiter dazu. Als der Vater stirbt, beträgt sein Vermögen noch 300 000 Franken. Wie sieht die Teilung aus?

Nachlassmasse bei Tod	Fr. 300 000.–
Erbvorbezug der Tochter	Fr. 100 000.–
Total Teilungsmasse	Fr. 400 000.–

Davon erhält jedes Kind die Hälfte. Die Tochter muss sich den Erbvorbezug von 100 000 Franken anrechnen lassen, erhält also noch 100 000 Franken. Die restlichen 200 000 Franken gehen an den Sohn, der ja ausdrücklich von der Ausgleichungspflicht befreit wurde. Im Endergebnis hat dieser also 500 000 Franken.

Ausgleichung und Herabsetzung spielen zusammen

Dürfen Erblasser ihre Nachkommen derart ungleich behandeln? Solange die Pflichtteile gewahrt bleiben, können die anderen Erben sich gegen solche Anordnungen nicht wehren. Wenn aber ihr Pflichtteil verletzt wird, können sie mit der Herabsetzungsklage wenigstens diesen Betrag herausverlangen. Um festzustellen, ob Pflichtteile verletzt wurden, wird zuerst berechnet, wie hoch die Teilungsmasse inklusive der eigentlich ausgleichungspflichtigen Zuwendungen ist. Erst in einem zweiten Schritt lässt sich feststellen, ob Pflichtteile verletzt wurden.

 GINA D. KONSULTIERT EINE ERBRECHTSSPEZIALISTIN und will wissen, ob sie sich die massive Benachteiligung gefallen lassen muss. Die Anwältin prüft, ob die Befreiung von der Ausgleichungspflicht den Pflichtteil der Tochter verletzt. Die Berechnung:

Nachlassmasse bei Tod	Fr. 300 000.–
Herabsetzbare Zuwendung an Laurent	Fr. 300 000.–
Erbvorbezug Gina	Fr. 100 000.–
Für die Pflichtteilsberechnung massgebende Teilungsmasse	Fr. 700 000.–
Gesetzlicher Erbanspruch von Gina: 1/2	Fr. 350 000.–
Pflichtteil von Gina: 3/4 davon = 3/8	Fr. 262 500.–

Zwar liegt Laurents Anteil mit 437 500 Franken immer noch deutlich über dem seiner Schwester. Aber immerhin: Gina D. erhält 62 500 Franken mehr.

 INFO *Ein ausgleichungspflichtiger Erbvorbezug verjährt bis zur Teilung nicht: Die Herabsetzung dagegen muss innert eines Jahres seit der Testamentseröffnung verlangt werden (siehe Seite 186).*

Schenkungen

Bei Schenkungen ist die rechtliche Situation noch komplizierter und – auch für Juristen – zum Teil schwer nachvollziehbar. Schenkung bedeutet eine unentgeltliche Zuwendung, eine unentgeltliche Übertragung von Vermögenswerten. Eine solche Schenkung kann zu Lebzeiten ausgerichtet oder auf den Tod hin (zum Beispiel im Testament) verfügt werden.

Geschenkt ist geschenkt? Für Nachkommen nicht unbedingt – wenn der Schenkende nicht ausdrücklich etwas anderes festgehalten hat, müssen sie Schenkungen bei der Erbteilung ausgleichen.

DIE MUTTER DER DREI GESCHWISTER T. ist vor zehn Jahren gestorben. Damals waren alle drei einverstanden, dem Vater das ganze Vermögen zu überlassen. Drei Jahre nach dem Tod der Mutter hat der Vater dem einen Sohn zur Geschäftseröffnung 200 000 Franken geschenkt. Als der Vater stirbt, beträgt das noch vorhandene Vermögen (Teilungsmasse) eine Million Franken. Dazu kommen die 200 000 Franken des Sohnes, denn Nachkommen müssen grundsätzlich ausgleichen.

Anders wäre die Situation, wenn der Vater seinen Sohn ausdrücklich von der Ausgleichung befreit hätte. Dann würde nur geprüft, ob die Schenkung den Pflichtteil der anderen Geschwister verletzt und deshalb herabgesetzt werden muss. Im Beispiel der Familie T. wäre das nicht der Fall, weil der Betrag von 200 000 Franken in der verfügbaren Quote Platz hat (siehe Seite 30).

Spezialfall: gemischte Schenkung bei Liegenschaften

Von einer gemischten Schenkung spricht man, wenn ein Teil eines Geschäfts gegen Entgelt, der andere Teil unentgeltlich ist. Das kommt vor allem bei Liegenschaften recht häufig vor: Die Eltern möchten, dass das Haus in der Familie bleibt und setzen den Kaufpreis bewusst zu tief an, damit ein Nachkomme die Liegenschaft ohne Schwierigkeiten übernehmen kann.

Da stellen sich einige Fragen: Muss der Bevorzugte bei der Erbteilung ausgleichen? Und wenn ja: Was genau muss er ausgleichen? Umstritten war auch in der Rechtsprechung lange Zeit, wie bei solchen Geschäften Wertsteigerungen vom Zeitpunkt der Übergabe bis zur Erbteilung zu behandeln seien.

1979 HAT CHRISTOPH H. seine Wohnliegenschaft seinem Sohn Armin übertragen. Der Verkehrswert damals betrug 180 000 Franken, als Kaufpreis wurde ein Betrag von 100 000 Franken vereinbart. 2010 stirbt Christoph H. Das Haus weist im Zeitpunkt des Todes einen Verkehrswert von 320 000 Franken auf. Armin stellt sich auf den Standpunkt, er habe die Liegenschaft gekauft, der «Handel» gehe seine Geschwister nichts mehr an. Diese sind der Meinung, sie müssten sich eine solche Benachteiligung nicht einfach gefallen lassen. Wer ist im Recht?

Massgebend für die Ausgleichung ist der Wert im Zeitpunkt des Todes. Auch die Wertsteigerung seit der Übertragung der Liegenschaft wird damit berücksichtigt. Das Bundesgericht hat sich in einem wegweisenden Entscheid für die sogenannte Quoten- oder Proportionalmethode entschieden: Der Ausgleich in der späteren Teilung berücksichtigt einerseits den Umfang der Schenkung, aber auch die Wertsteigerung (BGE 98 II 352).

 IM BEISPIEL VON CHRISTOPH UND ARMIN H. errechnet sich der Ausgleichungsbetrag nach folgender Formel:

$$\frac{\text{Wert der Liegenschaft beim Erbgang} \times \text{effektiv geschenkter Teilbetrag}}{\text{Wert bei Vertragsabschluss}}$$

$$\frac{\text{Fr. } 320\,000.- \times \text{Fr. } 80\,000.-}{\text{Fr. } 180\,000.-} = \text{Fr. } 142\,222.-$$

Die praktische Schwierigkeit bei solchen Auseinandersetzungen besteht darin, dass oft ein Verkehrswert ermittelt werden muss, der Jahre oder sogar Jahrzehnte zurückliegt. Erst, wenn die Differenz zwischen Verkaufspreis und Verkehrswert feststeht, lassen sich die Chancen bei einem Prozess beurteilen. Zusätzlich erschwert werden solche Berechnungen, wenn der neue Besitzer die Liegenschaft in der Zwischenzeit renoviert oder umgebaut hat.

Hinzu kommt noch ein Drittes: Selbst wenn die Wertdifferenz massiv ist, ist die Situation nicht immer eindeutig. Denn zusätzlich muss noch nachgewiesen werden, dass der Erblasser die Bevorzugung auch tatsächlich erkannt hat.

 EIN ERBLASSER HINTERLIESS als gesetzliche Erben seinen Sohn und eine Enkelin, das Kind seiner bereits verstorbenen Tochter. Diese hatte er auf den Pflichtteil gesetzt und verfügt, dass die Schenkungen, die er zu Lebzeiten den Nachkommen zugewendet hatte, nicht ausgeglichen werden müssten. Die Enkelin erhob eine Ungültigkeits- und

Herabsetzungsklage mit der Begründung, dass ihr Onkel zu Lebzeiten vom Erblasser mehrere Grundstücke massiv unter dem wirklichen Wert gekauft habe.

Aufgrund von Schätzungen stand fest, dass der Kaufpreis tatsächlich gegen 30 Prozent unter dem Verkehrswert lag. In objektiver Hinsicht (rein von aussen gesehen) handelte es sich also klar um eine gemischte Schenkung. In subjektiver Hinsicht (im «Kopf» des Erblassers) aber – so das Ober- und später auch das Bundesgericht – hätten die Vertragsparteien die zu tiefen Grundstückspreise nicht erkannt. Das nachweisliche Missverhältnis zwischen Leistung und Gegenleistung allein genüge nicht; eine gemischte Schenkung liege nur dann vor, wenn der Erblasser das Missverhältnis auch tatsächlich erkannt und gewollt habe. Die Herabsetzungsklage der Enkelin wurde abgewiesen (BGE 126 III 174, neu Urteil 5A_587/2010 vom 11. Februar 2011).

TIPP *Langer Rede kurzer Sinn: Bevor Sie in einen Prozess um gemischte Schenkungen steigen, lassen Sie die Rechtslage und die Erfolgschancen genau prüfen. Beachten Sie insbesondere, dass Liegenschaftsschätzungen immer wieder für Überraschungen – positive wie negative – gut sein können.*

Werden Pflegeleistungen ausgeglichen?

Spätestens im Rahmen der Erbteilung kommen Diskussionen auf, ob ein Nachkomme, der sich intensiv um die Eltern gekümmert hat – meist ist es eine Tochter –, Anspruch auf eine Entschädigung hat. Einkäufe besorgen, putzen, kochen, Krankenpflege – wie viel ist das wert? Die Frage kommt zu spät!

Wurde zu Lebzeiten der Eltern keine Abmachung getroffen und ist auch testamentarisch weder eine Entschädigung noch ein Vermächtnis festgesetzt, geht die Tochter leer aus. Solche Leistungen werden rechtlich als sittliche Pflicht betrachtet, die ohne Entschädigung zu erbringen ist.

BUCHTIPP
Karin von Flüe: **Letzte Dinge regeln. Fürs Lebensende vorsorgen – mit Todesfällen umgehen.** Ausführliche Informationen zu allen Fragen rund um die Betreuung von Angehörigen und zum Verhalten bei einem Todesfall.
www.beobachter.ch/buchshop

Viele Erbengemeinschaften legen aber im Rahmen der Erbteilung freiwillig eine Entschädigung fest. Das ist nicht mehr als recht und billig. Schliesslich profitieren auch die Miterben davon, dass dank der Pflege der Eintritt in ein teures Alters- oder Pflegeheim hinausgeschoben wurde.

Wie hoch soll die Entschädigung sein?

Die Pro Senectute bietet im Internet ein Erhebungsblatt an, mit dem Sie festlegen können, welche Dienstleistungen wie zu entschädigen sind (www.pro-senectute.ch → Shop → Downloads → Betreuungs- und Pflegevertrag). Als Stundenansatz empfiehlt die Pro Senectute 25 bis 30 Franken. Eine andere Möglichkeit: Die pflegende Erbin erhält die Hälfte der dank ihrem Einsatz gesparten Alters- oder Pflegeheimkosten als Entschädigung.

Konkubinatspaare

Für eine hinterbliebene Konkubinatspartnerin ist die Situation noch viel unbefriedigender. Auch ihre Pflegeleistungen gelten als kostenloser Liebesdienst. Weil sie nicht einmal ein gesetzliches Erbrecht hat, läuft sie Gefahr, völlig leer auszugehen. Konkubinatspaare sollten deshalb unbedingt einen Betreuungsvertrag abschliessen, der auch die finanzielle Seite regelt. Oder dann im Testament oder Erbvertrag eine angemessene Entschädigung festlegen.

Wie läuft die Teilung ab?

Das Gesetz sagt klipp und klar: «Jeder Erbe kann zu beliebiger Zeit die Teilung der Erbschaft verlangen.» (Art. 604 Abs. 1 ZGB) Sie müssen also nicht jahre- oder jahrzehntelang in der Erbengemeinschaft bleiben, ohne über Ihren Erbteil verfügen zu können.

Trotz der klaren gesetzlichen Regelung existieren aber sehr viele, zum Teil langjährige Erbengemeinschaften. Die Gründe sind oft persönlicher Natur: Die Kinder warten beim Tod eines Elternteils aus Pietät zu und überlassen den Nachlass ungeteilt der Mutter oder dem Vater zur Nutzung. Häufig ist der Grund aber auch reine Bequemlichkeit, Unkenntnis und nicht zuletzt Angst vor einer langwierigen Auseinandersetzung.

 TIPP *Schieben Sie eine Teilung nicht jahrzehntelang vor sich her. Haben Sie den Mut, die Schwierigkeiten anzupacken. Es ist unfair, die Probleme, die eigentlich Ihre Generation lösen sollte, einfach der nächsten weiterzuvererben.*

Der Teilungsaufschub

Nicht immer ist eine sofortige Teilung das Richtige. Es kann zum Beispiel durchaus sinnvoll sein, ein Familienunternehmen ein paar Jahre gemeinsam weiterzuführen, statt es zu verkaufen und den Erlös zu teilen.

INFO *In bestimmten Situationen verlangt das Gesetz einen Teilungsaufschub. Zum Beispiel, wenn auf ein noch nicht geborenes Kind Rücksicht genommen werden muss. Oder im bäuerlichen Erbrecht, wo die Teilung verschoben werden muss, wenn minderjährige Kinder zu den Erben gehören, damit diese bei der Zuweisung des landwirtschaftlichen Gewerbes nicht benachteiligt sind.*

Vereinbarung der Erben
Sind alle einverstanden, können die Erben sich verpflichten, einstweilen auf die Teilung zu verzichten. Dann bleibt die Erbengemeinschaft weiter bestehen.

Wird die Erbteilung aus Rücksicht auf einen hinterbliebenen Elternteil verschoben, erhält dieser meist die Nutzung am Nachlass und muss ihn auch selber versteuern. Obwohl die Nachkommen am Nachlass erbberechtigt sind, wird ihnen der Erbteil beim privaten Vermögen nicht aufgerechnet.

Die Erben können auch vereinbaren, dass sie die Erbengemeinschaft nur für bestimmte Vermögenswerte des Nachlasses bestehen lassen wollen und die anderen – vor allem Kapitalien – bereits aufteilen (objektiv partielle Erbteilung).

DIE ELTERN F. SIND GESTORBEN. Neben Obligationen und Aktien hinterlassen sie auch eine Ferienwohnung in Falera. Die Kinder vereinbaren, diese Wohnung nicht zu verkaufen und auch nicht zu teilen, sondern in der Erbengemeinschaft zu belassen. Für die Nutzung erstellen sie einen Belegungsplan.

Möglich ist auch ein **Erbauskauf**. Dann vereinbaren die Erben, dass einer von ihnen aus der Erbengemeinschaft ausscheidet und die übrigen die Erbengemeinschaft fortsetzen (subjektiv partielle Erbteilung, siehe auch Seite 218).

NORBERT, DER ÄLTESTE BRUDER, war schon immer ein Eigenbrötler. Die anderen Geschwister verstehen sich glänzend. Alle kommen überein, dass Norbert mit einer Summe ausgekauft wird und somit aus der Erbengemeinschaft ausscheidet.

Auf Antrag eines Erben
Das Gericht kann auf Gesuch eines Erben die Teilung vorübergehend verschieben, wenn sonst der Wert der Erbschaft vermindert würde. Die Verschiebung kann sich auch nur auf einzelne Erbschaftssachen beziehen.

DIE GEMEINDE HAT SOEBEN eine Zonenplanrevision beschlossen. Noch ist unsicher, ob eine Parzelle, die sich zurzeit in der Landwirtschaftszone befindet, durch die Revision in die Bauzone kommt. Der dadurch entstehende Mehrwert soll allen Erben zugute kommen. Deshalb schiebt das Gericht die Teilung auf.

Aufgeschoben wird nur, wenn die Interessen der Erbschaft – und nicht etwa des einzelnen Erben – tangiert sind. Hat zum Beispiel ein Miterbe günstig in der Nachlassliegenschaft gewohnt, die nun für die Teilung verkauft werden soll, kann er nicht um Verschiebung nachsuchen.

 INFO *Jeder Erbe kann auch verlangen, dass vor der Teilung die Schulden des Erblassers getilgt oder zumindest sichergestellt werden. In diesem Fall wird die Teilung verschoben, bis die Schulden bereinigt sind.*

Wunsch des Erblassers
Erblasser ordnen manchmal im Testament oder Erbvertrag einen Teilungsaufschub an, zum Beispiel bis die Ehefrau ebenfalls gestorben ist oder bis das jüngste Kind 25 Jahre alt ist. Zumindest für die frei verfügbare Quote muss dieser Wunsch respektiert werden. Einen generellen Teilungsaufschub allerdings können die gesetzlichen Erben anfechten und wenigstens ihren Pflichtteil herausverlangen.

Trotzdem gibt es zwei Möglichkeiten, wie ein Ehemann sicherstellen kann, dass seine Frau über die ungeteilte Erbschaft verfügen kann:
- Er kann der Ehefrau die Nutzniessung am Erbteil der Nachkommen einräumen. Diese behalten zwar trotzdem ihren Teilungsanspruch. Weil aber der Erbteil mit der Nutzniessung belastet bleibt, bringt ihnen die Teilung in der Regel keine praktischen Vorteile.
- Im Testament oder Erbvertrag können diejenigen Nachkommen, die zu Lebzeiten der Mutter die Teilung verlangen, sowohl für den Erbgang des erstversterbenden als auch des zweitversterbenden Elternteils zugunsten der anderen Nachkommen auf den Pflichtteil gesetzt werden. Jeder Nachkomme wird sich dann genau überlegen, ob er seinen Erbteil herausverlangen will.

Nicht für immer aufgeschoben
Auch eine Vereinbarung mit Teilungsaufschub ändert nichts am Grundsatz, dass jeder Erbe einen Anspruch auf Teilung hat. Selbst wenn alle Erben unterschreiben würden, dass sie den Nachlass nie teilen wollen,

wäre ein solcher Vertrag wegen übermässiger Bindung anfechtbar. Als Faustregel gilt: Ein Teilungsaufschub von 30 Jahren ist noch keine übermässige Bindung, kann also nicht angefochten werden.

Das sagt das Gesetz zur Teilung

Das Wichtigste zuerst: Grundsätzlich können Sie und Ihre Miterben frei vereinbaren, wer welche Vermögenswerte erhält – vorausgesetzt, alle sind einverstanden. Sie können beispielsweise einem Miterben das Elternhaus zu einem Preis unter dem Verkehrswert überlassen oder einen alten Schrank der jüngsten Schwester ohne Anrechnung – also gratis – zusprechen. Für den Fall, dass sich die Erben nicht einigen können, stellt das Gesetz gewisse Grundsätze und Richtlinien auf.

Oberster Grundsatz: Gleichberechtigung
Alle Erben haben bei der Teilung den gleichen Anspruch auf die einzelnen Gegenstände im Nachlass. Dieser Grundsatz gilt trotz unterschiedlicher Erbquoten. Können sich die Erben nicht einigen, wer welchen Gegenstand erhält, muss geteilt werden. Und zwar verlangt das Gesetz Realteilung: Von zwölf Goldvreneli erhält beispielsweise jede der zwei Töchter sechs.

Lose bilden
Allerdings kann dieser Grundsatz nicht absolut gelten. Bei einem Bild zum Beispiel würde eine körperliche Teilung zu einem unsinnigen Ergebnis – zur Vernichtung des Kunstwerks – führen. Deshalb werden aus den Erbschaftssachen so viele Teile oder Lose gebildet, wie Erben oder Erbstämme vorhanden sind.

Können sich die Erben nicht einigen, kann die zuständige kantonale Behörde angerufen werden. Diese nimmt dann die Losbildung vor und berücksichtigt dabei die persönlichen Verhältnisse und die Wünsche der Mehrheit. Als Leitlinie muss der gesunde Menschenverstand dienen. Es macht keinen Sinn, einer Erbin ohne Fahrausweis ein Auto oder einem gehbehinderten Erben ein Maiensäss zuzuteilen. Die zuständige Behörde kann allerdings nur Vorschläge unterbreiten, den Erben aber die Lose nicht aufzwingen. Dafür ist einzig der Richter zuständig.

INFO *Die im Gesetz vorgesehene Losbildung ist realitätsfremd und wird in der Praxis kaum angewandt. Die Interessen der Erben sind oft zu unterschiedlich oder alle wollen das Gleiche, sodass eine Losbildung nicht zustande kommt.*

Zuweisung in natura

Die Erben haben einen Anspruch auf die Gegenstände der Erbschaft und müssen nicht akzeptieren, dass diese verkauft werden und der Erlös geteilt wird. Wenn eine Erbin sich zum Beispiel den Biedermeiersekretär zum gleichen Preis anrechnen lässt, wie ein Dritter zu zahlen bereit ist, erhält sie ihn zugewiesen.

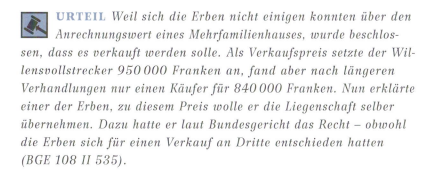 **URTEIL** *Weil sich die Erben nicht einigen konnten über den Anrechnungswert eines Mehrfamilienhauses, wurde beschlossen, dass es verkauft werden solle. Als Verkaufspreis setzte der Willensvollstrecker 950 000 Franken an, fand aber nach längeren Verhandlungen nur einen Käufer für 840 000 Franken. Nun erklärte einer der Erben, zu diesem Preis wolle er die Liegenschaft selber übernehmen. Dazu hatte er laut Bundesgericht das Recht – obwohl die Erben sich für einen Verkauf an Dritte entschieden hatten (BGE 108 II 535).*

Sollen Erbschaftssachen verkauft werden, kann ein Erbe stattdessen die Versteigerung verlangen. Die zuständige Behörde entscheidet, ob eine solche Versteigerung öffentlich oder nur unter den Erben stattfindet. Sie muss dabei nötigenfalls prüfen, ob der gesuchstellende Erbe zur Erbschaft berufen ist und ob der Verkauf der Erbschaftssache, den der Erbe auf dem Weg der Versteigerung verlangt, nicht gegen gesetzliche Teilungsregeln verstösst. Derartige Vorfragen darf die zuständige Behörde beantworten, solange das Erbteilungsgericht darüber nicht bereits rechtskräftig geurteilt hat und keine Erbteilungsklage rechtshängig ist (BGE 137 III 8).

Eine öffentliche Versteigerung wird angeordnet, wenn unter den Erben Personen unter umfassender Beistandschaft sind oder wenn nicht alle Erbinnen und Erben in der Lage sind, mitzubieten. Auf diese Weise soll sichergestellt werden, dass bei der Versteigerung ein korrekter Preis resultiert.

Sachen von grossem Wert

Hat eine einzelne Sache von ihrem Wert her in einem Erbteil keinen Platz und wäre eine Teilung ohne Wertverlust nicht möglich, muss sie – wenn einer der Erben es verlangt – verkauft werden. Der Erlös fällt in die Erbmasse.

Das kommt häufig vor, wenn Liegenschaften zum Nachlass gehören. Bei einem Mehrfamilienhaus wäre zwar eine Aufteilung in Stockwerkeigentum mit Zuteilung von einzelnen Wohnungen an die Erben möglich; das Bundesgericht lehnt jedoch eine solche Aufteilung ab.

 URTEIL Ein Erblasser hinterliess als einzige Erben seine beiden Söhne. Neben anderen Vermögenswerten befand sich in seinem Nachlass ein Dreifamilienhaus. Der eine Sohn verlangte gerichtlich die Aufteilung des Dreifamilienhauses in dem Sinn, dass jedem der Erben eine Wohnung zugeteilt und die dritte Wohnung verkauft werden solle. Der andere widersetzte sich der Zuteilung und verlangte den Verkauf der ganzen Liegenschaft. Das Bundesgericht bestätigte zwar, dass Vermögensstücke der Erbschaft wenn immer möglich in natura unter den Erben zu verteilen seien, fuhr dann aber fort: «Die Aufteilung eines Grundstücks in zu Stockwerkeigentum ausgestaltete Miteigentumsanteile kann einem Erben, der sich dieser Massnahme widersetzt, durch die Behörden nicht aufgezwungen werden.» (BGE 94 II 231, Regeste und S. 239/240)

Grenzen der Gleichberechtigung

Vom Grundsatz der Gleichberechtigung gibt es verschiedene Ausnahmen:

- **Sachgesamtheiten**
  Gegenstände, die ihrer Natur nach zusammengehören – eine Grafiksammlung, eine Fachbibliothek und Ähnliches –, sollen nicht getrennt werden. In solchen Fällen entscheidet die Behörde über das Schicksal (Zuweisung an einen Erben oder Verkauf).

- **Familienschriften**
  Gegenstände mit speziellem Erinnerungswert wie Fotoalben, Pokale, Diplome, Schützenabzeichen dürfen nur verkauft werden, wenn alle Erben einverstanden sind. Wenn nicht, weist sie die Behörde – mit oder ohne Anrechnung – aufgrund der persönlichen Verhältnisse einem der Erben zu.

- **Forderungen des Erblassers**
  Hat der Erblasser eine Forderung gegenüber einem Erben – zum Beispiel aus einem Darlehen –, wird die Forderung diesem Erben zugeteilt.
- **Pfandrecht**
  Übernimmt ein Erbe eine Liegenschaft, auf der eine Hypothek lastet, wird ihm auch diese Grundpfandschuld zugeteilt. Eine Erbin, die eine Liegenschaft mit einer Hypothek von 200 000 Franken zugewiesen erhält, muss also vom Anrechnungswert von 500 000 Franken nur 300 000 Franken bezahlen.
- **Eheliche Wohnung und Hausrat**
  Die hinterbliebene Ehefrau – oder der Ehemann – kann die eheliche Wohnung oder Liegenschaft sowie den Hausrat auf Anrechnung zu Alleineigentum übernehmen (siehe auch Seite 112). Das ist dann nicht möglich, wenn der Erblasser im Testament festgelegt hat, dass seiner Frau statt Eigentum nur ein Nutzungsrecht zuzuweisen sei. Auch können sowohl die hinterbliebene Ehefrau wie auch die anderen gesetzlichen Erben verlangen, dass statt Eigentum ein Nutzniessungs- oder Wohnrecht eingeräumt wird. Die Nutzniessung kann sich auch nur auf einen Teil des Gebäudes beziehen.

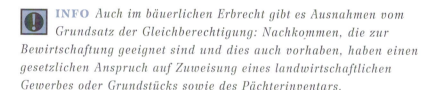

INFO *Auch im bäuerlichen Erbrecht gibt es Ausnahmen vom Grundsatz der Gleichberechtigung: Nachkommen, die zur Bewirtschaftung geeignet sind und dies auch vorhaben, haben einen gesetzlichen Anspruch auf Zuweisung eines landwirtschaftlichen Gewerbes oder Grundstücks sowie des Pächterinventars.*

Teilungsvorschriften des Erblassers

Auch Teilungsvorschriften im Testament oder Erbvertrag können das Prinzip der Gleichberechtigung aufheben. Die Erblasserin hat zum Beispiel bestimmt, dass der eine Sohn die Liegenschaft erhalten soll, der andere das Auto. Solche Teilungsvorschriften sind an sich verbindlich. Trotzdem können Sie und Ihre Miterben eine andere Teilung vornehmen – vorausgesetzt, alle sind einverstanden. Auch ein Willensvollstrecker, der den Vollzug des letzten Willens garantieren soll, muss sich dem einstimmigen Beschluss der Erbinnen und Erben beugen (siehe Seite 173).

Praktische Tipps für die Erbteilung

Die Grundlage für eine friedliche Teilung ist das gegenseitige Vertrauen. Soll die Erbteilung ohne Probleme über die Bühne gehen, müssen Sie und Ihre Miterben deshalb als Erstes klare Voraussetzungen schaffen, sich über das weitere Vorgehen absprechen und die Kompetenzen festlegen. So räumen Sie Misstrauen von Anfang an aus dem Weg. Wissen Sie in einer Rechtsfrage nicht Bescheid, sollten Sie gemeinsam einen Rechtsbeistand mit der Abklärung beauftragen.

Die Auskunftspflicht
Geheimniskrämerei ist Gift für eine konstruktive Zusammenarbeit. Deshalb verlangt auch das Gesetz gleich an zwei Stellen Offenheit von den Erben: Sie müssen die anderen informieren über ihre Schulden beim Erblasser, über Nachlassgegenstände in ihrem Besitz und über alles in ihrem Verhältnis zum Erblasser, das auf die Erbteilung einen Einfluss haben könnte (Art. 607 Abs. 3 und Art. 610 Abs. 2 ZGB). Selbst der Erblasser kann die Erben von dieser Auskunftspflicht nicht entbinden.

URTEIL Als Josef Peter F. starb, hinterliess er seine Ehefrau und sechs gemeinsame Kinder. Die Witwe reichte gegen die Nachkommen eine Erbteilungsklage ein. Zwei der Nachkommen verlangten Auskunft über Vermögenswerte, die der Vater aus seiner Errungenschaft ins Eigengut der Ehefrau übertragen hatte. Diese widersetzte sich. Das Bundesgericht gab den Nachkommen recht; Erben seien verpflichtet, sich gegenseitig über alles zu informieren, «was bei einer objektiven Betrachtung möglicherweise geeignet erscheint, die Teilung in irgendeiner Weise zu beeinflussen» (BGE 127 III 396).

Die Auskunftspflicht bezieht sich nicht nur auf die Miterben, sondern gilt auch für Dritte, zum Beispiel Banken oder eine Treuhänderin. Sie umfasst nicht nur erbrechtliche Ansprüche, sondern sämtliche Vermögenswerte, die die Erbteilung beeinflussen können. In einem Entscheid vom September 2007 hat das Bundesgericht die Auskunftspflicht der Banken noch verstärkt.

URTEIL *Im beurteilten Fall hatte die Bank den Erben zwar sämtliche Unterlagen zu den Konten des Erblassers übergeben, aber weitere Auskünfte verweigert. Die Erben vermuteten, dass der Verstorbene über die Bank auch Barzahlungen zugunsten von zwei Stiftungen vorgenommen hatte. Das Gericht erwog, dass im Rahmen der Universalsukzession (siehe Seite 158) nicht nur sämtliche Vermögensrechte des Verstorbenen, sondern ebenso die vertraglichen Informationsansprüche auf die Erben übergegangen seien, soweit es sich nicht um höchstpersönliche Rechte handle. Deshalb musste die Bank den Erben auch Auskunft geben über Barzahlungen, die der Verstorbene veranlasst hatte, ohne rechtlich dazu verpflichtet gewesen zu sein. Die Frage, ob die Bank auch zur Auskunft verpflichtet ist, wenn mit der Barzahlung eine Schuld beglichen wurde, blieb offen (Urteil 5C.8/2007 vom 10. September 2007, siehe auch Urteil 5A_136/2012 vom 17. Dezember 2012).*

TIPP *Transparenz schaffen Sie, wenn jeder Erbe eine Erklärung verfasst, was er vom Erblasser erhalten hat (siehe Muster im Anhang). Auch wenn der Erblasser keine Zuwendungen machte, dient eine solche Erklärung oft zur Beruhigung der Gemüter.*

So gehen Sie bei der Teilung vor

Am besten setzen sich alle Erbinnen und Erben schon bald gemeinsam an einen Tisch und besprechen die offenen Fragen. Die Traktandenliste für eine solche Besprechung umfasst folgende Punkte:

- **Vertreter der Erbengemeinschaft**
  Wer besorgt den Rechnungsverkehr, führt über alles sorgfältig Buch und erledigt weitere administrative Aufgaben für den Nachlass (Muster einer Nachlassbuchhaltung im Anhang)? Wer tritt als Vertreter der Erbengemeinschaft auf?
- **Letztwillige Verfügungen**
  Sind alle Testamente und Erbverträge vorhanden? Muss auch ein Ehevertrag beachtet werden?
- **Erbfolge**
  Wer alles ist Erbe? Muss noch nach einzelnen Erben oder Vermächtnisnehmern gesucht werden?

- **Grobe Vermögensübersicht**
  Wie setzt sich das Nachlassvermögen ungefähr zusammen?
- **Bewegliches Vermögen**
  Wie sollen Hausrat, Möbel, Erinnerungsgegenstände aufgeteilt werden? Mit oder ohne Anrechnung? Was soll entsorgt werden? Wer räumt die Wohnung und bis wann?
- **Liegenschaft(en)**
  Hat jemand von den Erben Interesse an einer Übernahme? Soll verkauft werden? Wer führt die Verkaufsverhandlungen? Ist eine Verkehrswertschätzung nötig?
- **Erbvorbezüge**
  Haben einzelne Erben zu Lebzeiten Erbvorbezüge, grössere Geschenke, Darlehen erhalten?
- **Schulden**
  Hatte der Erblasser Schulden? Haben einzelne Erben noch Forderungen an den Nachlass, zum Beispiel für Pflege und Betreuung des Verstorbenen?
- **Grabstein und Grabunterhalt**
  Wer ist verantwortlich für die Beschaffung des Grabsteins? Wer besorgt später den Grabunterhalt?
- **Finanzielles**
  Werden Aufwendungen von Erben im Zusammenhang mit dem Nachlass – zum Beispiel Wohnungsräumung, Grabunterhalt, administrative Arbeiten – finanziell abgegolten? Wenn ja, wie hoch soll der Stundenansatz sein?

DAS MÜSSEN SIE BEI DEN STEUERN VORKEHREN

- Die unterjährige Steuererklärung per Todestag ausfüllen.
- Die Verrechnungssteuern ab Fälligkeit Todestag mit dem speziellen Formular für Erbschaftsfälle zurückfordern.
- Falls der Nachlass am Jahresende noch ungeteilt ist, eine Abrechnung über das steuerbare Einkommen und das steuerbare Vermögen des Nachlasses erstellen (versteuert wird der Nachlass von den Erben entsprechend ihren Erbquoten).
- Sollen Liegenschaften oder Grundstücke verkauft werden, daran denken, dass Grundstückgewinnsteuern fällig werden, und die nötigen Rückstellungen einplanen.

- **Verschiedenes**
 Wer bestellt den Erbschein? Wer kündigt die Wohnung? Wer informiert Pensionskasse, AHV, Lebensversicherungen? Wer löst Bankkonten und Wertschriftendepots auf? Wer kümmert sich um die Steuern? Welche Versicherungen können gekündigt werden, welche sollen weiterlaufen (zum Beispiel Haftpflichtversicherung für eine Nachlassliegenschaft)?

> **TIPP** *Wenn Erben die Räumung der Wohnung besorgen, empfiehlt sich die Vereinbarung eines Stundenansatzes (zum Beispiel 25 bis 30 Franken). So lassen sich später unerfreuliche Diskussionen vermeiden.*

Wenn Erben streiten: die Erbteilungsklage

Können sich die Erben über die Teilung partout nicht einigen, können sie – als letzten Versuch vor dem eigentlichen Erbteilungsprozess – die zuständige Behörde um Mithilfe angehen. Die Behörde wird tätig bei der Bildung der Lose, bei der Frage, ob eine interne oder öffentliche Versteigerung stattfinden soll, und beim Entscheid über zusammengehörende Gegenstände und Familienschriften. In der Praxis wird diese Behörde jedoch kaum je angerufen.

Können die Erben weder die Losbildung der Behörde noch die Teilungsvorschläge eines allfälligen Willensvollstreckers oder die Ratschläge Dritter akzeptieren, bleibt nur die gerichtliche Teilung. Das Urteil des Richters ersetzt in diesem Fall die freie Übereinkunft der Erben. Mit dem rechtskräftigen Urteil wird die Erbengemeinschaft aufgelöst. Banken und Grundbuchämter werden direkt vom Gericht angewiesen, die Auszahlungen und Eigentumsübertragungen vorzunehmen.

Zuerst eine Mediation

Erbteilungsprozesse sind äusserst mühsam, zeitraubend und kostenintensiv. Es lohnt sich, vor Prozesseinleitung eine Mediation zu versuchen. Bei einer Mediation setzen sich die Parteien gemeinsam an einen Tisch und versuchen, mithilfe einer geschulten Vermittlungsperson – eben der Mediatorin – eine für alle akzeptable Lösung zu finden. Der Vorteil: Eine Ausgeordnung aller Interessen und Wünsche vor einer neutralen Drittperson hilft die Sach-

> **BUCHTIPP**
> Esther Haas, Toni Wirz:
> **Mediation. Konflikte besser lösen.** Die Alternative zum Gerichtsverfahren – sorgfältig erklärt.
> www.beobachter.ch/buchshop

lage klären und öffnet den Blick für neue Lösungswege. Diese Lösung kann ganz individuell gestaltet werden und durchaus auch abweichen von dem, was ein Gericht gestützt auf die Rechtsprechung «verordnet» hätte.

Wichtig ist aber, dass die gefundene Lösung rechtlich standhält und niemand übervorteilt wird. Deshalb sollten Sie eine im Erbrecht erfahrene Anwältin oder einen Anwalt beauftragen, die auch eine Ausbildung in Mediation abgeschlossen haben.

Der Prozess

Zur Klage berechtigt ist jeder Erbe und jede Erbin, ob gesetzlich oder eingesetzt. Beklagte sind die übrigen Mitglieder der Erbengemeinschaft. Die Erbteilungsklage verjährt – im Gegensatz zur Herabsetzungs- oder Ungültigkeitsklage – nicht. Was im Klagebegehren mindestens stehen muss, sehen Sie im folgenden Kasten.

Am 1. Januar 2011 ist die eidgenössische Zivilprozessordnung (ZPO) in Kraft getreten; sie ersetzt die früheren 26 kantonalen Zivilprozessgesetze. Die Geltendmachung erbrechtlicher Ansprüche wird dadurch erheblich vereinfacht.

TIPP *Mehr noch als in anderen Rechtsgebieten gilt im Erbrecht das Sprichwort: «Lieber ein magerer Vergleich als ein fetter Prozess.» Kommt es tatsächlich zum Prozess, sind jahrelange gerichtliche Auseinandersetzungen keine Seltenheit. Nach Abzug aller Gerichts-, Anwalts- und Expertenkosten gibt es oft für alle Erben weniger, als wenn man sich an einen Tisch gesetzt hätte und jeder etwas von seiner sturen Haltung abgewichen wäre.*

MUSTER: ERBTEILUNGSKLAGE

1. Es sei der Nachlass des am 14. März 2014 verstorbenen Johannes Meier, geb. 1932, festzustellen.
2. Es sei der Erbteil der Klägerin festzustellen.
3. Es sei der Nachlass des Erblassers zu teilen und es sei der Klägerin ihr Erbteil zuzuweisen.

Der Erbteilungsvertrag

Die meisten Erben können sich über den Teilungsmodus einigen. In einfacheren Fällen nimmt jeder die ihm zugesprochenen Gegenstände und das Bargeld wird formlos aufgeteilt. Andere Erbengemeinschaften vereinbaren detailliert, wer was und wie viel erhält.

Ein solcher Erbteilungsvertrag muss schriftlich abgefasst sein. Es braucht aber keine öffentliche Beurkundung, selbst dann nicht, wenn Liegenschaften zu verteilen sind. Gestützt auf den Erbteilungsvertrag kann der berechtigte Erbe die Änderung des Grundbucheintrags verlangen. Weil die Grundbuchämter aber einiges an Formalitäten verlangen, ist es in den meisten Fällen sinnvoll, sich von einem Anwalt oder einer Notarin beraten zu lassen.

Was gehört in einen Erbteilungsvertrag?

Wichtig bei einem Erbteilungsvertrag ist ein klarer Aufbau. Dazu gehört auch ein ausführlicher Vorbericht. Darin listen Sie zuerst alle Dokumente auf, auf denen die anschliessenden Teilungsberechnungen beruhen, zum Beispiel Ehevertrag, letztwillige Verfügungen, Steuerinventar, Erklärungen über Erbvorbezüge und Schenkungen, Verkehrswertschätzungen von Liegenschaften. Dann nennen Sie alle gesetzlichen und eingesetzten Erben mit ihren Personalien. Und schliesslich fassen Sie stichwortartig die wichtigen Informationen aus den Grundlagendokumenten, die Beschlüsse und Verfahrensschritte zusammen, die zur konkreten Erbteilung geführt haben. Auf diese Weise müssen Sie, wenn Sie später einmal etwas nachschauen wollen, nicht die ganzen Akten durchwühlen, sondern können die Information dem Vorbericht entnehmen.

 TIPP *Im Anhang finden Sie ein Muster eines Erbteilungsvertrags mit konkreten Zahlen.*

Abtretung eines Erbteils

Beim Erbteilungsvertrag wirken alle Erben mit. Das Gesetz sieht aber auch die Möglichkeit vor, einzelne Erbteile abzutreten. Dabei unterscheidet man die Abtretung an einen Miterben und diejenige an eine Drittperson.

Abtretung an einen Miterben
Dabei verliert der abtretende Erbe seine Erbenstellung; er scheidet aus der Erbengemeinschaft aus. Der erwerbende Erbe partizipiert bei der Erbteilung dann mit zwei Teilen.

Eine solche Abtretung ist auch ohne Zustimmung der übrigen Erben möglich; der Vertrag muss also nur zwischen dem ausscheidenden und dem übernehmenden Erben abgeschlossen werden. Auch der Übernahmepreis geht die anderen nichts an. Meist wird er nicht dem mathematischen Gegenwert des Erbteils entsprechen. Denn der ausscheidende Erbe hat den Vorteil, dass er sofort über den Auskaufsbetrag verfügen kann. Der übernehmende Erbe dagegen trägt ein gewisses Risiko, das er sich mit einem Abschlag entgelten lässt.

ALS OTHMAR S. STIRBT, hinterlässt er vier Nachkommen; der Erbteil pro Nachkomme beläuft sich auf rund 100 000 Franken. Allerdings muss zuerst noch ein Käufer für die elterliche Liegenschaft gefunden werden. Der jüngste Sohn, der dringend Geld braucht, kommt deshalb mit seiner Schwester überein, dass er ihr seinen Anteil für 90 000 Franken überträgt und aus der Erbengemeinschaft ausscheidet. Bei der zukünftigen Erbteilung ist er nicht mehr beteiligt; die Schwester wird die Hälfte des Nachlasses erhalten, die beiden anderen Geschwister je einen Viertel. Hätte der Austretende einen Vertrag mit allen drei Geschwistern abgeschlossen (Erbauskauf), hätten diese bei der Erbteilung je einen Drittel des Nachlasses erhalten.

Bei Liegenschaften kann die Übertragung des Erbteils aufgrund des schriftlichen Vertrags – also ohne Beizug eines Notars – im Grundbuch eingetragen werden. Meist verlangen die Grundbuchämter jedoch eine Beglaubigung der Unterschriften. Anschliessend wird der abtretende Erbe im Grundbuch als Gesamteigentümer gestrichen. Bei solchen Verträgen über die Abtretung eines Erbteils an Miterben empfiehlt sich eine rechtliche Beratung.

Die «klassische» Abtretung des Erbteils erfolgt nach dem Tod des Erblassers. Will ein Erbe schon vor dem Tod des Erblassers seinen künftigen Erbteil an einen Miterben abtreten, braucht es dazu die Zustimmung des Erblassers.

 TIPP *Ist ein Teilungsprozess nicht mehr zu vermeiden, scheuen viele Erben die Mühen und Kosten. Erwirbt ein Erbe deren Anteile, stehen sich im Prozess nur noch zwei statt einer Vielzahl von Erben gegenüber.*

Abtretung an eine Drittperson
Laut Gesetz ist eine Abtretung an eine Drittperson auf zwei Arten möglich:
- Vor dem Tod des Erblassers kann die **Erbanwartschaft** mit dessen Zustimmung einem Dritten – zum Beispiel einem Gläubiger oder der Bank – abgetreten werden. Ohne Zustimmung des Erblassers ist der Vertrag ungültig.
- Nach dem Tod des Erblassers kann eine Erbin ihren **Erbteil** problemlos einem Dritten abtreten. Der Dritte wird aber nicht Mitglied der Erbengemeinschaft und kann auch nicht an der Teilung mitwirken. Das muss die abtretende Erbin für ihn tun. Es ist also nicht möglich, einem stadtbekannten Querulanten seinen Erbteil abzutreten, damit dieser den ungeliebten Miterben die Hölle heiss macht.

Ärger nach der Teilung

Nun ist die Erbteilung glücklich abgeschlossen; das neue Auto steht in der Garage, die Wohnwand ist bestellt, die Ferien sind gebucht. Da flattert ein eingeschriebener Brief des Anwalts ins Haus, wonach das der Miterbin zu einem Quadratmeterpreis von 300 Franken zugewiesene Grundstück gar nicht Bauland sei, sondern in der Landwirtschaftszone liege. Die Miterbin habe also zu wenig erhalten. Geteilt ist geteilt, sagen Sie.

So einfach ist es nicht: Auch ein Erbteilungsvertrag kann – wie jeder andere Vertrag – wegen Irrtum, Drohung, Zwang oder Täuschung angefochten werden. Wenn auch nicht häufig, so kommen solche Anfechtungen vor allem im Zusammenhang mit Auszonungen von Bauland vor.

Achtung Schulden

Auch nach der Teilung haften die Erben weiterhin solidarisch für Schulden des Erblassers, und zwar bis zum Zeitpunkt der Verjährung.

MAURER G. HAT DIE GARTENMAUER GEFLICKT. Kurz darauf ist der Auftraggeber gestorben. Die Erbteilung ging rasch über die Bühne, allzu viel war nicht zu verteilen. Dann, nach drei Jahren kommt die Rechnung für die Gartenmauer. Diese müssen alle Erben zu gleichen Teilen begleichen. Kann einer (oder mehrere) nicht zahlen, haften die anderen Erben für den Ausstand. Das sind Überraschungen im Nachhinein, auf die man gern verzichtet.

DIE WICHTIGSTEN VERJÄHRUNGSFRISTEN FÜR ERBEN

- In der Regel verjähren Forderungen aus dem Zivilrecht mit Ablauf von **zehn Jahren.**
- Bereits nach **fünf Jahren** verjähren hingegen:
  - Forderungen aus Miet-, Pacht- und Kapitalzinsen sowie für andere periodische Leistungen
  - Forderungen aus Lieferung von Lebensmitteln, für Beköstigung und für Wirtsschulden
  - Forderungen aus Handwerksarbeit, Kleinverkauf von Waren
  - Forderungen aus ärztlichen Dienstleistungen
  - Forderungen aus der Berufsarbeit von Anwälten, Rechtsagenten, Prokuratoren und Notaren
  - Forderungen aus dem Arbeitsverhältnis von Arbeitnehmern

Erbschaft und Steuern

Ihre Patin, Ihr Onkel hat Ihnen ein hübsches Vermögen hinterlassen. Schliesslich haben Sie sich ja zu Lebzeiten auch um sie oder ihn gekümmert. Leider erben Sie nicht allein, sondern der Staat erbt mit. In diesem Kapitel erleben Sie «Kantönligeist» pur. Sie erfahren aber auch, wie Sie – legal – Steuern sparen können.

Erbschaftssteuer: kantonal unterschiedlich

Die Erhebung von Erbschafts- und Schenkungssteuern fällt in die kantonale Hoheit. Mit Ausnahme des Kantons Schwyz, der von dieser Kompetenz keinen Gebrauch macht, erheben alle Kantone Erbschaftssteuern. Die Unterschiede zwischen den Kantonen sind enorm. Dies betrifft sowohl die einzelnen Kategorien von Erben wie auch die Steuersätze.

Erbschaften an Ehegatten sowie an in eingetragener Partnerschaft lebende Personen sind in allen Kantonen steuerfrei. Nachkommen (teils auch Stief- und Pflegekinder) geniessen in den meisten Kantonen ebenfalls Steuerfreiheit, in anderen profitieren sie von Freibeträgen. Die Steuerbelastung bei Zuwendungen an die übrigen Verwandten und Drittpersonen – zu denen in vielen Kantonen auch die Konkubinatspartner gehören – variiert von Kanton zu Kanton.

Dass Erbschafts- und Schenkungssteuern erhoben werden, ist nicht unbestritten. Immer wieder werden in parlamentarischen Vorstössen Erleichterungen oder sogar die völlige Abschaffung dieser Steuerkategorie verlangt.

Auch in der Bevölkerung wird das Thema rege diskutiert: Für die einen ist die Erhebung von Steuern nach einer Schenkung oder einem Erbanfall nur gerecht. Schliesslich kommen die Berechtigten ohne ihr Zutun in den Genuss von Vermögen, und auf diesem Weg fliesst den Kantonen und Gemeinden ein erheblicher Betrag zur Bestreitung der öffentlichen Ausgaben zu. Die andere Gruppe findet es ungerecht, dass Erbschafts- und Schenkungsvermögen besteuert wird, das bereits zu Lebzeiten beim Schenker bzw. Erblasser durch mehrere Steuern erfasst wurde.

Wer wird wo besteuert?

Besteuert wird die beschenkte Person oder der Erbe bzw. Vermächtnisnehmer, und zwar am Wohnort des Schenkers oder des Erblassers im Zeitpunkt der Zuwendung. Eine Ausnahme besteht bei den Liegenschaften. Diese werden vom Kanton, in dem das Grundstück liegt, nach den dort geltenden gesetzlichen Bestimmungen besteuert.

Für ausländische Erblasser – und Erben – kommen je nach Situation auch das Internationale Privatrecht und allfällige Steuerabkommen zwischen den beteiligten Staaten zur Anwendung. Besonders wichtig ist ausländisches Recht, wenn Liegenschaften im Ausland vererbt werden, da diese nach den Regeln am «Ort der gelegenen Sache» besteuert werden.

TIPP *Müssen Sie als Erbe oder Erblasser ausländisches Recht berücksichtigen, sollten Sie einen spezialisierten Anwalt beiziehen (Adressen im Anhang).*

Enorme Unterschiede

Die steuerpflichtigen Personen werden von allen Kantonen in Steuerkategorien eingeteilt. Die Steuer wird umso höher veranlagt, je grösser das Nachlass- oder Schenkungsvermögen ist und je weiter entfernt (punkto Verwandtschaftsgrad) die Bedachten vom Schenker oder Erblasser sind.

Die grossen Unterschiede entstehen einerseits bei der Einteilung in Steuerkategorien, vor allem aber bei den Steuersätzen. Die Besteuerung beträgt im Extremfall für weit entfernte oder nicht verwandte Erben bis zu 50 Prozent des übertragenen Vermögens. Im Anhang finden Sie eine Zusammenstellung mit den wichtigsten Daten für jeden Kanton.

DER NACHLASS VON NADJA R. beträgt 500 000 Franken. Je nachdem, wer ihre Erben sind und in welchem Kanton sie wohnte, ergeben sich drastische Unterschiede bei den Erbschaftssteuern (siehe Kasten auf der nächsten Seite).

Grundlage für die Erhebung der Erbschaftssteuern
In den meisten Kantonen wird von den zuständigen Gemeindebehörden ein Inventar über den Nachlass des Verstorbenen aufgenommen. In diesem Inventar erscheinen die Aktiven und Passiven, unter Aufrechnung der Todesfall-, Grabstein- und Grabunterhaltskosten sowie eventuell der voraussichtlichen Teilungskosten (Steuerinventar, siehe Seite 163).

ERBSCHAFTSSTEUERN BEI EINEM NACHLASS VON 500 000 FRANKEN					
	Nach-kommen	Eltern	Geschwister	Konkubinats-partner (länger als 5 Jahre)	Andere
AG	steuerfrei	steuerfrei	73 800.–	32 900.–	109 200.–
GL	steuerfrei	22 500.–	39 200.–	39 200.–	98 000.–
OW	steuerfrei	steuerfrei	steuerfrei	steuerfrei	100 000.–

Stand 2016

Die Erben erhalten mit diesem Inventar eine erste Auskunft über die Höhe des voraussichtlichen Nachlassvermögens, ihrer Erbanteile und der allfällig anfallenden Erbschaftssteuern. Für die Steuerbehörden bietet das Inventar die Ausgangslage für die Erbschaftssteuerverfügung.

Steuerschulden des Erblassers

Steuerschulden des Erblassers – dazu gehören auch die noch nicht veranlagten Steuern – stellen wie seine übrigen Verpflichtungen Nachlassschulden dar. Sie müssen aus der Erbmasse bezahlt werden. Weil die Erben die Rechte und Pflichten des Erblassers übernehmen, haften sie auch für die Steuerschulden. Sie müssen den Steuerbehörden Auskunft geben und auch Steuererklärungen ausfüllen, die der Erblasser bis zum Todestag noch nicht eingereicht hat. Und sie haben das Recht, innerhalb der Rechtsmittelfristen Einsprachen und Rekurse gegen Steuerveranlagungen einzureichen.

Für die noch nicht ermittelten, latenten Steuern haften die Erben solidarisch, in der Regel aber nur bis zur Höhe ihrer Erbteile. Das bedeutet: Die Steuerbehörde kann den ganzen Steuerbetrag bei einem einzigen Erben einfordern und dieser kann – oder muss – anschliessend Rückgriff auf seine Miterben nehmen und den Betrag anteilsmässig zurückfordern.

Da eine Erbengemeinschaft als solche nicht besteuert werden kann, werden die Steuerschulden des Erblassers in der Regel jeweils auf die einzelnen Erben – entsprechend ihrer Erbquote – aufgeteilt und persönlich in Rechnung gestellt.

Steuerguthaben des Erblassers

Wie die Steuerschulden gehören auch die Steuerguthaben des Erblassers zum Nachlassvermögen. Guthaben aus zu viel bezahlten Einkommens- und Vermögenssteuern werden in der Regel direkt durch die Steuerbehörden zurückerstattet.

Ein Augenmerk ist hier auf die Verrechnungssteuer zu legen. Dieses Guthaben müssen die Erben mit einem separaten Rückerstattungsantrag zurückfordern, daher geht es oft vergessen. Verrechnungssteuerguthaben, die vor Ableben des Erblassers fällig wurden, können mit der letzten Steuererklärung des Erblassers zurückgefordert werden. Da in der Regel die Wertschriften und Guthaben nicht unmittelbar nach dem Todesfall saldiert oder verkauft werden, fallen oft auch später noch Zinserträge mit Verrechnungssteuern an. Diese Beträge können jeweils Ende Jahr oder bei der effektiven Erbteilung mit einem separaten Formular zurückgefordert werden; das Formular erhalten Sie beim kantonalen Steueramt am letzten Wohnsitz des Erblassers oder im Internet. Den Rückerstattungsantrag kann man bis zu drei Jahre rückwirkend einreichen.

Damit ein Rückerstattungsanspruch für Verrechnungssteuern besteht, müssen gewisse Voraussetzungen erfüllt sein. Die Hauptvoraussetzung ist, dass die anspruchsberechtigte Person bei Fälligkeit der Verrechnungssteuer Wohnsitz in der Schweiz hatte. Bei Fälligkeiten vor dem Todestag wird auf die Verhältnisse des Erblassers abgestellt, bei Fälligkeiten nach dem Todestag auf diejenigen der einzelnen Erben.

Wichtig ist zudem, dass die Erben ihre jeweiligen Ansprüche (in diesem Fall die anteiligen Wertschriftenerträge) in ihren persönlichen Steuererklärungen korrekt ausweisen. Verrechnungssteuern auf nicht selbstdeklarierten Wertschriftenerträgen werden nach neuster Rechtsprechung nicht mehr zurückerstattet.

Die Verrechnungssteuerguthaben fliessen in der Regel in das Nachlassvermögen, stellen aber persönliche Ansprüche der einzelnen Erben dar und sind diesen auf Wunsch entsprechend zuzuweisen.

ANDREAS M. IST AM 31. MÄRZ VERSTORBEN und hinterlässt fünf Nachkommen, drei davon leben in der Schweiz, zwei sind im Ausland ansässig. Für das Verrechnungssteuerguthaben bis 31. März besteht ein vollumfänglicher Rückerstattungsanspruch. Von den Verrechnungssteuern, die nach diesem Datum fällig werden, können lediglich ³/₅ (entsprechend den Erbquoten der in der Schweiz wohnhaften Erben) zurückgefordert werden.

Wenn Schwarzgeld zum Vorschein kommt

Vermögen (und die entsprechenden Erträge), das der Erblasser bisher nicht deklariert hat, sogenanntes Schwarzgeld, sollten Sie unbedingt zur Nachbesteuerung bei den Steuerbehörden anmelden.

> **DIE GESCHWISTER VON JEAN Z.** sind seine einzigen Erben. Als sie nach seinem Tod die Bankbelege durchsehen, finden sie ein Sparkonto mit 300 000 Franken, das bisher gegenüber den Steuerbehörden nicht deklariert wurde. Wie sollen sie sich verhalten?

Am 1. Januar 2010 ist das Bundesgesetz über die Vereinfachung der Nachbesteuerung in Erbfällen und die Einführung der straflosen Selbstanzeige in Kraft getreten. Für Todesfälle seit diesem Datum gilt: Bringen Erben den Behörden einen mit Schwarzgeld belasteten Nachlass zur Anzeige, profitieren sie von einer vereinfachten Erbennachbesteuerung. Heute werden Steuern und Verzugszinsen nur noch für die letzten drei Steuerjahre vor dem Tod des Erblassers nachgefordert (und nicht für zehn Jahre, wie dies zu Lebzeiten der Fall wäre). Voraussetzung ist jedoch, dass die Hinterziehungshandlungen des Erblassers zum Zeitpunkt des Todes bei den Steuerbehörden noch nicht aktenkundig waren, die Erben vorbehaltlos bei der Aufklärung mitwirken und sich um Tilgung der Nachsteuern bemühen.

Jeder Erbe – wie auch der Willensvollstrecker – kann eine solche vereinfachte Nachbesteuerung verlangen. Insbesondere können Sie diese auch gegen den Willen Ihrer Miterben durchsetzen. Wenn Sie als Erbe oder Erbin dazu beitragen, den Sachverhalt zu rekonstruieren, fällt keine Strafsteuer an.

> **INFO** *Der Europäische Gerichtshof für Menschenrechte hat 1996 die Auferlegung einer Busse an die Erben als mit der Menschenrechtskonvention (EMRK) nicht vereinbar erklärt.*

Selbstanzeige

Mit dem neuen Gesetz wurde im Übrigen auch die Grundlage für eine, einmal im Leben mögliche, straflose Selbstanzeige geschaffen. Sollten Sie von diesem Instrument Gebrauch machen wollen, bleiben Sie von einer Strafverfolgung für die begangene Steuerhinterziehung – und alle damit zusammenhängenden Straftatbestände, etwa Steuerbetrug oder Urkundenfälschung – verschont. Nachsteuern und Verzugszinsen müssen Sie allerdings gleichwohl bezahlen. Auch eine straflose Selbstanzeige ist nur möglich, wenn die Steuerbehörde von der Hinterziehung noch keine Kenntnis hat (und auch nicht kurz davor steht, Kenntnis zu erlangen), Sie mit den Behörden vollumfänglich kooperieren und ein Zahlungswille besteht. Zudem müssen Sie die Nachmeldung den Steuerbehörden separat anzeigen, eine blosse Aufführung des unversteuerten Vermögens in der Steuererklärung reicht nicht.

> **INFO** *Sowohl die Vereinfachung der Nachbesteuerung in Erbfällen als auch die straflose Selbstanzeige bezieht sich auf die direkte Bundessteuer und auf die kantonalen und kommunalen Einkommens- und Vermögenssteuern. Sonstige nicht entrichtete Steuern und Abgaben, zum Beispiel die Mehrwertsteuer, Verrechnungssteuern, Erbschafts- und Schenkungssteuern oder AHV/IV-Beiträge, bleiben geschuldet und auf den Beträgen sind Verzugszinsen zu entrichten.*

Steuern und Lebensversicherungen

Vor allem nicht verheiratete Paare sorgen häufig über Lebensversicherungen füreinander vor. Bei der Auszahlung der Versicherungsleistungen werden Steuern fällig.
- Renten – sei es von AHV, Unfallversicherung, Pensionskasse oder Säule 3a – müssen versteuert werden, und zwar zum vollen Rentenbetrag zusammen mit dem übrigen Einkommen. Eine Ausnahme bilden die Leibrenten der Säule 3b; diese werden nur zu 40 Prozent besteuert.
- Einmalige Kapitalleistungen aus der 2. Säule oder der Säule 3a unterliegen bei der Auszahlung einer einmaligen und separaten Jahressteuer zu einem reduzierten Tarif.

Allgemeine Aussagen zur Besteuerung von Kapitalauszahlungen aus Versicherungen der Säule 3b sind wegen der mannigfaltigen Produkte auf dem Markt schwierig. Lassen Sie sich vor Abschluss eines Vertrags die Steuerfolgen genau erklären.

Steuerfragen bei Liegenschaften

Grundstücke werden immer am Ort der gelegenen Sache besteuert. Das gilt für die Einkommens- und Vermögenssteuer, die Erbschafts- und Schenkungssteuer, die Grundstückgewinnsteuer und die Kapitalgewinnsteuer.

Die föderalistische Struktur zeigt sich vor allem bei der Besteuerung von Liegenschaften. Je nach Kanton wird der Besteuerung der Verkehrswert, der Verkehrswert mit einem Abzug, der Steuerwert oder ein anderer kantonal definierter Wert zu Grunde gelegt. Bei Baulandgrundstücken wird je nach Kanton neben dem Verkehrswert auch der Ertragswert berücksichtigt.

IM KANTON AARGAU ZUM BEISPIEL entspricht der Steuerwert dem Mittel aus Verkehrswert und Ertragswert. Für ein Baulandgrundstück mit einem Verkehrswert von 300 000 Franken wird folgendermassen gerechnet:

$$\frac{\text{Verkehrswert} + \text{Ertragswert}}{2} = \frac{300\,000.- + 0.-}{2} = 150\,000.-$$

Diese 150 000 Franken bilden die Grundlage für die Bemessung der Erbschaftssteuer.

TIPP *Es lohnt sich, einen versierten Steuerberater aus dem Kanton, in dem sich die Liegenschaft befindet, beizuziehen.*

Steuerersparnis mit Nutzniessung und Wohnrecht

Die Liegenschaft, die Sie einst von Ihren Eltern erhalten haben, soll in der Familie bleiben. Da keines Ihrer Kinder das Haus übernehmen will, möchten Sie es dem Neffen übertragen, schrecken aber vor der Schenkungssteuer zurück.

Eine Möglichkeit, Schenkungssteuern zu sparen, besteht darin, dass der Beschenkte bei der Übertragung eine Gegenleistung erbringt, die kapitalisiert abgegolten wird. Das kann zum Beispiel die Einräumung eines lebenslänglichen Wohnrechts oder eines Nutzniessungsrechts sein. Dadurch reduziert sich der steuerpflichtige Steueranteil für die Schenkungssteuer. Bei einer Schenkung an weit entfernte Verwandte oder an nicht verwandte Personen ist die Steuerersparnis besonders deutlich.

INFO Wenn ein Mehrfamilienhaus mit vermieteten Wohnungen übertragen wird, kommt als Steuerersparnis nur das Nutzniessungsrecht infrage, da ein Wohnrecht persönlich ausgeübt werden muss und dies bei mehreren Wohneinheiten nicht möglich ist.

Wie gross der Wert eines Nutzniessungs- oder Wohnrechts ist, hängt vom Alter der Person ab, die dieses Recht besitzt. Aufgrund des Mietwerts der Liegenschaft und der Lebenserwartung der berechtigten Person lässt sich das Wohnrecht oder Nutzniessungsrecht kapitalisieren (massgebend sind die Barwerttafeln von Stauffer/Schaetzle, siehe Anhang).

GEROLD F. (60-JÄHRIG) und seine Ehefrau (55-jährig) übertragen ihr Wohnhaus, das im Kanton Aargau liegt, dem Neffen. Der für die Schenkungssteuer massgebende Wert beträgt 500 000 Franken. Das Ehepaar F. behält sich ein Nutzniessungsrecht vor, das im Grundbuch eingetragen wird. Der jährliche Wert dieses Nutzniessungsrechts beträgt 12 000 Franken. Was das für die Steuer bedeutet, zeigt der Kasten auf der nächsten Seite.

EINFLUSS DER NUTZNIESSUNG AUF DIE SCHENKUNGSSTEUER		
	Steuerwert der Schenkung ohne Nutzniessung	Steuerwert der Schenkung mit Nutzniessung
Steuerwert	Fr. 600 000.–	Fr. 600 000.–
Zu übernehmende Schulden	– Fr. 100 000.–	– Fr. 100 000.–
Bereinigter Schenkungsbetrag	Fr. 500 000.–	Fr. 500 000.–
Kapitalisierter Wert der Nutzniessung (für Ehefrau, da höhere Lebenserwartung); kapitalisiert zu 3%; Faktor 21.04 gemäss Stauffer/Schaetzle: 21.04 x Fr. 12 000.– (gerundet)	–.–	– Fr. 252 480.–
Steuerbarer Wert	Fr. 500 000.–	Fr. 247 520.–
Schenkungssteuer	Fr. 109 200.–	Fr. 41 405.–

Die Nutzniessung wird in den kantonalen Steuergesetzen sehr unterschiedlich geregelt. Der Kanton Aargau geht vom Steuerwert aus, andere Kantone, zum Beispiel Zürich, vom Verkehrswert, sodass die Berechnung mit einem höheren Wert angestellt wird. Zu beachten ist zudem, dass einzelne Kantone die kapitalisierte Nutzniessung beim Tod des Schenkers in der Höhe der nicht erlebten Nutzniessungsperiode wieder aufrechnen – was die Steuerersparnis reduziert.

Übertragung an Geschwister
Im obigen Beispiel wäre es steuertechnisch vorteilhafter, wenn die Liegenschaft vorerst an den Elternteil des Neffen übertragen würde, der mit dem Ehepaar F. verwandt ist. Denn bei der Übertragung an ein Geschwister kommt ein wesentlich tieferer Steuersatz zur Anwendung. Im Fall des Ehepaars F. würde die Schenkungssteuer ohne Nutzniessung 73 800 Franken betragen, mit Nutzniessung 30 960 Franken. Einige Jahre später kann die Mutter oder der Vater des Neffen die Liegenschaft in den meisten Kantonen ohne Steuerfolgen an den Sohn weitergeben (siehe Zusammenstellung im Anhang). Erfolgt die Übertragung gegen ein Entgelt, kommt die Grundstückgewinnsteuer zum Tragen, welche bei Geschwistern und Nichten/Neffen gleich hoch ist.

Auswirkungen auf die ordentlichen Steuern

Die Auswirkungen auf die Einkommens- und Vermögenssteuer sind bei Wohnrecht und Nutzniessung unterschiedlich.

- **Nutzniesser** zahlen – wie früher als Eigentümer – weiterhin Einkommenssteuern auf dem Eigenmietwert oder den Mietzinseinnahmen sowie Vermögenssteuern auf dem Steuerwert der Liegenschaft. Folglich können sie auch die Unterhaltskosten und Hypothekarzinsen in Abzug bringen. Lediglich die Verfügungsgewalt über das Grundstück liegt beim neuen Eigentümer.

- Wer ein **Wohnrecht** hat, versteuert den Eigenmietwert als Einkommen und kann die Unterhaltskosten – sofern es sich um übliche Unterhaltskosten handelt, die keinen wertvermehrenden Charakter aufweisen – vom steuerbaren Einkommen abziehen. Den Steuer- bzw. Verkehrswert der Wohnliegenschaft versteuert der neue Eigentümer zusammen mit seinem weiteren Vermögen. Die Hypothekarzinsen kann deshalb der neue Eigentümer beim Einkommen in Abzug bringen; die Hypothekarschuld beim Vermögen.

 TIPP *Sowohl ein Nutzniessungs- als auch ein Wohnrecht sollten Sie im Grundbuch als Dienstbarkeit eintragen lassen.*

Achtung Grundstückgewinnsteuer

Wenn Grundstücke des Privatvermögens den Eigentümer wechseln, fällt die Grundstückgewinnsteuer an. Das gilt in einigen Kantonen auch beim Erbgang oder bei einer Schenkung – entweder schon beim Übergang der Liegenschaft auf die neue Eigentümerin oder dann beim späteren Verkauf an Dritte.

Aufgeschoben wird die Grundstückgewinnsteuer vor allem beim Erbgang, bei Rechtsgeschäften unter Verwandten in gerader Linie oder unter Verheirateten sowie bei Schenkungen oder gemischten Schenkungen. Das bedeutet, dass direkt bei der Übertragung keine Grundstückgewinnsteuer fällig wird (es kann jedoch eine Erbschafts- oder Schenkungssteuer anfallen). Es bedeutet aber auch, dass die Übernehmerin bzw. Erbin später, wenn sie das Grundstück an Dritte verkauft, die Grundstückgewinnsteuer bezahlen muss.

Vor- und Nachteile

Da die Höhe der Grundstückgewinnsteuer von der Besitzesdauer abhängt, hat ein solcher Aufschub Vorteile: Die Besitzesdauer wird ab dem Zeitpunkt des Erwerbs der letzten steuerbegründenden Veräusserung (z.B. Kauf des Landes durch den Vater von einer Drittperson) gerechnet, sodass ein tieferer Steuersatz zur Anwendung kommt. Andererseits darf die neue Eigentümerin als Anlagekosten nur den früheren Kaufpreis des Vaters sowie die seither getätigten wertvermehrenden Investitionen (ohne Unterhaltskosten) einsetzen. Weil nach all den Jahren häufig die Belege für solche Kosten fehlen, erlauben viele Kantone, anstelle der ausgewiesenen Anlagekosten eine Pauschale in Abzug zu bringen. Diese hängt ebenfalls von der Besitzesdauer ab und wird in Prozenten des Verkaufserlöses berechnet.

Es empfiehlt sich, bei der Erbteilung diese latente Steuer zu berücksichtigen und den Anrechnungswert der Übernehmerin um die mutmassliche Höhe zu reduzieren. Weil allerdings der Anrechnungswert in vielen Fällen unter dem möglichen Erlös bei einem Verkauf an Dritte liegt, bleibt die zukünftige Grundstückgewinnsteuer meist unberücksichtigt.

 INFO *Einige Kantone erheben – unabhängig von einer allfälligen Grundstückgewinnsteuer – Handänderungssteuern.*

BERECHNUNG DER GRUNDSTÜCKGEWINNSTEUER

	Steuerwert der Schenkung ohne Pauschalierung	Steuerwert der Schenkung mit Pauschalierung
Verkaufserlös von Frau E.	Fr. 600 000.–	Fr. 600 000.–
Anlagekosten		
Kaufpreis Vater	– Fr. 250 000.–	
Investitionskosten gemäss Belegen	– Fr. 200 000.–	
Pauschale		
Bei Besitzdauer (inkl. Zeit des Vaters) von mehr als 10 Jahren: mind. 65% des Verkaufspreises		– Fr. 390 000.–
Grundstückgewinn	Fr. 150 000.–	Fr. 210 000.–
Grundstückgewinnsteuer Bei Besitzdauer über 25 Jahren: 5%	Fr. 7 500.–	Fr. 10 500.–

CARINA E. ÜBERNIMMT 2016 aus der Erbschaft ihres Vaters ein Wohnhaus im Kanton Aargau zum Anrechnungswert von 500 000 Franken. Der Vater hatte das Haus 1971 für 250 000 Franken gekauft. 1985 wurde es umgebaut, die Investitionskosten betrugen 200 000 Franken. Als Frau E. das Haus kurz nach der Übernahme verkauft, erzielt sie einen Erlös von 600 000 Franken. Die Berechnung der Grundstückgewinnsteuer sehen Sie im Kasten.

TIPP Da jeder Kanton die Grundstückgewinnsteuer anders berechnet, sollten Sie für das Ausfüllen der Steuererklärung einen ortsansässigen Steuerberater beiziehen.

Kapitalgewinnsteuer

Wenn Grundstücke des Geschäftsvermögens den Eigentümer wechseln, wird es unter Umständen richtig teuer, denn je nach Konstellation werden Kapitalgewinnsteuern fällig.

Wird ein Geschäft infolge Erbgang nicht mehr weitergeführt, erfolgt eine Überführung der Geschäftsaktiven (unter anderem der Grundstücke) vom Geschäfts- ins Privatvermögen. Die Differenz zwischen Buchwert und Anlagekosten oder Verkehrswert (je nach Sachverhalt) wird im Liquidationsjahr als Einkommen aus selbstständiger Tätigkeit in der ordentlichen Steuererklärung besteuert. Zudem werden auf diesem Kapitalgewinn AHV-Beiträge fällig. Die Problematik im Bereich des Geschäftsvermögens ist jene, dass ein Geschäftsbetrieb (z.B. in der Landwirtschaft) schon mehrere Jahre inaktiv sein kann, jedoch die Geschäftsliegenschaften steuerrechtlich noch nicht vom Geschäfts- ins Privatvermögen überführt worden sind.

Die Übergangsfrist zur Abrechnung eines Kapitalgewinns beträgt fünf Jahre (ab dem Todestag des Erblassers). In dieser Zeit muss entschieden werden, wie es mit dem Geschäftsbetrieb weitergehen soll. Diese Übergangsfrist sollten die Erben zudem nutzen, sich beraten zu lassen, um die Steuerfolgen zu optimieren.

Aufgrund der Komplexität dieser Steuer können an dieser Stelle keine Angaben über die Höhe der ungefähren Steuerbelastung gemacht werden, sondern es empfiehlt sich, einen Experten zu Rate zu ziehen.

TIPP *Befindet sich Geschäftsvermögen in einem Nachlass, an dem Sie beteiligt sind, sollten Sie eine entsprechende Fachperson beiziehen.*

Steuern sparen

Es wäre unseriös, vorbehaltlos allgemeine Steuerspartipps abzugeben. Zu sehr hängen die tatsächlich möglichen Steuerersparnisse von der konkreten Situation ab: von Ihrer Familienkonstellation, Ihren Vermögensverhältnissen, der Zusammensetzung Ihres Vermögens, den vorhandenen Versicherungspolicen etc. Und auch die massgebenden Steuervorschriften sind je nach Kanton unterschiedlich.

Hier deshalb lediglich eine kurz gehaltene Liste. Welche der Anregungen für Sie sinnvoll sind, müssen Sie zusammen mit einem versierten Steuerberater entscheiden.

- **Lebzeitige Schenkungen**
  Der Wertzuwachs einer Schenkung seit der Übergabe – zum Beispiel eine Aufwertung von Aktien oder Liegenschaften – wird nicht besteuert. Hier besteht Sparpotenzial.
- **Gegenleistungen vereinbaren**
  Werden Liegenschaften geschenkt, können Gegenleistungen begründet werden – zum Beispiel ein Wohn- oder Nutzniessungsrecht –, die den Schenkungsbetrag reduzieren.
- **Versicherungsbegünstigungen**
  Verschiedene Produkte der Versicherer zielen auf Steuerersparnisse ab. Die konkreten Möglichkeiten in Ihrer Situation besprechen Sie am besten mit einem Versicherungs- und Steuerexperten, der sich mit den Steuergesetzen Ihres Wohnkantons auskennt.
- **Staffelung mit Erbvorbezug**
  Durch die Ausrichtung von Erbvorbezügen kann in den meisten Kantonen die Progression gebrochen werden. Viele Kantone zählen aller-

dings die Erbvorbezüge der letzten fünf Jahre zum Gesamtnachlassvermögen.

- **Wohnsitzwechsel**
Ein Umzug in einen steuergünstigen Kanton wird nur ausnahmsweise infrage kommen. Diese Massnahme kann jedoch bei einem grossen Familienvermögen in Erwägung gezogen werden. Und wird eine Renditeliegenschaft erworben, ist die Steuersituation am Standort durchaus eine Überlegung wert.

- **Erbfolge beeinflussen**
Mit einer Vor- und Nacherbeneinsetzung können in vielen Kantonen Steuern gespart werden – vor allem in Patchworkfamilien. Denn bei der Besteuerung wird auf das Verhältnis Erblasser / Nacherbe abgestellt.

Anhang

Glossar

Vorlagen

Zuständige Behörden im Erbrecht

Die Klagen im Erbrecht

Kapitalisierung einer Nutzniessung

Erbschaftssteuern in den Kantonen

Links und Adressen

Literatur

Stichwortverzeichnis

Download-Angebot zu diesem Buch
Alle mit dem Download-Piktogramm versehenen Vorlagen und Tabellen stehen Ihnen auch online zur Verfügung (www.beobachter.ch/download, Code 8622).

Glossar

Ausgleichung: Bei der Ausgleichung geht es um Zuwendungen, die der Erblasser zu Lebzeiten seinen gesetzlichen Erben als → Erbvorbezug oder Vorempfang gemacht hat. An sich ist der Erblasser frei, wie er zu Lebzeiten über sein Vermögen verfügt. Er muss lediglich die → Pflichtteile einhalten. Laut Gesetz müssen die gesetzlichen Erben Vorbezüge bei der Erbteilung ausgleichen. Der Erblasser kann sie aber auch ausdrücklich von der Ausgleichungspflicht befreien.

Ausschlagung: Die Erbschaft geht mit allen ihren Rechten und Pflichten automatisch auf die Erben über. Die Erben haben aber die Möglichkeit der Ausschlagung. Schlägt ein Erbe die Erbschaft aus, verzichtet er auf alle Rechte und Pflichten, die ihm daraus entstanden wären. Er stellt sich so, wie wenn er nie Erbe gewesen wäre. Das kann zum Beispiel bei einer überschuldeten Erbschaft sinnvoll sein.

Disponible Quote: → Verfügbare Quote

Ehevertrag: Laut Gesetz unterstehen Eheleute den Vorschriften über die → Errungenschaftsbeteiligung. Mit einem Ehevertrag können sie einen anderen Güterstand (→ Gütergemeinschaft oder → Gütertrennung) vereinbaren. Dieser Vertrag kann vor oder nach der Heirat abgeschlossen werden. Der Ehevertrag muss öffentlich beurkundet werden.

Eigengut: Zum Eigengut des Ehemanns, der Gattin gehören bei der → Errungenschaftsbeteiligung Gegenstände, die ihnen ausschliesslich zum persönlichen Gebrauch dienen, Vermögenswerte, die ihnen bereits zu Beginn der Ehe gehören oder später (durch Erbgang oder Schenkung) unentgeltlich zufallen, Genugtuungsansprüche (zum Beispiel wegen Körperverletzung) sowie Ersatzanschaffungen für das Eigengut. In einem Ehevertrag können weitere Werte zum Eigengut erklärt werden. Bei der → Gütergemeinschaft ist das Eigengut laut Gesetz kleiner.

Eingesetzte Erben: Sofern er die → Pflichtteile seiner gesetzlichen Erben nicht verletzt, kann der Erblasser in einer → letztwilligen Verfügung natürliche und/oder juristische Personen als Erben einsetzen.

Enterbung: Die Enterbung bedeutet den Entzug der Erbeneigenschaft und den Entzug des → Pflichtteils. Damit eine Enterbung gültig ist, müssen triftige Gründe vorliegen. Das Gesetz verlangt entweder, dass der Erbe gegen den Erblasser oder gegen eine diesem nahe verbundene Person eine schwere Straftat begangen hat oder dass er gegenüber dem Erblasser oder einem seiner Angehörigen die familienrechtlichen Pflichten schwer verletzt hat.

Erbenvertreter: Die Regelung, dass die Erben immer zwingend gemeinsam für den Nachlass tätig werden müssen, ist – vor allem bei mehreren Beteiligten – kompliziert und unpraktisch. Das Erbrecht sieht neben dem → Willensvollstrecker und dem Erbschaftsverwalter als dritte Möglichkeit den Erbenvertreter vor. Jeder Erbe kann bei der zuständigen Behörde die Einsetzung eines Erbenvertreters verlangen.

Erblasser: Der Erblasser ist eine verstorbene natürliche Person, deren Nachlass durch → Universalsukzession in das Gesamteigentum der Erben fällt.

Erbvertrag: Der Erbvertrag ist – im Gegensatz zum → Testament – ein zweiseitiges Rechtsgeschäft von Todes wegen, mit dem der Erblasser mit einem oder mehreren potenziellen Erben bindende Anordnungen über den Nachlass trifft. Entweder wird einem Vertragspartner eine Begünstigung versprochen (Art. 494 ZGB) oder es wird ein Erbverzicht vereinbart (Art. 495 ZGB). Der Erbvertrag muss vor zwei Zeugen unterschrieben und öffentlich beurkundet werden. Für die Aufhebung reicht eine schriftliche Übereinkunft aller beteiligten Parteien.

Errungenschaftsbeteiligung: Die Errungenschaftsbeteiligung ist der vom Gesetz vorgesehene ordentliche Güterstand für Ehepaare. Unterschieden wird zwischen dem → Eigengut und der Errungenschaft von Mann und Frau. Zum Eigengut jeder Seite gehören im Wesentlichen diejenigen Vermögenswerte, die sie in die Ehe eingebracht und während der Ehe geschenkt erhalten oder geerbt hat. Alle anderen Vermögenswerte, die während der Ehe anfallen, gehören zur Errungenschaft, an der beide Eheleute gleichermassen Anteil haben.

Gesetzliche Erbfolge: Stirbt eine Person, ohne ihren letzten Willen erklärt zu haben, kommen die vom Gesetz bestimmten Erben zum Zug: die Blutsverwandten (Nachkommen, Eltern, Geschwister etc.), Ehepartner bzw. eingetragene Partner sowie Adoptivkinder. Das Gesetz regelt die Erbreihenfolge und den Erbanteil. Wenn keine gesetzlichen Erben vorhanden sind, erben der Kanton und/oder die Gemeinde.

Gesetzlicher Erbanspruch: Ausser beim überlebenden Ehegatten bzw. eingetragenen Partner ist für den gesetzlichen Erbanspruch allein die (Bluts-)Verwandtschaft mit dem Erblasser massgebend. Das Gesetz teilt die möglichen Erben nach Verwandtschaftsnähe zum Erblasser in die Stammesordnung (Parentelenordnung) ein. Alle Personen, die von einem gemeinsamen Stammeshaupt abstammen und in gleicher Weise mit dem Erblasser verwandt sind, sowie deren Nachkommen werden in dieselbe Parentel eingeteilt.

Gewillkürte Erbfolge: Hat eine verstorbene Person ihren letzten Willen in einem → Testament oder → Erbvertrag festgehalten, kommt diese gewollte Erbfolge zur Anwendung.

Gütergemeinschaft: Beim Güterstand der Gütergemeinschaft wird zwischen dem Gesamtgut und dem Eigengut unterschieden. Das Gesamtgut entspricht dem Vermögen und den Einkünften der Ehegatten. Es gehört beiden Ehegatten ungeteilt und gemeinsam. Das Eigengut laut Gesetz umfasst – anders als bei der → Errungenschaftsbeteiligung – nur die Gegenstände zum persönlichen Gebrauch und die

Genugtuungsansprüche. Im → Ehevertrag können weitere Werte dem Eigengut zugewiesen werden. Die Gütergemeinschaft ist ein idealer Güterstand für kinderlose Ehepaare.

Güterstand: Das Gesetz kennt drei verschiedene Güterstände: Der ordentliche Güterstand der → Errungenschaftsbeteiligung ist der Normalfall und gilt, sofern nichts anderes vereinbart wurde. In einem → Ehevertrag können die Eheleute → Gütergemeinschaft oder → Gütertrennung vereinbaren.

Gütertrennung: Im Güterstand der Gütertrennung verwaltet und nutzt jeder Ehegatte sein Vermögen und verfügt innerhalb der gesetzlichen Schranken selbst darüber. Es gibt keine gegenseitige Beteiligung.

Herabsetzung: Ein Testament, das den → Pflichtteil eines gesetzlichen Erben verletzt, ist nicht einfach ungültig. Es muss von demjenigen, der eine Pflichtteilsverletzung geltend macht, angefochten werden. Das rechtliche Mittel dazu ist die Herabsetzungsklage (Art. 522 ZGB).

Kapitalisierung: Für die Berechnung von Pflichtteilen, Steuern etc. werden Nutzniessung, Wohnrecht oder Renten aufgrund der statistischen Lebenserwartungen nach den Barwerttafeln von Stauffer / Schaetzle in einen einmaligen Kapitalisierungsbetrag umgerechnet.

Legat: → Vermächtnis

Letztwillige Verfügung: → Verfügung von Todes wegen

Nacherbe / Nachvermächtnisnehmer: Der Erblasser kann bestimmen, dass der → Vorerbe die Erbschaft einem Nacherben ausliefern muss. Ist über den Zeitpunkt der Übergabe nichts festgehalten, erhält der Nacherbe die Erbschaft beim Tod des Vorerben (Art. 489 Abs. 1 ZGB). Einen zweiten oder dritten Nacherben gibt es nicht. Auch bei einem → Vermächtnis kann ein Nachfolger bestimmt werden.

Nutzniessung: Die Nutzniessung verleiht der berechtigten Person, sofern nichts anderes vereinbart wurde, den vollen Genuss des Gegenstands. Es kann sich dabei um bewegliche Sachen, Grundstücke, Rechte oder Vermögen handeln. Wie beim → Wohnrecht hat die berechtigte Person kein Verfügungsrecht; sie kann den Gegenstand also weder verkaufen noch verschenken.

Pflichtteil: Der Anteil am Nachlass, der bestimmten Erben nicht entzogen werden darf, wird Pflichtteil genannt. Je nach Konstellation ist er grösser oder kleiner. Als Grundregel gilt: Je näher die Erben verwandt sind, desto weniger frei kann der Erblasser über sein Vermögen verfügen (→ verfügbare Quote).

Quotenvermächtnis: Teilungsvorschrift, die einem Erben einen Gegenstand zu einem unter dem wirklichen Wert liegenden Anrechnungswert zuweist. Im Umfang der Wertdifferenz liegt ein → Vorausvermächtnis vor. Nicht zu verwechseln mit dem Vermächtnis einer Erbquote, bei dem das Geldvermächtnis einem Bruchteil des Nachlasses entspricht.

Testament: Das Testament wird auch als letztwillige Verfügung bezeichnet. Es ist im Gegensatz zum → Erbvertrag ein einseitiges Rechtsgeschäft. Der Erblasser setzt es allein auf und kann es jederzeit ändern, aufheben oder widerrufen. Das Erbrecht kennt drei Formen, wie ein Testament gültig errichtet werden kann: Das eigenhändige Testament muss von Anfang bis Schluss selber handschriftlich niedergeschrieben, mit dem genauen Datum versehen und unterzeichnet sein. Das öffentliche Testament wird unter Mitwirkung einer Urkundsperson und vor zwei Zeugen errichtet. In einer Notsituation kann ein mündliches Testament vor zwei Zeugen errichtet werden, die das Gehörte schriftlich festhalten und sofort bei einer Gerichtsbehörde hinterlegen.

Testierfähigkeit: Wer urteilsfähig ist und das 18. Altersjahr zurückgelegt hat, ist befugt, unter Beachtung der gesetzlichen Schranken und Formen über sein Vermögen letztwillig zu verfügen (Art. 467 ZGB).

Universalsukzession: Im Zeitpunkt des Todes des → Erblassers geht der Nachlass als Ganzes mit sämtlichen Rechten und Pflichten auf die Erben über, die die Nachlassgegenstände zu Gesamteigentum erwerben (Art. 560 ZGB).

Verfügbare Quote: Die → Pflichtteile der Nachkommen, der Eltern und des Ehegatten bzw. des eingetragenen Partners, der eingetragenen Partnerin sind geschützt. Über den Rest seines Vermögens, die verfügbare Quote, kann der Erblasser nach Belieben verfügen.

Verfügung von Todes wegen: Dies ist der Oberbegriff für → Testament und → Erbvertrag, die beiden Möglichkeiten, über den Nachlass zu verfügen.

Vermächtnis: Mit einem Vermächtnis – auch Legat genannt – wendet der Erblasser eine ganz bestimmte Sache oder einen genau bezifferten Vermögenswert einer bestimmten (natürlichen oder juristischen) Person zu (Art. 484 ZGB).

Vermögensvertrag: Von Gesetzes wegen gilt in einer eingetragenen Partnerschaft → Gütertrennung. Die Partner haben aber die Möglichkeit, in einem Vermögensvertrag → Errungenschaftsbeteiligung zu vereinbaren. Der Vermögensvertrag muss öffentlich beurkundet werden.

Vorausvermächtnis: Der Erblasser wendet einem gesetzlichen oder eingesetzten Erben zusätzlich ein Vermächtnis zu. Der Bedachte ist also zugleich Erbe und Vermächtnisnehmer.

Vorerbe / Vorvermächtnisnehmer: Der Vorerbe wird zwar am Tag des Todes des Erblassers Eigentümer der ererbten Vermögenswerte, er hat aber bloss die Rolle eines «Platzhalters». Denn die Erbschaft ist laut Gesetz mit der Verpflichtung belastet, sie möglichst unverändert an den → Nacherben auszuliefern. Vorerben können die erhaltenen Vermögenswerte bewirtschaften und die erzielten Erträge behalten. Über die Substanz des Vermögens dürfen sie dagegen nicht verfügen, sonst riskieren sie Schadenersatzansprüche des Nacherben. Auch bei Vermächtnissen kann ein Vor- und ein Nachvermächtnisnehmer eingesetzt werden.

Vorsorgeauftrag: Der Vorsorgeauftrag ermöglicht die Wahl einer natürlichen oder juristischen Person als Willensvollstrecker im Fall einer künftigen Urteilsunfähigkeit. Dies dient in den meisten Fällen der Vermeidung einer Beistandschaft.

Willensvollstrecker: Der Erblasser kann eine oder mehrere Personen seines Vertrauens damit beauftragen, seinen Willen gegenüber den Erben und Dritten zu vertreten (Art. 517 Abs. 1 ZGB). Zum Willensvollstrecker sind handlungsfähige Personen ernennbar, und zwar sowohl natürliche als auch juristische. Der Willensvollstrecker hat eine starke Postition. Er hat die Erbschaft «in der Hand» und kann im Rahmen der Zweckbestimmung frei seines Amtes walten. Die Erben sind zwar Eigentümer der Erbschaft, sind aber zum blossen Zuschauen verurteilt und können nicht über die Vermögenswerte verfügen. Für den Vollzug der Erbteilung allerdings braucht es die Zustimmung sämtlicher Erben.

Wohnrecht: Das Wohnrecht erlaubt der berechtigten Person, in einem Gebäude oder einem Gebäudeteil zu wohnen. Das Wohnrecht kann allerdings nicht auf jemand anderen übertragen oder vererbt werden. Es erlöscht spätestens mit dem Tod des oder der Berechtigten.

Vorlagen

 Darlehensvertrag statt Erbvorbezug

DARLEHENSVERTRAG

I. Parteien

Felix M. (Vater), geb. 7. Januar 1944, verheiratet, von Waltensburg GR, wohnhaft in 7130 Ilanz, Wiesenweg 5, als Darlehensgeber

und

Alex M. (Sohn), geb. 12. August 1974, verheiratet, von Waltensburg GR, wohnhaft in 7130 Ilanz, Hauptstrasse 3, als Darlehensnehmer

II. Darlehensbestimmungen

1. Felix M. gewährt seinem Sohn Alex M. ein Darlehen von Fr. 50 000.– (Franken fünfzigtausend). Das Darlehen wird auf eine feste Dauer von fünf Jahren ab dem 1. Juni 2016 gewährt. Dem Darlehensnehmer ist es gestattet, jederzeit Rückzahlungen vorzunehmen.

2. Wird das Darlehen nicht mit einer Frist von sechs Monaten gekündigt, verlängert es sich nach Ablauf der fünf Jahre stillschweigend um jeweils zwei Jahre.

3. Der Zinssatz für das Darlehen beträgt 3 Prozent pro Jahr und verändert sich während der Darlehensdauer nicht. Der Zins ist halbjährlich jeweils per 30. November und 31. Mai zu überweisen.

4. Auf eine Sicherstellung des Darlehens wird einstweilen verzichtet.

5. Dieser Darlehensvertrag wird im Doppel ausgefertigt. Jede Partei erhält ein Exemplar.

Ilanz, 18. Mai 2016

Unterschrift Darlehensgeber   Unterschrift Darlehensnehmer

Achtung: Wenn Sie ein unbefristetes Darlehen vereinbaren, müssen Sie unbedingt die Kündigungstermine und -fristen regeln. Sonst kann der Darlehensgeber das Darlehen gemäss OR mit einer Frist von nur sechs Wochen jederzeit kündigen.

 **Öffentliches Testament**

LETZTWILLIGE VERFÜGUNG

Vor der Notarin N. N. ist heute zwecks Errichtung einer letztwilligen Verfügung erschienen:

Frau Lea S., geb. 4.2.1952, von Pfäffikon SZ, in 8820 Wädenswil, Seestrasse 8

Diese hat der Notarin ihren Willen mitgeteilt und sie beauftragt, diese Urkunde abzufassen. Der letzte Wille von Frau S. lautet:

I. Ich widerrufe sämtliche letztwilligen Verfügungen, die ich jemals getroffen haben sollte.

II. Als Erben meines Nachlasses setze ich folgende Institutionen mit folgenden Quoten ein:

5%	(fünf Prozent)	Krankenpflegeverein Wädenswil
10%	(zehn Prozent)	Werkstätte für Behinderte, Horgen
30%	(dreissig Prozent)	Stiftung SOS Beobachter
5%	(fünf Prozent)	Heilsarmee Schweiz
50%		

III. Als Erben für die restlichen 50% (fünfzig Prozent) meines Nachlasses setze ich zu gleichen Teilen meine zwei Geschwister ein:
– Anna H., geb. 1944, von und in Lachen, Haus Seeblick
– Konrad S., geb. 1947, von Pfäffikon, in Pratteln, Jungstrasse 99

Sollten die eingesetzten Erben vor mir versterben, treten an ihre Stelle ihre Nachkommen zu gleichen Teilen nach Stämmen.

IV. Meine gemäss Ziffer III. eingesetzten Erben verpflichte ich, zulasten ihres Erbteils innert drei Monaten nach meinem Tod folgende Vermächtnisse auszurichten:
– Fr. 5000.– an meine langjährige Haushaltshilfe, Juana G., Dorfstrasse 7, Wädenswil
– Fr. 3000.– an das HEKS

V. Als Willensvollstreckerin setze ich letztwillig ein: die Verfasserin dieser Urkunde, Notarin N. N.

Ort, Datum   Unterschrift Erblasserin

Unterschrift Notarin   Unterschriften der zwei Zeugen

ANHANG

Nachlassbuchhaltung

Datum	Text	Einnahmen	Ausgaben	Saldo
	Bargeld			
10.01.16	Bargeldbestand am Todestag			525.80
15.01.16	Blumen für Bestattung		120.00	405.80
20.01.16	Einzahlung auf Bankkonto 1		405.80	00.00
	Bank X., Konto 1			
10.01.16	Saldo per Todestag			75 380.50
20.01.16	Einzahlung Bargeld	405.80		75 786.30
14.02.16	Bruttozins 01.01.–14.02.16	396.90		76 183.20
14.02.16	Verrechnungssteuern bis Saldierung		138.60	76 044.60
14.02.16	Übertrag auf Konto 3		76 044.60	00.00
	Bank X., Konto 2			
10.01.16	Saldo per Todestag			168 000.00
14.02.16	Bruttozins 01.01.–14.02.16	778.10		168 778.10
14.02.16	Verrechnungssteuern bis Saldierung		272.30	168 505.80
14.02.16	Übertrag auf Konto 3		168 505.80	00.00
	Bank X., Konto 3			
10.01.16	Saldo per Todestag			53 000.00
05.02.16	Abrechnung Spital, Arztkosten		2 172.00	50 828.00
07.02.16	Rückerstattung Krankenkasse	538.70		51 366.70
10.02.16	Todesfallkosten		7 705.50	43 661.20
13.02.16	Beitrag Gemeinde Bestattungskosten	1 000.00		44 661.20
14.02.16	Gegenwert Konto 1	76 044.60		120 705.80
14.02.16	Gegenwert Konto 2	168 505.80		289 211.60
03.03.16	Definitive Steuerabrechnung bis Tod		1 280.00	287 931.60
10.03.16	Erlös Hausverkauf	450 000.00		737 931.60
10.03.16	Verkaufskosten Haus, Notar		4 080.00	733 851.60
13.03.16	Rückzahlung Zeitungsabonnement	35.00		733 886.60
14.03.16	7 Vermächtnisse à Fr. 1000.00		7 000.00	726 886.60
20.03.16	Kosten Grabstein (Urnengrab)		3 870.00	723 016.60
20.03.16	Grabunterhaltskonto		4 000.00	719 016.60
24.03.16	Definitive Bundessteuerabrechnung		325.00	718 691.60
27.03.16	Strom, Schlussabrechnung		266.00	718 425.60
31.03.16	Bestand bei Erbteilung, für Erbteile,			
	Güterrechtsanspruch und Fr. 12 125.00			
	Reserve (Grundstückgewinnsteuer)			718 425.60
	Bank X., Hypothekarschuld			
10.01.16	Schuldenbestand am Todestag			−100 000.00
10.03.16	Verrechnung Liegenschaftsverkauf	100 000.00		00.00

Erklärung über Erbvorbezüge

ERKLÄRUNG
über Erbvorbezüge, Schenkungen, Darlehen, Vergünstigungen, Schulderlasse

Auszug aus dem Zivilgesetzbuch (ZGB)

Art. 610 Abs. 2	Sie [die Erben] haben einander über ihr Verhältnis zum Erblasser alles mitzuteilen, was für die gleichmässige und gerechte Verteilung der Erbschaft in Berücksichtigung fällt.
Art. 626	Die gesetzlichen Erben sind gegenseitig verpflichtet, alles zur Ausgleichung zu bringen, was ihnen der Erblasser bei Lebzeiten auf Anrechnung an ihren Erbanteil zugewendet hat. Was der Erblasser seinen Nachkommen als Heiratsgut, Ausstattung oder durch Vermögensabtretung, Schulderlass u. dgl. zugewendet hat, steht, sofern der Erblasser nicht ausdrücklich das Gegenteil verfügt, unter der Ausgleichungspflicht.
Art. 629 Abs. 1	Übersteigen die Zuwendungen den Betrag eines Erbanteiles, so ist der Überschuss unter Vorbehalt des Herabsetzungsanspruches der Miterben nicht auszugleichen, wenn nachweisbar der Erblasser den Erben damit begünstigen wollte.
Art. 522 Abs. 1	Hat der Erblasser seine Verfügungsbefugnis überschritten, so können die Erben, die nicht dem Werte nach ihren Pflichtteil erhalten, die Herabsetzung der Verfügung auf das erlaubte Mass verlangen.

Vom Erblasser habe ich unentgeltlich (ganz oder teilweise) erhalten:

Gegenstand / Objekt	Wert	Datum

Beilagen: _____

Der unterzeichnete Erbe erklärt, dieses Formular vollständig und wahrheitsgetreu ausgefüllt zu haben.

Ort, Datum	Unterschrift

 Erbteilungsvertrag

Der Erblasser, über dessen Nachlass folgender Erbteilungsvertrag abgeschlossen wurde, hat eine Ehefrau sowie drei Nachkommen hinterlassen. Aus Platzgründen enthält das Muster zu einzelnen Teilen nur Stichworte (blau gesetzt); die Berechnungen sind mit konkreten Zahlen und im Detail aufgeführt.

ERBTEILUNGSVERTRAG

über den Nachlass von Georg S., geboren am 1.4.1936, verstorben am 10.1.2016, verheiratet gewesen mit Susanne S., geb. G., von Rheinfelden AG, wohnhaft gewesen in 5080 Laufenburg, Bahnhofstrasse 1

I. Grundlagen der Erbteilung

Wichtige Dokumente, die für die Erbteilung massgebend sind, aufführen, zum Beispiel: Ehevertrag, letztwillige Verfügungen, Steuerinventar, letzte Steuererklärung, Erbenverzeichnis / Erbschein, Ergebnis einer Besprechung unter den Erben, Erklärungen über Erbvorbezüge und Schenkungen, Verkehrswertschätzungen von Liegenschaften, Kaufverträge, die vor dem Teilungsvertrag abgeschlossen wurden.

II. Erbberufung

Die gesetzlichen Erben gemäss Erbenverzeichnis und/oder eingesetzte Erben gemäss Erbschein mit den Personalien aufführen; in diesem Beispiel sind es die Ehefrau und die drei Nachkommen.

III. Vorbericht

Die wichtigen Informationen aus den Grundlagendokumenten, Entscheide der Erben und Verfahrensschritte zusammenfassen, zum Beispiel:
- Massgebende Bestimmungen im Ehevertrag; im Beispiel wurde dem überlebenden Ehegatten die ganze Errungenschaft zugewiesen.
- Massgebende Bestimmungen in Testamenten und Erbverträgen
- Stichwortartig die Entscheide, die an einer Erbenbesprechung gefällt wurden: Wer verwaltet das Vermögen bis zur Teilung? Was geschieht mit den Liegenschaften? Wer räumt die Wohnung des Verstorbenen? Wird dafür eine Entschädigung bezahlt?
- Ausgleichung: Sind Vorempfänge auszugleichen, sollen Pflegeleistungen abgegolten werden?

- Entscheide zu Grabstein und Grabunterhalt
- Angaben zu Steuern: Sind die laufenden Steuern des Erblassers abgerechnet, die Verrechnungssteuern zurückgefordert? Ist eine Rückstellung für Grundstückgewinnsteuern nötig?
- Stichtag der Teilung

IV. Güterrechtsanspruch der überlebenden Ehefrau

A   Die **Aktiven** betragen:
    Kapitalien und Barmittel per Todestag   Fr. 296 906.30
    Liegenschaften   Fr. 550 000.00
    Total Aktiven   Fr. 846 906.30

B   Die **Passiven** betragen:
    Grundpfandschulden   Fr. 100 000.00
    Errungenschaftsschulden   Fr.   1 871.00
    Total Passiven   Fr. 101 871.00   Fr. 101 871.00

C   Das **Nettovermögen** beider Ehegatten beträgt: Fr. 745 035.30

D   Die **Eigengüter** der Ehegatten betragen:
    Ehefrau   in die Ehe eingebracht   Fr. 40 000.00
    Ehemann   in die Ehe eingebracht   Fr. 80 000.00
                 während der Ehe geerbt   Fr. 20 000.00 Fr. 100 000.00

E   Die **Errungenschaft** beider Ehegatten beträgt: Fr. 605 035.30

F   Der **Güterrechtsanspruch** der überlebenden
    Ehefrau beträgt:
    Ganze Errungenschaft (gemäss Ehevertrag)   Fr. 605 035.30
    Eigengut der Ehefrau   Fr. 40 000.00
    Total Güterrechtsanspruch   Fr. 645 035.30

V Ermittlung des Nachlassvermögens

A   Die **Aktiven** betragen:
    Kapitalien und Barmittel per Todestag   Fr. 296 906.30
    Liegenschaften   Fr. 550 000.00
    Vorempfänge   Fr. 10 000.00
    Einnahmen nach Todestag   Fr.   2 337.50   Fr. 859 243.80

B	Die **Passiven** betragen:				
	Grundpfandschulden		Fr. 100 000.00		
	Errungenschaftsschulden		Fr. 1 871.00		
	Vermächtnisse		Fr. 7 000.00		
	Rückstellungen		Fr. 10 000.00		
	Ausgaben nach Todestag		Fr. 2 125.00		
	Güterrechtsforderung Ehefrau		Fr. 645 035.30		
	Todesfall- / Bestattungs- / Teilungskosten		Fr. 21 947.50	Fr. 787 978.80	
C	**Teilbares Nachlassvermögen**			Fr. 71 265.00	

VI. Ermittlung der Erbteile und Zuweisung der Ansprüche

Das teilbare Nachlassvermögen teilt sich wie folgt auf:

½ zugunsten der Nachkommen (zusammen)		Fr. 35 632.50	
(pro Nachkomme davon ⅓ oder Fr. 11 877.50)			
½ zugunsten der überlebenden Ehefrau		Fr. 35 632.50	
Total wiederum		Fr. 71 265.00	

Zuweisungen

Nachkomme 1	Erbteil		Fr. 11 877.50	
	Abzüglich Vorempfang		Fr. 10 000.00	
	Restanspruch			Fr. 1 877.50
Nachkomme 2	Erbteil			Fr. 11 877.50
Nachkomme 3	Erbteil			Fr. 11 877.50
Ehefrau	Erbteil	Fr. 35 632.50		
	Güterrechtsanspruch	Fr. 645 035.30		Fr. 680 667.80
Total Zuweisungen (Güterrechtsanspruch und Erbteile)				Fr. 706 300.30

VII. Kontrolle

Falls nötig, eine Aufstellung, die zeigt, dass die effektiv vorhandenen Mittel (Bankkonten) für die Zuweisungen und die Rückstellungen ausreichen.

VIII. Schlussbestimmungen

- Der Erbteilungsvertrag tritt mit der allseitigen Unterzeichnung in Rechtskraft.
- Mit dem Vollzug des Erbteilungsvertrags erklären sich die Erben für sich und ihre Rechtsnachfolger per Saldo aller Ansprüche als auseinandergesetzt (allenfalls unter Vorbehalt einer Schlussabrechnung über die Rückstellungen).
- Dieser Erbteilungsvertrag wird vierfach ausgefertigt. Jeder Erbe, jede Erbin erhält ein allseits unterzeichnetes Vertragsexemplar.

Ort, Datum   Unterschriften aller Erben

Zuständige Behörden im Erbrecht

Kanton	Errichtung öffentlicher Testamente	Aufbewahrung von Testamenten	Einreichung/Eröffnung von Testamenten
Aargau	Notar	Gerichtspräsident	Gerichtspräsident
Appenzell AI	Bezirksschreiberei, Erbschaftsamt	Erbschaftsbehörde	Präsident der Erbschaftsbehörde
Appenzell AR	Gemeindeschreiber	Gemeinderat	Gemeinderat
Basel-Landschaft	Notariat bei Bezirksschreiberei	Erbschaftsamt, Bezirksschreiberei	Erbschaftsamt, Bezirksschreiberei
Basel-Stadt	Notar	Erbschaftsamt	Erbschaftsamt
Bern	Notar	Gemeinderat, Notar	Gemeinderat
Freiburg	Notaire	Notaire	Notaire ouverture en présence du Juge de paix
Genf	Notaire	Notaire, Justice de paix	Justice de paix
Glarus	Ermächtigte Anwälte	Kindes- und Erwachsenenschutzbehörde für eigenhändige Testamente, Regierungskanzlei für öffentliche Urkunden	Kindes- und Erwachsenenschutzbehörde
Graubünden	Kreisnotar	Kreisamt	Kreisamt
Jura	Notaire	Notaire, Commune	Notaire
Luzern	Notar	Teilungsbehörde	Teilungsbehörde
Neuenburg	Notaire	Greffe du Tribunal du district, Notaire	Greffe du Tribunal du district
Nidwalden	Landschreiberei, Amtsnotar, Handelsregisterführer, Gemeindeschreiber, Anwälte mit Wohnsitz im Kanton	Amtsnotariat	Gemeinderat, kommunale Teilungsbehörde
Obwalden	Kantonaler Amtsnotar, freie Notare, Gemeindenotare	Gemeindekanzlei	Einwohnergemeinderat
Schaffhausen	Erbschaftsbehörde	Erbschaftsbehörde	Erbschaftsbehörde
Schwyz	Gemeindeschreiber, Notar, Rechtsanwalt	Kindes- und Erwachsenenschutzbehörde	Kindes- und Erwachsenenschutzbehörde
Solothurn	Notar, Amtsschreiber	Amtsschreiberei	Amtsschreiberei
St. Gallen	Amtsnotariat, Anwalt mit SG-Patent	Amtsnotariat	Amtsnotariat
Tessin	Notaio	Notaio	Pretura distrettuale
Thurgau	Notar	Notariat	Notariat
Uri	Notar	Einwohnergemeinde am Wohnort des Erblassers, Gemeindearchiv	Gemeinderat
Waadt	Notaire	Notaire	Justice de paix
Wallis	Notaire	Notaire	Juge de commune
Zug	Gemeindeschreiber, Urkundsperson	Einwohnerkanzlei, Erbschaftsamt	Erbschaftsamt
Zürich	Notar	Notar	Bezirksgericht

In den meisten Kantonen wird nur noch in Ausnahmefällen eine Siegelung vorgenommen.

ANHANG

Ausschlagung/ öffentliches Inventar	Erbschein	Siegelung/ Sicherungsinventar
Bezirksgericht	Gerichtspräsident	Gemeinderat, Bezirksgericht
Erbschaftsbehörde	Erbschaftsbehörde	Präsident der Erbschaftsbehörde
Gemeinderat	Gemeinderat	Gemeinderat
Erbschaftsamt, Bezirksschreiberei	Erbschaftsamt, Bezirksschreiberei	Erbschaftsamt, Bezirksschreiberei
Erbschaftsamt	Erbschaftsamt	Erbschaftsamt
Regierungsstatthalter	Gemeinderat, Notar	Gemeinderat
Justice de paix du district	Justice de paix du district, Notaire	Justice de paix
Greffe des successions, Justice de paix	Sans testament: Notaires genevois seuls; avec testament: document préalable des notaires, plus ratification par Justice de paix	Justice de paix
Zivilgerichtspräsident	Kindes- und Erwachsenenschutzbehörde	Kindes- und Erwachsenenschutzbehörde
Kreisamt	Kreisamt	Kreisamt
Juge administratif	Notaire	Conseil communal
Teilungsbehörde	Teilungsbehörde	Teilungsbehörde
Greffe du Tribunal du district, Notaire	Tribunal du district, Notaire	Président du Tribunal de district
Kantonales Konkursamt, Abt. für öffentliche Inventarisation	Gemeinderat, kommunale Teilungsbehörde	Amt für öffentliche Inventarisation
Einwohnergemeindepräsident, Obergerichtskommission	Erbschaftsamt, Gemeindeschreiber	Erbschaftsamt
Erbschaftsbehörde	Erbschaftsbehörde	Erbschaftsbehörde
Bezirksgerichtspräsident	Kindes- und Erwachsenenschutzbehörde	Kindes- und Erwachsenenschutzbehörde
Amtsschreiberei	Amtsschreiberei	Inventurbeamter, Wohngemeinde
Amtsnotariat	Amtsnotariat	Amtsnotariat
Pretura distrettuale	Pretura distrettuale	Pretura distrettuale
Bezirksgerichtspräsident	Notariat	Teilungsbehörde
Gemeinderat	Gemeinderat	Gemeinderat
Juge de paix du district	Juge de paix du district	Juge de paix du district
Juge du Tribunal de district	Juge de commune	Juge de commune
Kantonsgerichtspräsident	Erbschaftsamt	Erbschaftsamt
Bezirksgericht	Bezirksgericht	Bezirksgericht bei öffentlichem Inventar

Die Klagen im Erbrecht

Die folgende Übersicht nennt die wichtigsten Klagen im Erbrecht. Wenn Sie eine solche Klage einleiten möchten, sollten Sie sich aber auf jeden Fall zuerst rechtlich beraten lassen.

	Wer klagt? Legitimation	Wer wird beklagt?	Klageart	Klagegrund	Fristen/Verjährung
Klage wegen Bereicherung ZGB 497/579	Gläubiger des Erblassers	Verzichtende Erben bzw. ausschlagende Erben	Leistungsklage	Benachteiligung der Gläubiger	1 Jahr nach Kenntnis bzw. 10 Jahre nach Entstehung des Anspruchs
Ungültigkeitsklage ZGB 519	Erben und Vermächtnisnehmer	Begünstigte aus Verfügungen von Todes wegen	Gestaltungs- und Leistungsklage	Verfügungsunfähigkeit, Willensmangel, Formmangel, Rechtswidrigkeit der Verfügung von Todes wegen	1 Jahr nach Kenntnis bzw. 10 Jahre nach Eröffnung; bei Bösgläubigkeit: 30 Jahre; einredeweise immer
Herabsetzungsklage ZGB 522	Pflichtteilsgeschützte Erben	Begünstigte aus Verfügungen von Todes wegen sowie unter Lebenden	Leistungsklage auf wertmässige Wiederherstellung der Pflichtteile	Überschreitung der Verfügungsbefugnis durch den Erblasser	1 Jahr nach Kenntnis bzw. 10 Jahre nach Eröffnung bzw. nach dem Tod des Erblassers; einredeweise immer
Erbschaftsklage ZGB 598	Gesetzliche oder eingesetzte Erben; nicht die Vermächtnisnehmer	Besitzer der Erbschaft	Feststellungs- und Leistungsklage	Fehlendes Recht des Besitzenden auf die Erbschaft	1 Jahr nach Kenntnis bzw. 10 Jahre nach dem Tod des Erblassers; einredeweise immer
Teilungsklage ZGB 604	Erben, nicht die Vermächtnisnehmer	Die mit der Teilung nicht einverstandenen Miterben	Feststellungs- und evtl. Gestaltungsklage	Auflösung der Erbengemeinschaft und Teilung der Erbschaft	Jederzeit möglich
Vermächtnisklage ZGB 601	Vermächtnisnehmer	Gesetzliche oder eingesetzte Erben	Forderungsklage	Verweigerung der Herausgabe des Vermächtnisses	10 Jahre ab Kenntnis der Verfügung
Auskunftsklage ZGB 607 Abs. 3 und 610 Abs. 2	Gesetzliche Erben, eingesetzte Erben, Willensvollstrecker oder Erbenvertreter	Gesetzliche Erben, eingesetzte Erben oder jeder lebzeitig Bedachte, der nicht zur Erbengemeinschaft gehört	Hilfsklage für materielle Ansprüche (Ausgleichung, Herabsetzung)	Auskunftsverweigerung	Jederzeit möglich, solange nicht geteilt ist

Kapitalisierung einer Nutzniessung

Auszug aus den Barwerttafeln von Stauffer / Schaetzle (6. Auflage, 2013)

KAPITALISIERUNGSFAKTOR BEI ZINSSATZ 3%

Alter	Männer	Frauen	Alter	Männer	Frauen
30	26.65	27.48	65	15.67	17.22
31	26.45	27.30	66	15.24	16.80
32	26.24	27.11	67	14.81	16.37
33	26.02	26.91	68	14.37	15.93
34	25.80	26.71	69	13.92	15.48
35	25.57	26.51	70	13.47	15.03
36	25.34	26.30	71	13.01	14.56
37	25.10	26.08	72	12.55	14.09
38	24.85	25.85	73	12.09	13.62
39	24.60	25.62	74	11.62	13.13
40	24.34	25.39	75	11.15	12.64
41	24.07	25.15	76	10.68	12.14
42	23.80	24.90	77	10.21	11.64
43	23.52	24.64	78	9.74	11.14
44	23.23	24.38	79	9.28	10.63
45	22.93	24.11	80	8.82	10.12
46	22.63	23.84	81	8.37	9.62
47	22.33	23.55	82	7.93	9.12
48	22.01	23.26	83	7.50	8.62
49	21.69	22.97	84	7.09	8.14
50	21.36	22.66	85	6.70	7.67
51	21.02	22.35	86	6.32	7.22
52	20.68	22.03	87	5.97	6.78
53	20.34	21.71	88	5.64	6.37
54	19.98	21.38	89	5.34	5.99
55	19.62	21.04	90	5.06	5.64
56	19.25	20.69	91	4.81	5.32
57	18.88	20.33	92	4.58	5.03
58	18.50	19.97	93	4.36	4.77
59	18.11	19.60	94	4.16	4.53
60	17.72	19.22	95	3.96	4.30
61	17.32	18.84	96	3.76	4.08
62	16.92	18.44	97	3.57	3.87
63	16.51	18.04	98	3.39	3.66
64	16.09	17.64	99	3.22	3.46

Erbschaftssteuern in den Kantonen

Steuerbeträge 2016 für eine Erbschaft bzw. eine Schenkung von 100 000 und 500 000 Franken unter Berücksichtigung der kantonal unterschiedlichen Freibeträge

Kanton/ Betrag	Ehepartner, eingetragene Partner	Direkte Nachkommen	Eltern	Geschwister	Konkubinatspartner	Nichtverwandte
AG 100 000	0	0	0	6 000	4 000 [1)]	12 000
500 000	0	0	0	73 800	32 900 [1)]	109 200
AI 100 000	0	0	3 200	5 700	19 000	19 000
500 000	0	2 000	19 200	29 700	99 000	99 000
AR 100 000	0	0	0	20 900	10 800 [2)]	30 400
500 000	0	0	0	108 900	58 800 [2)]	158 400
BE 100 000	0	0	5 280	5 280	5 280 [3)]	14 080
500 000	0	0	41 970	41 970	41 970 [3)]	111 920
BL [3)] 100 000	0	0	0	10 500	10 500 [4)]	27 000
500 000	0	0	0	70 500	70 500 [4)]	147 000
BS [4)] 100 000	0	0	4 900	7 350	7 350	22 050
500 000	0	0	34 860	52 290	52 290	156 870
FR [6)] 100 000	0	0	0	4 987	7 837 [7)]	20 900
500 000	0	0	0	25 987	40 837 [7)]	108 900
GE [8)] 100 000	0	0	0	17 761	50 148	50 148
500 000	0	0	0	115 384	272 727	272 727
GL 100 000	0	0	1 250	3 600	3 600	9 000
500 000	0	0	22 500	39 200	39 200	98 000
GR [9)] 100 000	0	0	0	9 300	0	9 300
500 000	0	0	39 700	49 300	0	49 300
JU 100 000	0	0	7 000	14 000	14 000 [9)]	35 000
500 000	0	0	35 000	70 000	70 000 [9)]	175 000
LU [10)] 100 000	0	0	9 000	9 000	9 000	30 000
500 000	0	0	57 000	57 000	57 000	190 000
NE 100 000	0	1 500	1 500	13 500	18 000	40 500
500 000	0	13 500	13 500	73 500	98 000	220 500
NW 100 000	0	0	0	4 000	0	12 000
500 000	0	0	0	24 000	0	72 000
OW 100 000	0	0	0	0	0 [11)]	20 000
500 000	0	0	0	0	0 [11)]	100 000
SG 100 000	0	0	7 500	18 000	27 000	27 000
500 000	0	0	47 500	98 000	147 000	147 000
SH 100 000	0	0	2 800	7 800	19 500	19 500
500 000	0	0	33 500	70 600	176 500	176 500

ANHANG

Kanton / Betrag	Ehepartner, eingetragene Partner	Direkte Nachkommen	Eltern	Geschwister	Konkubinatspartner	Nichtverwandte
SO [12] 100 000	0	0	0	8 898	26 695	26 695
500 000	0	0	0	50 000	150 000	150 000
SZ 100 000	0	0	0	0	0	0
500 000	0	0	0	0	0	0
TG 100 000	0	0	2 240	6 000	12 000	12 000
500 000	0	0	35 000	70 000	140 000	140 000
TI 100 000	0	0	0	7 947	23 842	23 842
500 000	0	0	0	59 917	179 752	179 752
UR 100 000	0	0	0	6 800	0	20 400
500 000	0	0	0	38 800	0	116 400
VD 100 000	0	0 [13]	6 750	11 250	22 500	22 500
500 000	0	8 750	36 750	61 250	122 500	122 500
VS 100 000	0	0	0	10 000	25 000	25 000
500 000	0	0	0	50 000	125 000	125 000
ZG 100 000	0	0	0	4 320	0	10 800
500 000	0	0	0	28 360	0	70 900
ZH 100 000	0	0	0	6 750	7 200 [1]	16 800
500 000	0	0	12 000	67 500	122 400 [1]	140 400

1) Vorausgesetzt, die Konkubinatspartner leben seit mindestens 5 Jahren im gleichen Haushalt.
2) Zuwendungen an den nichtverheirateten Lebenspartner (Freibetrag: Fr. 10 000.–). Als Lebenspartner gilt die während fünf oder mehr Jahren vor dem Tod der verstorbenen Person mit dieser in ununterbrochener Hausgemeinschaft lebende Person, sofern die verstorbene Person an deren Unterhalt wesentlich beigetragen hat oder Gemeinschaftlichkeit der Mittel bestanden hat.
3) Für Personen, die mit der zuwendenden Person seit mindestens zehn Jahren in Wohngemeinschaft mit gleichem steuerrechtlichen Wohnsitz gelebt haben, sonst Steuern wie Nichtverwandte.
4) Bei Konkubinatsverhältnissen von mehr als 5 Jahren.
5) Ein Freibetrag von Fr. 2000.– besteht nur bei der Erbschaftssteuer, jedoch nicht für die Schenkungssteuer, weshalb diese leicht höher ist.
6) Die Zahlen gelten nur für die Erbschaftssteuer, nicht für die Schenkungssteuer. Die Zahlen gelten nur für den Kanton; die Erbschafts- und Schenkungssteuern der Gemeinden sind zusätzlich nach Tarif der Gemeinden zu berechnen.
7) Personen mit dem gleichen Wohnort seit mindestens 10 Jahren.
8) Zudem wird eine Bausteuer von zurzeit 15% vom Steuerbetrag erhoben.
9) Für Konkubinatspartner, die mehr als 10 Jahre zusammenleben. Sonst bezahlen sie die Ansätze für Nichtverwandte mit 35% des Anfalls.
10) Der Kanton erhebt keine Schenkungssteuern. Jedoch wird für Schenkungen und Erbvorbezüge die bis zu fünf Jahre vor dem Tod des Schenkers erfolgten, nachträglich eine Erbschaftssteuer erhoben. Erbteile über Fr. 100 000.– werden bei den Nachkommen besteuert, wenn die betreffende Gemeinde die Nachkommens-Erbschaftssteuer eingeführt hat (Auskunft bei der Dienststelle Steuern des Kantons Luzern).
11) Zuwendungen an Personen, die im Zeitpunkt der Zuwendung oder des Todestages zusammen mit gemeinsamen minderjährigen Kindern oder seit mindestens fünf Jahren in einem gemeinsamen Haushalt mit dem Erblasser gelebt haben.
12) Bei Schenkungen wird ein Freibetrag von Fr. 14 100.– gewährt; die Schenkungssteuer ist entsprechend tiefer.
13) Für die Nachkommen sind im Erbschaftsfall Fr. 250 000.– frei, nicht aber bei Schenkungen (für Fr. 100 000.– beträgt die Schenkungssteuer Fr. 1845.–).

Links und Adressen

Rechtsberatung

Beobachter-Beratungszentrum
Das Wissen und der Rat der Fachleute in acht Rechtsgebieten stehen den Mitgliedern des Beobachters im Internet und am Telefon zur Verfügung. Wer kein Abonnement der Zeitschrift oder von guider hat, kann online oder am Telefon eines bestellen und erhält sofort Zugang zu den Dienstleistungen.

- www.guider.ch: Guider ist der digitale Berater des Beobachters mit vielen hilfreichen Antworten bei Rechtsfragen.
- Am Telefon: Montag bis Freitag von 9 bis 13 Uhr. Direktnummern der Fachbereiche unter www.beobachter.ch/beratung (→ Beratung per Telefon) oder unter 043 444 54 00
- Anwaltssuche: vertrauenswürdige Anwältinnen und Anwälte in Ihrer Region unter www.beobachter.ch/beratung (→ Anwalt finden)
- Kostenpflichtige Spezialberatung: Überprüfung von Testamenten, Informationen unter Tel. 043 444 54 04

Kantonale Anwaltsverbände
In den meisten Kantonen erteilen die Anwaltsverbände unentgeltlich oder gegen eine bescheidene Gebühr Rechtsberatung in einfachen Fragen. Liste der kantonalen Rechtsauskunftsstellen unter www.sav-fsa.ch

Gemeinde
Erkundigen Sie sich auch bei der Gemeinde, ob und wann unentgeltliche Rechtsberatungen stattfinden. Erstberatungen werden zum Teil auch von Kirchgemeinden oder Gerichten angeboten.

Suche nach Anwälten und Mediatoren

www.djs-jds.ch
Demokratische Juristinnen und Juristen der Schweiz (DJS-JDS)
Schwanengasse 9
3011 Bern
Tel. 078 617 87 17
Mitgliederliste mit Spezialgebieten

www.fachanwalt.sav-fsa.ch
Liste der Fachanwälte und Fachanwältinnen SAV Erbrecht

www.swissmediators.org
Der Schweizerische Dachverband Mediation bietet auf seiner Webseite weiterführende Informationen und vermittelt Fachpersonen.

www.sav-fsa.ch
Schweizerischer Anwaltsverband
Postfach 8321
Marktgasse 4
3001 Bern
Tel. 031 313 06 06
Verschiedene Suchmöglichkeiten nach spezialisierten Anwälten unter der Rubrik Anwaltssuche; Informationen zum Thema Erben unter der Rubrik Recht im Alltag (→ Lebenssituationen)

Für Erbfälle im Ausland
www.anwaltsverzeichnis.com/cms
Verzeichnis von deutschsprachigen Anwältinnen und Anwälten überall auf der Welt, die von einer Botschaft, einem Konsulat, einer Handelskammer oder einem Aussenministerium eines deutschsprachigen Landes empfohlen wurden

Informative Links

www.ahv-iv.info
Informationen zur AHV und zu den Ergänzungsleistungen; Liste der Ausgleichskassen und EL-Stellen; provisorische Berechnung des Anspruchs auf Ergänzungsleistungen

www.schweizernotare.ch
Schweizerischer Notarenverband
Tavelweg 2
3074 Muri bei Bern
Tel. 031 310 58 40
Suche nach Notaren, Link zum zentralen Testamentenregister

www.skos.ch
Schweizerische Konferenz für Sozialhilfe
Monbijoustrasse 22
3000 Bern 14
Tel. 031 326 19 19
Informationen zur Sozialhilfe und Verwandtenunterstützung; SKOS-Richtlinien

www.spendenspiegel.ch
Informationen zu gemeinnützigen Organisationen

www.studer-law.com
Studer Anwälte und Notare AG
Hintere Bahnhofstrasse 11A
5080 Laufenburg
Tel. 062 869 40 69
Webseite des Autors mit aktuellen Informationen zum Erbrecht

www.testamentenregister.ch
Zentrales Testamentenregister ZTR
Tavelweg 2
3074 Muri bei Bern
Tel. 031 310 58 11
Registrieren von Testamenten, Erbverträgen und anderen letztwilligen Verfügungen sowie Eheverträgen

Literatur

Beobachter-Ratgeber

Döbeli, Cornelia: **Wie Patchworkfamilien funktionieren.** Das müssen Eltern und ihre neuen Partner über ihre Rechte und Pflichten wissen. Beobachter-Edition, Zürich 2013

Hubert, Anita: **Ergänzungsleistungen.** Wenn die AHV oder IV nicht reicht. 2. Auflage, Beobachter-Edition, Zürich 2016

Haas, Esther; Wirz Toni: **Mediation.** Konflikte besser lösen. 4. Auflage, Beobachter-Edition, Zürich 2015

Strebel Schlatter, Corinne: **Wenn das Geld nicht reicht.** So funktionieren die Sozialversicherungen und die Sozialhilfe. 2. Auflage, Beobachter-Edition, Zürich 2016

Noser, Walter: **Erwachsenenschutz.** Das neue Gesetz umfassend erklärt – mit Praxisbeispielen. Beobachter-Edition, 3. Auflage, Zürich 2016

Von Flüe, Karin: **Letzte Dinge regeln.** Fürs Lebensende vorsorgen – mit Todesfällen umgehen. Beobachter-Edition, 4. Auflage, Zürich 2015

Von Flüe, Karin: **Paare ohne Trauschein.** Was sie beim Zusammenleben regeln müssen. 8. Auflage, Beobachter-Edition, Zürich 2016

Von Flüe, Karin; Strub, Patrick; Noser, Walter; Spinatsch, Hanneke: **ZGB für den Alltag.** Kommentierte Ausgabe aus der Beobachter-Beratungspraxis. 14. Auflage, Beobachter-Edition, Zürich 2016

Weitere Literatur zum Erbrecht

Abt, Daniel; Weibel, Thomas (Hrsg.): Praxiskommentar Erbrecht. Helbing & Lichtenhahn, 3. Auflage, Basel 2015

Breitschmid, Peter u. a.: Erbrecht. Schulthess, 3. Auflage, Zürich 2016

Druey, Jean Nicolas: Grundriss des Erbrechts. 5. Auflage, Stämpfli, Bern 2014

Roth, Rudolf u. a.: Kendris Jahrbuch 2015/2016 zur Steuer- und Nachfolgeplanung. Schulthess, Zürich 2015

Rumo-Jungo, Alexandra u. a.: Tafeln und Fälle zum Erbrecht. 3. Auflage, Schulthess, Zürich 2010

successio, Zeitschrift für Erbrecht. Nachlassplanung und -abwicklung. Schulthess, Zürich

Stauffer, Wilhelm; Schaetzle, Marc; Schaetzle, Theo; Weber, Stephan: Barwerttafeln und Berechnungsprogramme. 6. Auflage, Schulthess, Zürich 2013

Studer, Benno: Die 100 häufigsten Fragen zum Erbrecht. 2. Auflage, Laufenburg 2008; erhältlich unter www.studer-law.com

Studer, Benno: Erbrecht im Alltag – was ist Sache? Sammelmappe mit allen Beiträgen zum 5-Jahr-Jubiläum im Fricktaler Freizeitmagazin, Laufenburg 2010; erhältlich unter www.studer-law.com

Tuor, Peter; Schnyder, Bernhard; Schmid, Jörg; Jungo, Alexandra: Das Schweizerische Zivilgesetzbuch. 14. Auflage, Schulthess, Zürich 2015

Stichwortverzeichnis

A

Abgeänderte Errungenschafts-
    beteiligung 51, 120, 146, 147
Abtretung eines Erbteils 220
Adoptivkind 20
Akkreszenzklausel 136
Alleinstehende, Nachlassplanung 108
Amtliche Liquidation 182
Ändern eines Erbvertrags 84
Ändern eines Testaments 77
Anerkennung eines Kindes 74
Anfechtung von Testamenten 186
Annahme der Erbschaft 175
Anordnungen für den Todesfall 106
Anrechnung an Erbteil 28, 90, 148, 151, 189
Anspruch auf Teilung 205, 217
Aufheben eines Erbvertrags 84
Aufheben eines Testaments 77
Auflage im Testament 76
Aufsichtsbeschwerde gegen
    Willensvollstrecker 174
Auseinandersetzung, güterrechtliche 47, 53
Ausgleichung 29, 38, 88, 91, 200, 242
– Befreiung von 89, 91, 201
– gemischte Schenkung.................. 93, 203
– Schenkung 92
– und Herabsetzung 201
– und Pflegeleistungen 205
Auskunftpflicht der Erben 214
Ausschlagung der Erbschaft   175, 177, 242
– Einmischung 178
– Frist 177
– und Vermächtnis 177
Ausserehelisches Kind 22

B

Bankvollmacht 170
Bäuerliches Erbrecht 151, 213
Bedingung im Testament 76
Beerdigungskosten 40
Begünstigung 103
– Ehegatten 112
– Ehepaare mit gemeinsamen Kindern   117
– Ehepaare mit nicht gemeinsamen
    Kindern 123
– eingetragene Partner....................... 138
– Institutionen 109
– kinderlose Ehepaare 115
– Konkubinatspartner 128
– Nachkommen 142
– Patchworkfamilie 123
– Unternehmensnachfolger 145
Behindertentestament 144
Behörden, zuständige 254
Beratungsadressen 260
Berechnungsmasse 190
Beschränkte Gütergemeinschaft 55
Blutsverwandte als Erben 14

D

Darlehen 94, 95, 247
Demenzklausel 120
Disponible Quote siehe Verfügbare Quote

E

Ehegatten
– Begünstigung 112
– Erbteil 19, 30
– Pflichtteil 22, 26, 27, 30
Eheliche Wohnung 112, 150
– Nutzniessung 112
– und Erbteilung 213
– Wohnrecht 112
Ehepaare
– Begünstigung 112
– gemeinsame Kinder 117

263

- Güterrecht 44
- güterrechtliche Auseinander-
  setzung 47, 53
- kinderlose 54, 115
- Nachlassplanung 112
- nicht gemeinsame
  Kinder 23, 51, 54, 123
- Nutzniessung 112, 121
- Universalerbeneinsetzung 120

Ehevertrag 45, 46, 242
- abgeänderte Errungenschafts-
  beteiligung 51
- Begünstigung 51, 54, 115, 118
- Formvorschriften 45
- Gütergemeinschaft 52
- Gütertrennung 55
- und Unternehmensnachfolge 146

Eigengut 242
- Errungenschaftsbeteiligung 46
- Gütergemeinschaft 52

Eigenhändiges Testament 63
- und Urteilsfähigkeit 65, 195, 245

Eingesetzte Erben 69, 242

Eingetragene Partner 19, 58, 138
- Begünstigung 139
- Erbteil 19, 30
- Nachlassplanung 139
- Pflichtteil 26, 30
- Vermögensvertrag 58, 139
- Vorsorge 141

Einreichung von Testamenten 167

Eltern
- Erbteil 16, 17, 20, 30
- Pflichtteil 26, 27, 30

Enterbung 31, 71, 242
- Anfechtung 32, 34
- Präventiventerbung 33
- Strafenterbung 32

Entzug der Erbenstellung 72

Erbantritt, vorzeitiger 175

Erbauskauf 82, 208

Erbbescheinigung 169

Erben
- Adoptivkind 20
- Auskunftspflicht 214
- aussereheliches Kind 22
- Ehegatte 19
- eingesetzte 69, 242
- eingetragener Partner 19
- gesetzliche 14
- grosselterlicher Stamm 16
- Rechte und Pflichten 161
- Stiefkind 23
- unbekannte 166
- ungeborenes Kind 154, 207
- Verwandte 16
- virtuelle 156

Erbeneinsetzung 14, 69
- Nacherbeneinsetzung auf
  den Überrest 144
- nach Prozenten 110

Erbengemeinschaft 154
- Auskunftspflicht 214
- Einstimmigkeitsprinzip 159
- Sicherungsmassnahmen 165
- solidarische Haftung 159, 222, 228
- und Vermächtnisnehmer 161

Erbenruf 166

Erbenstreit 186, 217
- Mediation 217

Erbenvertreter 162, 242

Erbeserben 157

Erbfolge, gesetzliche 14, 243

Erbgangsschulden 40, 165

Erblasser 243

Erbquote siehe Erbteil

Erbrecht
- Regeln 14, 16
- und Unternehmensnachfolge 147
- Zusammenspiel mit Güterrecht ... 49, 113

Erbschaft (siehe auch Nachlass)
- Annahme 175

ANHANG

- Annahme unter öffentlichem Inventar 179
- Ausschlagung 175, 177, 242
Erbschaftsschulden 40, 177
- nach Erbteilung 222
Erbschaftssteuer 226
- Übersicht 258
Erbschaftsverwaltung......................... 166
Erbschein siehe Erbbescheinigung
Erbteil, gesetzlicher
- Ehegatten 19, 30
- eingetragener Partner 19, 30
- Eltern 16, 17, 20, 30
- grosselterlicher Stamm 16
- Nachkommen 16, 19, 30
- Übersicht 30
Erbteilung 199
- Ablauf.. 207
- Anspruch auf 207, 209
- Aufschub.. 207
- eheliche Wohnung 213
- gesetzliche Regeln........................... 210
- Gleichberechtigung der Erben 210
- Grenzen der Gleichberechtigung 212
- Losbildung 210
- praktische Tipps 214
- Teilungsvorschriften des Erblassers ... 213
Erbteilungsklage 163, 217
Erbteilungsvertrag 219, 251
Erbunwürdigkeit 33, 155
Erbvertrag 46, 79, 243
- Änderung 84
- Aufhebung 84
- Erbauskauf 82
- Erbverzicht 82
- Erbzuwendung 80
- Formvorschriften 46, 79
- und Konkubinat............................. 129
- und Patchworkfamilie..................... 123
- und Scheidung 83
Erbverzicht 82, 129

Erbvorbezug 28, 38, 88, 201
- Ausgleichung 88, 91, 200, 201, 242
- Befreiung von Ausgleichungspflicht 89, 91, 201
- Erklärung über 215, 250
- Geld 88
- Liegenschaften 90, 149
- und Ergänzungsleistungen 96
- und Güterrecht 90
- und Pflichtteil 28, 91, 201
- und Sozialhilfe 99
- und Steuern 95
Erbzuwendung 80
Ergänzungsleistungen und Erbvorbezug 96
Eröffnung des Testaments 168
Errungenschaft...................................... 46
- Zuweisung der ganzen 51, 116, 119
Errungenschaftsbeteiligung 45, 46, 56, 113, 243
- abgeänderte 51, 116, 118, 146, 147
- güterrechtliche Auseinandersetzung 47
- Hinzurechnung 48
- Mehrwertbeteiligung 49
- Vorschlag 47
Errungenschaftsgemeinschaft................. 55
Ersatzerben 70, 155
Ertragswert, Definition 39
Erwachsenenschutzrecht 144, 172

F

Familienschriften und Erbteilung 212
Formfehler in Testamenten 64, 193
Formvorschriften, Erbvertrag 45, 79
Formvorschriften, Testament 63, 65
Fristen
- Anfechtung................................... 186
- Ausschlagung 178
- Herabsetzungsklage 186
- öffentliches Inventar 179
- Ungültigkeitsklage 186
- Verjährungsfristen......................... 222

265

G

Gemeinsame Kinder
- und Begünstigung 117
- und Konkubinat 131

Gemischte Schenkung 93, 203
Gesamtgut 52
Gesetzliche Erben 14, 19
Gesetzliche Erbfolge 14, 243
Gewillkürte Erbfolge 243
Gleichberechtigung der Erben
  bei Teilung 210
- Grenzen 212

Grosselterlicher Stamm, Erbteil 16
Grundstückgewinnsteuer 150, 216, 235
Gütergemeinschaft 45, 52, 114,
                                115, 119, 243
- kinderlose Ehepaare 54, 115
- Zuweisung des Gesamtguts 53, 115, 119

Güterrecht 44
- Errungenschaftsbeteiligung 45, 46, 56
- Gütergemeinschaft 45, 52, 56
- Gütertrennung 45, 55
- Übersicht 56
- und Erbvorbezug 90
- und Unternehmensnachfolge 146
- Zusammenspiel mit Erbrecht 49, 113

Güterrechtliche Auseinander-
  setzung 47, 53
Güterstand 44, 244
Gütertrennung... 45, 55, 56, 114, 147, 244

H

Haus siehe Liegenschaften,
  Eheliche Wohnung
Haustiere im Testament 76
Herabsetzung 93, 186, 192, 244
- und Ausgleichung 201
- und Schenkung 192
Herabsetzungsklage 31, 163, 192
Hinterlegen von Testamenten 68
Hinzurechnung, erbrechtliche
  (siehe auch Ausgleichung) 28, 88, 200

Hinzurechnung, Errungenschafts-
  beteiligung 48

I/J

Institutionen als Erben 69, 109, 157
Inventar
- öffentliches 177, 179
- Sicherungsinventar 165
- Steuerinventar 163, 228
Juristische Personen
  als Erben 69, 109, 157

K

Kapitalisierung 244
- Kapitalisierungsfaktor 257
- Nutzniessung 122, 190, 233
- Wohnrecht 233
Kinder (siehe auch Nach-
  kommen) 14, 20, 25, 26
- Adoptivkinder 20
- aussereheliche 22
- behinderte 142
- gemeinsame 117
- nicht gemeinsame 23, 51, 53, 123
- Pflichtteil 24, 25, 26, 30
- Stiefkinder 23
- und Konkubinat 131
- ungeborene 154, 207

Kinderlose Ehepaare
- Begünstigung 80, 115
- gemeinsamer Tod 116, 158
- Gütergemeinschaft 54, 115
- Nachlassplanung 115

Klagen im Erbrecht 256

Konkubinatspartner
- Begünstigung 128
- Liegenschaften 131, 136
- Nachlassplanung 128
- und Kinder 131
- und Pflegeleistungen 206
- und Vermächtnis 74, 131
- Versicherungsansprüche 41, 132

– Vorsorge 132
Konkursamtliche Liquidation 182
Kreis der Erben 154
– unbestimmter 155

L

Laufende Rechnungen des Erblassers ... 170
Lebensversicherung 41, 139, 231
Lebzeitige Zuwendung (siehe auch
  Erbvorbezug, Schenkung) 87, 200
Legat siehe Vermächtnis
Leibrentenversicherung 43
Letzter Wille (siehe auch Testament,
  Erbvertrag) 61
Letztwillige Verfügung (siehe auch
  Testament, Erbvertrag) 61
Liegenschaften
– eheliche Wohnung 112, 150
– Erbvorbezug 90
– gemischte Schenkung 93, 203
– Grundstückgewinnsteuer.. 150, 216, 235
– Miteigentum 136
– Nutzniessung 112, 121, 233, 244
– Steuerersparnis 233
– Übertragung zu Lebzeiten 149
– und Konkubinat 131, 136
– und Steuern 232
– Vermächtnis 73, 151
– Wertsteigerung 149, 203
– Wohnrecht 112, 233
Liquidation der Erbschaft.................... 182
Losbildung 210

M

Mediation 217, 260
Mehrwertbeteiligung 49
– und Unternehmensnachfolge............ 146
Mietvertrag und Todesfall 164
Miteigentum 46, 135

N

Nacherbe............................. 71, 144, 244
Nacherbeneinsetzung auf
  den Überrest.................................... 144
Nachkommen (siehe auch Kinder)
– Ausgleichung ...29, 38, 88, 91, 200, 242
– Begünstigung 142
– Erbteil 16, 19, 30
– Erbvorbezug 88, 91
– Pflichtteil 25, 26, 30
– Schenkung...................................... 92
Nachlass (siehe auch Erbschaft) 37
– Aktiven 38
– amtliche Liquidation 182
– konkursamtliche Liquidation 182
– Liegenschaften 39, 149
– Passiven 40
– Schulden 40
– Steuerguthaben des Erblassers 229
– Steuerschulden des Erblassers 228
– überschuldeter 175, 177, 179
– und Güterrecht 40, 44
– und Pensionskasse 41
– und Rückkaufswert 42
– und Säule 3a 28, 41, 191
– und Versicherungsansprüche 41
Nachlassbuchhaltung.......... 170, 215, 249
Nachlassmasse 28, 29
– Bewertungsregeln 38
Nachlassplanung 104
– Alleinstehende 108
– Ehegatten 112
– Ehepaare mit gemeinsamen Kindern   117
– eingetragene Partner....................... 138
– kinderlose Ehepaare 115
– Konkubinatspartner 128
– Patchworkfamilien 123
– und Liegenschaften 149
– und Unternehmensnachfolge 145
Nicht gemeinsame Kinder 51, 53, 123
– und Begünstigung 123

– und Konkubinat 131
Nottestament 66
Nutzniessung 112, 121, 233, 244
– Berechnung 122
– eheliche Wohnung 112
– Kapitalisierung 122, 190, 233, 257
– Liegenschaften 112, 121, 233, 244
– und Konkubinat 131
– und Pflichtteil 189
– und Steuern 233, 235

O

Öffentliches Inventar 177, 179
Öffentliches Testament 65, 248

P

Parentelenordnung siehe Stammesordnung
Partner, eingetragene siehe
  Eingetragene Partner
Patchworkfamilie 23, 51, 53, 123
– Nachlassplanung 123
– Pensionskasse 41, 109, 132
Pflegeleistungen 205
Pflichtteil 24, 30, 244
– Berechnungsmasse 28, 191
– Ehegatten 25, 26, 30
– eingetragene Partner............. 25, 26, 30
– Eltern 26, 27, 30
– Nachkommen 25, 26, 30
– Übersicht 30
– und Erbvorbezug 201
– und Herabsetzung 187
– und Konkubinat 129
– und lebzeitige Zuwendung ... 28, 92, 188
– und Nutzniessung 189
– und Schenkung 93
– und Teilungsvorschrift 188
– und Vermächtnis 189
Pflichtteilsgeschützte Erben 24
Pflichtteilsverletzung (siehe auch
  Herabsetzung) 29, 187
– lebzeitige Zuwendung 188, 200

Präventiventerbung 33
Proportionalmethode 204

Q

Quote, verfügbare siehe Verfügbare Quote
Quotenmethode 204
Quotenvermächtnis 244

R

Realwert, Definition 39
Rechnungsruf 180
Repräsentationsrecht 157
Risikoversicherung 42, 135
Rückkaufswert 42, 135

S

Säule 3a 28, 41, 133, 141, 191, 232
Schenkung 93, 202
– Ausgleichung 200, 202
– gemischte 93, 203
– und Ergänzungsleistungen 96
– und Herabsetzung 92, 202
– und Konkubinat 137
– und Pflichtteil 92
– und Sozialhilfe 99
– und Steuern 95
Schenkungssteuer siehe Erbschaftssteuer
Schulden des
  Erblassers 175, 177, 209, 222, 228
Schwarzgeld 230
Sicherungsinventar 165
Sicherungsmassnahmen für Erbschaft ... 165
Siegelung 165
Solidarische Haftung der
  Erbengemeinschaft 159, 222, 228
Sozialhilfe und Erbvorbezug,
  Schenkung 99
Staat als Erbe 18
Stammesordnung 14
Steuerinventar 163, 228
Steuern 225
– Erbschaftssteuer 226

- Grundstückgewinnsteuer .. 150, 216, 235
- Kapitalgewinnsteuer 237
- Liegenschaften 232
- Schenkungssteuer 226
- Spartipps... 238
- Steuerguthaben des Erblassers........... 229
- Steuerschulden des Erblassers 228
- und Darlehen 95
- und Erbvorbezug 95
- und Lebensversicherungen 231
- und Nutzniessung 233
- und Schenkung 95
- und Wohnrecht 233
- Verrechnungssteuer 41, 216, 229
Stiefkinder (siehe auch
  Patchworkfamilie) 23
Stiftung errichten 73
Strafenterbung 32

T

Teilung siehe Erbteilung
Teilungsaufschub 207
- vom Erblasser angeordnet................ 209
Teilungsmasse 191
Teilungsvorschrift 64, 74, 188
- Liegenschaften 150
- und Erbteilung 213
- und Konkubinat........................ 74, 130
Testament 62, 245
- Änderung 77
- Anfechtung 186
- Aufbewahrung 67
- Aufhebung 77
- Auflage 76
- Bedingung 76
- eigenhändiges 63
- Einreichung 167
- Eröffnung 168
- Formfehler 64, 193
- Formvorschriften 63, 65
- gemeinschaftliches 79
- Hinterlegung 67

- Mängel 64, 193
- mehrere.................................... 64, 68
- Nottestament 66
- öffentliches 65, 248
- rechtswidriges 76, 194
- und Urteilsfähigkeit 65, 66, 195, 245
- ungültiges 193
- unklarer Wortlaut 68, 74, 194
- unsittliches 76, 194
- Vernichtung.................................... 78
- Widerruf 69, 77
- Willensvollstrecker 75, 143, 162, 166, 172, 246
Testierfähigkeit 65, 66, 195, 245
Todesfall
- Anordnungen für 106
- Aufgaben der Angehörigen 164
- Meldung 163
- und Mietvertrag 175
- und Steuern 216
- und Unterhaltsbeiträge 175

U

Überschuldeter Nachlass 175, 177, 179
Übertragung zu Lebzeiten,
  Liegenschaften 149
Und-/Oder-Konto 171
Ungeborenes Kind als Erbe 154, 207
Ungültige Testamente 186, 193
Ungültigkeitsklage 163, 196
Universalerbeneinsetzung 69, 115, 120
Universalsukzession 158, 215, 245
Unklares Testament 64, 74, 194
Unternehmensnachfolge
- Begünstigung................................. 145
- und Erbrecht 147
- und Güterrecht 146
Urteils(un)fähigkeit 65, 66, 195, 245

V

Verfügbare Quote 24, 30, 245
- Übersicht 30

– Zuweisung 70, 115, 118, 129, 139, 147
Verfügung von Todes wegen (siehe
  auch Testament, Erbvertrag) 61, 245
Verfügungsfähigkeit 65, 66, 195, 245
Verjährungsfristen 222
Verkehrswert, Definition 39
Vermächtnis 64, 73, 111, 161, 245
– Liegenschaften 73, 151
– und Ausschlagung der Erbschaft 177
– und Konkubinat 74, 131
– und Willensvollstrecker 173
– Vorausvermächtnis 73, 245
Vermögensvertrag 58, 139, 245
Vermögensverzicht 85, 96
Verschollener Erbe, Erblasser 166
Versicherungen 41, 132, 231
Versorgerschaden 134
Verwandte als Erben 16
Verwandtenunterstützungspflicht 99
Virtuelle Erben 156
Vorausvermächtnis 73, 245
Vorempfang siehe Erbvorbezug
Vorerbe 71, 144, 245
Vorschlag 47
– Zuweisung des ganzen
  Vorschlags 51, 116, 118, 147
Vorsorge
– eingetragene Partner 141
– Konkubinatspartner 132
Vorsorgeauftrag 172, 246
Vorzeitiger Erbantritt 175

W

Wertsteigerungen bei
  Liegenschaften 149, 203
Widerruf eines Testaments 69, 77
Willensvollstrecker 75, 143, 162, 166, 172, 246
– Aufgaben 172
– einsetzen 75
– Kosten 174
– und Erbteilung 173
– und Vermächtnis 173
Wohnrecht 112, 233, 246
– eheliche Wohnung 112
– Kapitalisierung 233
– und Konkubinat 131
– und Steuern 233, 235

Z

Zentrales Testamentsregister 68, 167
Zuweisen der ganzen
  Errungenschaft 51, 116, 118, 147
Zuweisen der verfügbaren
  Quote 70, 115, 118, 129, 139, 147
Zuweisen des Gesamtguts 53, 115, 119
Zuwendung zu Lebzeiten (siehe auch
  Erbvorbezug, Schenkung) 87, 200

Beobachter sos beobachter

Die letzten Dinge regeln

Wer sich frühzeitig mit dem eigenen Tod auseinandersetzt, kann in Ruhe seinen Nachlass regeln und für seine Liebsten vorsorgen.
Mit einem Legat (Vermächtnis) zugunsten der Stiftung SOS Beobachter können Sie auch nach Ihrem Ableben Menschen in Not Hoffnung schenken. SOS Beobachter wird Ihr Legat mit grossem Respekt einsetzen.
Möchten Sie die Stiftung SOS Beobachter mit einem Legat berücksichtigen, können Sie dies in Ihrem Testament festhalten. Wenn Sie dazu Fragen haben, wenden Sie sich vertrauensvoll an die Erbschaftsexperten des Beobachters (Montag bis Freitag, 9 bis 13 Uhr, 043 444 54 04).
Wir beraten Sie gerne.

Mein Testament

Ich, Max Muster, geboren am 15. Januar 1975, verfüge als meinen letzten Willen:

- Meine Eltern setze ich auf den Pflichtteil.
- Der Stiftung SOS Beobachter vermache ich einen Drittel meines Nachlasses als Vermächtnis.
- Die frei verfügbare Quote...

PRO SENECTUTE

GEMEINSAM STÄRKER

«Ich möchte, dass auch Nils und Nicolas auf kompetente Hilfe zählen können, wenn sie einmal alt sind. Deswegen berücksichtige ich Pro Senectute in meinem Testament.»

prosenectute.ch
PC Konto: 87-500301-3